本丛书为 2021 年度宁波市科技发展专项资金项目（市重点技术研发第三批）"区域文化基因解码与精准传播服务技术研究及应用"（项目编号：2021Z017）研究成果

『宁波文化基因解码丛书』

河海润城

宁波文化基因解码丛书

HE HAI RUN CHENG

宁波市卷

"宁波文化基因解码丛书"编委会 编著

ZHEJIANG UNIVERSITY PRESS
浙江大学出版社
·杭州·

程"，并于2021年下半年启动培育"浙江文化标识"。该工程力图通过全面挖掘文化内涵，推动中华文明创造性转化、创新性发展，激活其生命力，使中华民族最基本的文化基因与当代文化相适应、与现代社会相协调，彰显出跨越时空、超越国界，富有永恒魅力、具有当代价值的文化魅力。

当前，宁波已全面开启建设现代化先行市和共同富裕先行市的新征程，文化已成为决定城市高度和竞争力的核心要素。破解好文化软实力与经济硬实力不相匹配问题，是宁波争先进位、走在前列的"必答考卷"。我们要坚持以习近平新时代中国特色社会主义思想为指导，深入学习贯彻习近平文化思想，围绕举旗帜、聚民心、育新人、兴文化、展形象的职责使命，赓续中华文明历史文脉，坚定文化自信、增强文化自觉、强化文化担当、激发文化创造，全面实施文化优先发展战略，加快推动文化迭代升级，培育港城文化新标识，构建文化建设大平台，形成文化发展新格局，着力打造与现代化先行市和共同富裕先行市相适应的新时代文化高地，为当好"重要窗口"模范生，建设现代化滨海大都市，奋力打造中国式现代化市域样板，提供强大思想保证、精神动力和文化条件。

"周虽旧邦，其命维新。"进一步了解中华文明的悠久历史、感悟中华文化的博大精深，是时代发展对我们提出的重大命题，也是为中国式现代化建设积聚更多智慧和力量的重要遵循。让我们继续努力，不断深化拓展"第二个结合"，让收藏在博物馆里的文物、陈列在广阔大地上的遗产、书写在古籍里的文字活起来，不断创造中国式现代化的文化形态，以守正创新的正气和锐气，赓续历史文脉、谱写当代华章，为全面推进中华民族伟大复兴、建设中华民族现代文明提供强大的精神力量。

"宁波文化基因解码丛书"编委会

2023年11月

推进文化基因解码工程　打造宁波重大文化标识
为全力打造"文化高地、旅游名城"夯实基础研究

习近平总书记指出："文化是一个国家、一个民族的灵魂。文化兴国运兴，文化强民族强。"① 文化的发展是历久弥新的过程，中华文化既坚守根本又不断与时俱进，在继承创新中不断发展，在应时处变中不断升华。在新的起点上继续推动文化繁荣、建设文化强国、建设中华民族现代文明，是新时代新的文化使命。浙江省委、省政府和宁波市委、市政府历届领导强调，要将传承中华文明摆在突出位置，使之成为共同富裕新征程中的重要内容和精神支撑，为浙江、宁波加快打造新时代文化高地，为共同富裕示范区建设注入强大力量。

为传承好浙江历史文脉，更好地促进全民精神富有、赋能物质富裕，浙江省文化和旅游厅于 2020 年启动实施"文化基因解码工程"，旨在通过全面挖掘文化内涵，解码每一种文化形态，在将文化元素提取好、传承好的过程中，找到文化存在的内在"基因"，拓展丰富各文化元素的利用领域，以促进文旅融合发展，助推经济社会发展。在解码文化基因的基础上，2021 年下半年启动培育"浙江文化标识"。以文化标识建设，牵引资源普查、基因解码、产业应用研究、文化遗产保护传承、文艺精品创作、文化和旅游产业、文化公共服务、国际交流合作等文化和旅游工

---

① 习近平：《坚定文化自信，建设社会主义文化强国》，《求是》2019 年第 12 期。

作。浙江省第十五次党代会也把"彰显浙江深厚历史底蕴的文化标识"作为未来五年的奋斗目标。

宁波市文化广电旅游局积极推进宁波文化基因解码与文化标识建设工作。至2021年12月，共填报一般元素4294条，重点元素194个，解码报告194份。2022年，宁波"梁祝文化""千年慈城"等11个项目入选"首批100项浙江文化标识"培育项目。"阳明文化"被列入"文化标识建设创新项目名单"，"海洋渔文化"被列入"文化标识建设创新培育项目名单"；"张人亚党章学堂""《渔光之城》滨海场景演艺秀"入选浙江省文化和旅游厅公布的"首批文化基因解码成果转化利用示范项目"。"宁波文化基因解码丛书"是一项文化研究基础工程，立足浙江省文化基因工程数据库成果，由宁波市文化旅游研究院组织专家团队与县（市、区）文旅局干部、专家共同努力推进。它是对"宁波文化基因解码工程"的一次总结和提升，为宁波文化标识建设提供了重要的基础性文献。

中华文明是世界四大文明中唯一自古延续至今、从未中断的文明，形成了独具特色、博大精深的价值观念和文明体系，具有突出的连续性、突出的创新性、突出的统一性、突出的包容性、突出的和平性。文化基因是决定文化系统传承与发展的基本因子，是历代社会成员在生活、生产活动过程中心灵创造的积累，维系了中华民族在漫长历史过程中的生存和发展，是铸就中华文化生命力量、文化特征的根本因素。宁波是中华文明的重要起源地和发展创新重地，8000年来文化发展海陆交汇，一脉相承，展现出蔚为大观的文明成就，映现出绚丽多彩的文化气象。宁波文化作为重大区域文化，其文化基因为中华民族生生不息、发展壮大提供了丰厚滋养。宁波现有2个世界级文化遗产，拥有各级文物保护单位总数达611处，其中全国重点文物保护单位33处，省级文物保护单位87处，历史文化街区、古镇古村、名人故居举不胜举，文化遗产资源数量和质量居国家历史文化名城前列和计划单列市首位。拥有国家级非物质文化遗产代表性项目28项、省级105项，国家级非遗代表性传承人16名、省级101名；国家级传统工艺振兴目录项目5个、省级10个。

我们要以大历史观，审视宁波 8000 多年文化发展史，由之引导人们读懂中国之路的历史必然、文化内涵与独特优势。距今 8300 年的井头山遗址具有浓厚而鲜明的海洋文化属性，是中国先民适应海洋、利用海洋的最早例证，表明余姚、宁波乃至浙江沿海地区是中国海洋文化的重要源头区域，是中国海洋文化探源的一次重大发现。河姆渡遗址是"中国 20 世纪 100 项考古大发现"之一，在我国考古史上具有里程碑意义，其发现证明长江流域与黄河流域一样，也拥有灿烂的新石器文明，也是中华文明的发源地之一。在冒险开拓的海洋精神激励下，河姆渡人的稻作文化、制陶文化、干栏式建筑、有段石锛等诸多具有开创性的文明成果也借助海洋实现了对外传播，覆盖现浙江、福建、广东等地，并跨越广袤的大洋，影响了东亚、东南亚乃至太平洋众多岛屿的文明进程。

中唐以来，中国的经济文化中心向东南迁移，宁波作为中国大运河与海上丝绸之路相衔接的城市，兴起了青瓷、茶叶等饱含中华气象的新兴产业。宁波海洋贸易汇聚，新产品生产与定价，高收入人群、科技文化人才集聚，折射着中国海权社会特征的成长，展现着中国社会与文化发展的重要新动力，体现着农商经济引领中国经济新形态、海陆型国家形态代替传统内陆型国家形态的过程。宁波港城文化繁荣，至今仍然保存着当时城市建设的一些重大工程，如鼓楼、天封塔、灵桥、它山堰—南塘河水利工程等，盐碱之地变成商贸繁荣、人水和谐的富裕之地。

文化更是代表一定民族特点，反映其理论思维水平的精神风貌、心理状态、思维方式和价值取向等精神成果的总和。宁波崇文重教，是著名的文献大邦。浙东学术顺应中国社会发展和时代前进的要求而兴起，积极构建新儒学话语体系，积极回答时代之问、人民之问。从南宋"淳熙四君子"到阳明心学，及至浙东史学派，千年接续发展，为经营万里丝路与中国大运河，持续提供了新的精神价值支持。"新四民""工商皆本""经世致用"等主张，激励自作主宰、勇于担当的主体性精神，为宁波以工商为本的城市发展提供了强大的价值支撑。这是"宁波帮"从明末清初开始逐渐发展壮大，并积极抓住机遇，成为中国近代史上最成功最具代表性的商帮，成就长盛不衰奇迹的思想基础。

文明因交流而多彩，文明因互鉴而丰富。文明交流互鉴，是中华文明几千年持续发展的重要动力，也是推动人类文明进步和世界和平发展的重要动力。海纳百川的包容气度，勇立潮头的开创精神，使得宁波能在汲取其他文明养分的过程中促进自身发展，不断焕发新的生命力。充满自信的中华文明对各种外来文明产生了强大吸引力。宁波也是东亚文化之都，自唐代开元盛世建立三江口州治以来，宁波一直是展示中国文明的重要窗口，被日本等国称为"圣地宁波"。宁波天童寺等禅宗名刹成为日本临济宗、曹洞宗祖庭，深刻影响东亚诸国文化的发展。研究宁波文化基因，要在与世界其他文明的横向比较中，阐释清楚中华文明突出特性，知其然、其所以然、其所以必然。

宁波也是一座富有光荣革命传统和红色基因的城市，现有革命遗址 507 处，数量位居全省前列。其中浙东抗日根据地旧址群、樟村四明山革命烈士陵园、张人亚党章学堂、大革命时期中共宁波地委旧址纪念馆等一批在全国具有重要地位和影响力的革命遗址与红色场馆，被列为国家和省级爱国主义教育基地、党史学习教育基地。2021 年，余姚梁弄镇横坎头村被列为国家红色美丽村庄建设试点单位。浙东抗日根据地旧址群为全国百个红色旅游经典景区、中国红色旅游十大景区之一。宁波市还有奉化区松岙红色旅游基地等 4 处省级红色旅游教育基地、江北区冯定纪念馆等 8 处浙江省党员教育培训基地、镇海区招宝山街道等 8 个市红色旅游融合发展示范区、海曙区樟村四明山革命烈士陵园等 18 处市红色旅游教育基地，红色文化资源已成为引领宁波市乡村振兴的红色引擎。

1979 年，宁波港对外开放。在 40 多年中，宁波港迅速从内河港、河口港，转变为集装箱船、大型油轮时代的海港。从 2009 年开始，年货物吞吐量连续居于世界第一，有力地支撑了长江三角洲地区基础产业发展。宁波舟山港已与世界上 100 多个国家和地区的 600 多个港口通航。港口发展带动了宁波石化、电力、钢铁等临港工业体系的形成，推动了民营企业的全球化贸易。专业市场发达、市场化程度全国领先已成为当代中国经济的"宁波现象"。宁波初步具备规模巨大、结构合理、设施完善、环境优美等现代化滨海大都市特征,"一核两翼、两带三湾"多节点网络化现代都市大格局基本成型。宁波市委、市政府高度重视文化建设,相继实施文化大市和文化强市战略,着力改善文化民生,文化事业、文化产业建设取得重大成就,为推动全市经济社会发展,全面建成惠及全民的小康社会,提供了强劲的文化动力。

摸清宁波文化家底,建立宁波文化基因库,对于守护民族精魂、赓续中华文脉、建设中华民族现代文明有着重大意义。文化基因解码工程的"解"是上半篇文章,"用"是下半篇文章。研究阐释宁波文化基因,并非沉湎于过往辉煌的自我陶醉,而是从当下宁波现实出发的理性回溯,从高站位、宽视野、大格局把握宁波文明的历史特色,用马克思主义真理力量激活中华优秀传统文化的生命力,使阳明文化、海洋文化、商帮文化和书香文化、慈孝文化等中华优秀传统文化与日常生活水乳交融、与现代生活需求紧密契合。在润物无声、日用不觉中增强人民精神力量,建设好最富魅力、最具辨识度的文化标识,用深厚的历史文化积淀提升宁波文化的知名度和影响力,推动当代宁波经济发展和社会进步。

现在,宁波立足"枕山、拥江、揽湖、滨海"的城市特色,按照"山海统筹、城乡兼顾、重点引领、区域协调"的布局理念,构建"北绘、东绣、南擎、西拓、中优"的文旅新布局,加快重大文化地标建设。以余姚江—甬江为基线,整合运河沿线文化遗产资源,以点带面,轴线发展,推动翠屏山片区联动发展,赓续宁波城市文脉,擦亮"海洋文明起源地"和"海上丝绸之路起航地"两大文化金名片,打造"中国大运河出海口"品牌。建设都市文化传承区、山地生态度假区和湾区滨海休闲区,建设大运河(宁波段)国家文化公园、宁波史前遗址保护利用示范、浙东山水诗路文化旅游带、象山港湾滨海旅游休闲区、宁波前湾现代文旅产业集聚区、宁波南湾海洋旅游示范区"六大板块",搭建传播平台,实施文化节庆提亮工程,整合提升海上丝绸之路文化和旅游博览会、中国(象山)开渔节、中国徐霞客开游节等具有鲜明城市文化个性的大型节庆文化品牌。各县（市、区）正积极谋划重大文化标识建设项目，讲好中国故事、传播好中国声音，推动中华文明的创造性转化、创新性发展，激活其生命力，把宁波建设成为近悦远来的魅力之城。

文化是旅游的灵魂，旅游是文化的载体；文化是旅游的发动机，旅游是文化腾飞的翅膀。推动文旅融合，把中国的文化和旅游行业、企业、产业带入新的时代，已经成为国家层面的战略要求。进入新时代，踏上新征程，站在新起点，宁波全市文旅系统将奋楫笃行，勠力同心，以更实的作风、更强的担当、更拼的干劲，全面吹响文旅复苏冲锋号，谱写文化旅游事业高质量发展新篇章，为宁波切实扛起锻造硬核力量、唱好"双城记"、建好示范区、当好模范生、共同富裕示范先行的使命担当，奋进中国式现代化新征程，加快建设现代化滨海大都市，发挥"文化先行、旅游开道"的重大作用。

目录

第一章

宁波文化基因解码工程
总体概述

宁波
文化基因解码

习近平总书记在《坚定文化自信，建设社会主义文化强国》(《求是》2019 年第 12 期) 一文中指出："文化兴国运兴，文化强民族强。没有高度的文化自信，没有文化的繁荣兴盛，就没有中华民族伟大复兴。""文化自信，是更基础、更广泛、更深厚的自信，是更基本、更深沉、更持久的力量。……坚定文化自信，是事关国运兴衰、事关文化安全、事关民族精神独立性的大问题。"党的二十大报告把"推进文化自信自强，铸就社会主义文化新辉煌"作为重要一章来部署。因此，推动文化发展、坚定文化自信是一个城市实现全面高质量发展的重要战略目标。

《中共宁波市委关于制定宁波市国民经济和社会发展第十四个五年规划和二〇三五年远景目标的建议》提出，宁波要"争创社会主义现代化先行市"，到 2035 年基本实现高水平社会主义现代化，成为浙江建设新时代全面展示中国特色社会主义制度优越性重要窗口的模范生。社会主义现代化先行市理应包括文化强市建设，宁波要在高水平全面建设社会主义现代化新征程中继续前行，把文化建设提升到重要高度。

宁波历史文化底蕴深厚，城市文脉源远流长，拥有 8000 多年的海洋文化史和 1200 年的三江口建城史。宁波是中华海洋文化的重要发源地、中国大运河南端出海口、中华新文化的重要播扬地和中国近代化的重要策源地，其独特的文化基因标志着宁波在中华文化发展中的历史地位，是宁波建设独具特色文化强市的重要支撑。在新的历史阶段，宁波建设独具魅力的现代化滨海大都市，就是要把宁波海陆交汇的优秀传统文化的精神标识提炼出来、展示出来，构建"文在城中、以文化城、文城一体"的整体城市意象，使传统文化与现代文明交相辉映，历史文脉与文化创意相得益彰。

本章展示了宁波核心文化基因的典型元素，并解析其内涵精神，在此基础上提出相关转化利用建议与发展蓝图，推进建设中华民族现代文明的宁波实践。

宁波舟山港穿山港区

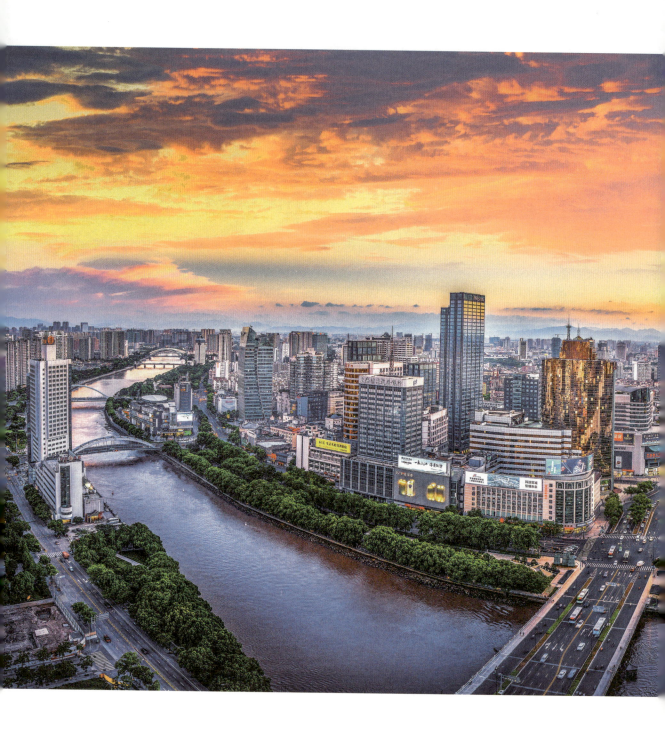

三江口（海曙区文化和广电旅游体育局供图）

一、宁波核心文化基因解析

（一）物质要素

1. 河海交汇，港通天下

宁波地处中国海岸线中段，长江三角洲南翼，位于东经120°55'至122°16'，北纬28°51'至30°33'，东有舟山群岛为天然屏障，北濒杭州湾，西接绍兴市的嵊州、新昌、上虞，南临三门湾，并与台州的三门、天台相连。宁波市陆域总面积9816平方千米，其中市区面积为3730平方千米，海域总面积为8355.8平方千米，海岸线总长为1678千米，约占全省海岸线的1/4。全市共有大小岛屿611个，面积277平方千米。宁波地处宁波平原，纬度适中，属亚热带季风气候，温和湿润，四季分明。

境内四明山与天台山纵贯，北部为宁绍平原。因四明山为境内主体山脉，故宁波又称"四明"。甬江为浙江省八大水系之一，其余或独立入海，或注入杭州湾。甬江有余姚江、奉化江两大支流，均发源于四明山。余姚江发源于余姚市大岚镇夏家岭村东，奉化江发源于溪口镇四明山大湾岗董家彦村，余姚江、奉化江在市区"三江口"汇成甬江，流向东北，经招宝山流入东海。

形成于晋代的浙东运河连接了7世纪初开凿的京杭大运河，宁波也由此成为中国大运河南端出海口、海上丝绸之路东方始发港。通过运河系统，宁波与全国的交通主干网络相连接，大运河入海口与海上丝绸之路始发港在宁波合二为一，不仅极大地扩展了宁波港的辐射范围，也为海上丝绸之路的繁荣发展提供了丰富的货物来源和广阔的内地市场。宁波因此具有了运河城市与海港城市的双重特征，在海上丝绸之路沿线众多城市中展现出其独特性。宁波舟山港年货物吞吐量位居全球第一，集装箱吞吐量位居世界前三，是一个集内河港、河口港和海港于一体的多功能、综合性的现代化深水大港。

2. 历史悠久，遗存丰富

宁波历史可以追溯到 7000 年前的河姆渡文化与 8000 年前的井头山海洋文化。夏时，宁波所在地区称为鄞。春秋战国时，越王勾践始建句章城。秦朝时，宁波属会稽郡，下辖鄞、鄮、句章 3 县。西晋末衣冠南渡，诸多玄学名家盘桓四明山一带，一时形成文化高地。六朝时，佛教传入宁波，有较大影响。唐朝，称宁波为明州，市域范围逐渐形成，与当代宁波城市格局相近的城市规格也在那时形成。同时，宁波依托地理优势成为全国最大的开埠港口，与日本、高丽（今朝鲜半岛）均有非常频繁的贸易往来。五代时，宁波属吴越国。吴越王钱镠的富民政策发展了宁波的经济。宋代，以王安石为代表的一批大学者使得宁波开始确立"耕读传家、商儒并生"的传统，本土的四明学派开始出现。元代，宁波已经成为南北货物的集散地和全国最为重要的港口之一。明代，倭寇的进犯和海禁政策使得宁波的航运开始衰落，而宁波商帮也在此时作为重要的商业力量在中国出现。清代，宁波出现了全国闻名的学派浙东史学，与西方的交流也日渐频繁。

宁波悠久灿烂的城市历史孕育了源远流长的海丝文化。宁波海丝文化一脉相承，其内涵丰富、多元，涵盖了商品贸易、科学技术、文化交流、宗教传播等海上丝绸之路的各个方面。海上丝绸之路古港"活化石"的美称不仅是宁波对外交流的"金名片"，也是宁波文脉史脉的具象体现，主要有以元代永丰库为代表的海外贸易管理机构遗存、以上林湖越窑遗址为代表的大宗贸易物品生产遗址、以天童寺为代表的佛教文化遗存、以保国寺为代表的古建筑技艺遗存等。这些海上丝绸之路遗存从多方面有力证实了宁波海丝文化的独特性和多样性，充分说明宁波是我国古代海上丝绸之路的重要贸易港，对海上丝绸之路沿线国家，尤其是对北线的朝鲜半岛、日本列岛产生了持久而深刻的影响。

（二）精神要素

"一方水土养一方人"，每一个地方都有其独特的历史文化和精神特质。

城市精神是一个城市独特的精神品质，是展示城市形象、引领城市发展的内在力量。作为一种价值观念，城市精神同样需要与时俱进。宁波枕山面海、拥江揽湖，山的伟岸、海的奔放、江的灵动、湖的沉稳，孕育了宁波独特的地域文化，造就了宁波人独特的精神气质。宁波也是中华新思想新文化的重要播扬地，从南宋四明心学到明代阳明心学，为宁波千百年的城市发展提供了新的精神价值资源。明末清初黄宗羲倡导史学经世应务，提出"天下民本""工商皆本"等思想，被称为近代启蒙思想之父。宁波也是禅宗的播扬与东传地，对东亚诸国文明发展起到了重要作用。宁波四明山是全国十九个抗日根据地之一，为了民族独立与解放，无数革命志士进行了艰苦卓绝的斗争并作出了巨大牺牲。改革开放以后，宁波成为改革开放的前沿城市，为探索中国式现代化道路交出了优异答卷。

从"诚信、务实、开放、创新"到"知行合一、知难而进、知书达礼、知恩图报"的"四知"宁波精神的确立，表明宁波对自身特质的认知及对未来发展的期许提升到了一个新的高度。"四知"宁波精神，具有很强的独创性、极高的辨识度，在全国众多城市精神表述中独树一帜。"知行合一"是宁波人王阳明首创心学的重要组成部分，在中国思想发展史上具有里程碑的意义；从先人扎根河姆渡、筑城三江口到"宁波帮"闯天下，从屠呦呦获得诺贝尔奖到宁波进入"GDP万亿元俱乐部"，这些都生动地阐释了"知难而进"的宁波精神；而宁波从古代的文献之邦到现在的文明之都，从张苍水英勇献身到"顺其自然"常年匿名捐款等一大批人知恩图报惠社会，这些都充分显示了宁波城市"知书达礼""知恩图报"的精神力量。"四知"宁波精神代代相传，既是宁波历史的缩影，又是宁波的现实写照。

知行合一、知难而进、知书达礼、知恩图报的"四知"宁波精神，描绘的是宁波人的群像，体现的是宁波人的务实与智慧。"知行合一"构成了理念先导，"知难而进"展现了坚韧品质，"知书达礼"揭示了文化底蕴，"知恩图报"体现了家国情怀。

1. 知行合一，务实求真

宁波人做实事、务实功、求实效，行必务实，干出实实在在的业绩。宁波是王阳明先生的故里，在经世致用、知行合一的文化传统熏陶下，宁波人做事专注认真、务实低调，在不同行业领域取得了不同凡响的业绩。近代史上，宁波人创造了 100 多个"中国第一"和"中国之最"。现代以来，宁波更是涌现出一大批院士专家、工商巨子、文化名人。特别是宁波籍中国两院院士多达 122 位，居全国城市首位。宁波人亦文亦武，文是院士，武是商家，文武相济，彰显宁波特色。

2. 知难而进，开拓创新

宁波人敢闯、敢试、敢拼，敢于直面问题，勇于解决问题，开辟新路，奋力向前。宁波人向海而生、听涛而立，骨子里就有一种敢于弄潮、敢创大业的精气神。近代以来，一大批宁波人背井离乡，闯荡上海滩，创业香江畔，开启了"宁波帮"的百年辉煌。改革开放后，宁波人走遍千山万水、说尽千言万语、想尽千方百计、尝遍千辛万苦，一步一个脚印把小作坊变成了大企业，把"宁波造"卖向了全世界，创造了民营经济发展壮大的奇迹。当今宁波企业家面对严峻复杂的外部环境，砥砺前行、奋勇向前。这种乐观自信、不惧艰险的精神，正是宁波人不断取得成功的秘诀之一。

3. 知书达礼，文明传世

宁波文化底蕴深厚，素有"文献名邦"的美誉，是中国著名的"进士之乡""大儒之乡""院士之乡"。天一阁藏书名闻天下，浙东学术绵延千年，王阳明、黄宗羲等大儒辈出，是中华优秀传统文化的杰出代表。宁波人"耕读传家、诗书继世"的思想根深蒂固，教育子女不仅要掌握发家致富的本领，还要读书修德、明理知义。"宁波帮"最为世人称道的，就是商行天下、义行天下，时时处处展现出义利并举的品质和风骨。如今的宁波已 6 次获得全国文明城市称号，宁波普通市民的文明素养、平民英雄的"最美精神"是宁波的一道风景线。

4. 知恩图报，润泽社会

宁波人懂感恩、会感恩，南宋史氏月湖兴学、董黯汲水奉母、"宁波帮"大爱慈善等城市故事，以及宁波区域所发展的观世音信俗、弥勒信俗、妈祖信俗等民间信俗，其内核就是救助苦难，报父母、报国家、报天地之恩。"宁波帮"人士虽然在五湖四海打拼，但都拥有报效祖国、造福桑梓的家国情怀。全国各地以人物冠名的医院、教学楼、图书馆以及各类慈善公益基金，很多就是"宁波帮"人士捐助的，这种家国情怀也深深影响着富裕起来的宁波人。近年来，一大批宁波企业家到异地投资创业，带动当地老百姓共同致富奔小康。普通市民也通过各种方式奉献爱心、回馈社会，"顺其自然""支教奶奶""育人使者""造桥女孩""最美摆渡人"等暖心的故事数不胜数。在 2018 年发布的第 5 届"中国城市公益慈善指数"中，宁波市综合指数排名全国第 8 位、浙江省第 1 位。

（三）语言与符号要素

1. "石骨铁硬，生动形象"的宁波方言俗语

宁波方言不仅指狭义上的宁波话，而且是从古至今，河姆渡、古越直至今日宁波地区的文明得以传承的载体。7000 多年前，原始时期的河姆渡人并无文字，而只以口耳相传的方式传递信息。在口耳相传中，最重要的就是当时河姆渡人的"方言"。从河姆渡人的"方言"到中原人听不懂的古越语，数千年来，时间流转，语言变化，时至今日，每个时期的宁波方言都承载着宁波人的经验、思想、精神。

宁波话属于吴语。语言学上称"吴语"是因为吴语是从以古代的吴郡、吴兴郡、会稽郡等"三吴"（郡治分别在今苏州、湖州、绍兴）地区为中心的太湖流域、宁绍平原发展起来的，俗称"江南话""江浙话"。吴语是汉语中历史最为悠久的方言，其祖语可以追溯到 2600 年前春秋时期的吴越两国上层人士习用的汉语方言。

从语音学的角度看，方言的语音特色更多地表现在单音词和双音词上，它会更富有个性地表现出"读音"的地方性。宁波话中保留了不少中古音，借助于《广韵》《玉篇》这些古典的工具书，可以查到它们最原始的写法。但是，如果从词义的角度来看宁波方言，会发现它的三音节、四音节的俚语、俗语、比喻语、方言成语以及更多音节的短语和谚语（话头），不但可以书写，而且十分精彩生动，这些正是宁波话最活跃、最有生命力的因素。

语音"石骨铁硬"是宁波话的主要特色之一。这是因为宁波话完好地保留了古代的入声字，许多复韵母变成了单韵母，并且说话的语气、语调也体现了"硬"的特质。语句"生动形象"是宁波话的又一突出特色。宁波话象声叠韵词用得特别多，比如"嘟嘟飞飞""格格笑笑""怕势势""酸汪汪"。更有意思的是，宁波话常拟形拟声，增加事情的生动性。这些语言特点在宁波丰富的表演类非物质文化遗产诸如甬剧、四明南词、宁波走书中得到充分体现。

2. "书藏古今，港通天下"的城市形象符号

"书藏古今，港通天下"是宁波最为社会各界、普通民众以及省内外共同认可的城市形象符号。"书藏古今"，狭义上指向的是天一阁，广义上则寓意宁波是一座具有深厚文化底蕴的书香之城、文化之城。一个"今"字，则体现了宁波在传承历史文化基础上，不断建设当代文化，努力形成历史文化和现代文明交相辉映的格局。"港通天下"突出了宁波的东方大港特色，包括传统三江口、甬江口、北仑港等与时俱进的港口形态，"通天下"三字既体现了宁波的交通便利，又是宁波港城经过 40 余年改革开放取得的发展成就的写照，同时还寓意宁波人开放、开拓、创新的精神。一"书"一"港"，既有精神层面的意蕴，又有物质层面的具象，互为映衬，相得益彰。

当下，要精准提炼和培育具有宁波辨识度的对外传播名片和文化符号，树立特色鲜明的城市形象，提升对外传播影响力。加强城市形象传播整体规划，推动各地各部门资源共享、信息共用、渠道互通，形成对外宣传工作整体合力。适应城市国际化需要，探索成立对外传播中心。加大"书藏古今，港通天下"城市形象主题口号推广力度，推进城市标识（logo）、城市歌曲、城市宣传片、城市雕塑等形象要素建设，构建城市形象识别系统。

（四）规范要素

1. 慎终追远的诗书礼仪制度

宁波藏书文化源远流长。作为我国古代著名的藏书楼，天一阁在书楼和藏书的保护方面有着严格的防火和防虫制度。天一阁主人、明代范钦依据古书上"天一生水，地六成之"之说，以"天一"作为藏书楼的名称，将整个阁楼分为六间，在东西方向的房间都筑有封火墙。此外，天一阁还延续了"芸香辟蠹""英石吸潮"等常用的古籍保护方法。在具体的书籍管理方面，范钦制定了一套严密的藏书楼管理制度，即"以水制火，火不入阁；代不分书，书不出阁"；并且，对违反规定的子孙，也有严格的惩罚制度。

藏书制度代代相传，范钦长子范大冲继承父亲遗志，担起了保护好这份特殊的家族产业的责任。一方面，拨出一部分田地充作公产，将田租收入用于藏书楼的维护；另一方面，牵头制定严格的《禁约》，明确藏书不分，为子孙共有，各橱锁钥，分房掌握，并制定了严格的处罚标准："子孙无故开门入阁者，

罚不与祭三次；私领亲友入阁及擅开橱门者，罚不与祭一年；擅将书借出者，罚不与祭三年。"范氏后人如范汝楠、范光文、范光燮、范懋柱等，都深明大义，严格遵守藏书楼管理制度，为保护利用好天一阁宝贵遗产作出了贡献。

宁波的书香文化绵延不绝，对浙东学派的治学精神也有着无形的影响。浙东史学派严谨的学术制度代代相承。浙东史学派主张"经史相通"，以经发史，以史明经，认为六经等经典本就是一种特殊形态的历史记录，是将历史转化为特定的理论和方法，因而可以根据经典来探求其背后的历史意义，借古鉴今。同时，对于历史的研究也可以进一步明确经典的时代背景和价值内涵，展现经典原貌。这样一种经史相通的治学方法不仅是中国传统史学研究的一大突破和创新，更是深刻地影响了中国近现代的历史学研究。当然，浙东史学派能够在学术上取得如此丰硕的成果，与其兼容并蓄的学术传统密不可分。在漫长的历史发展过程中，浙东史学派始终秉持着兼容并蓄、广采博取的学术原则，竭力反对当时固守一家、党同伐异的恶劣学风。学派鼻祖黄宗羲就曾明确指出："学术之不同，正以见道体之无尽也。"因此，他大力提倡学术交流，取长补短，追求集大成，开创了浙东史学派兼容并包、博采众长的优良传统，影响到宁波"经世致用""工商皆本"的价值认同。

2. 通达天下的商业贸易制度

宁波有句老话："走遍天下，不如宁波江厦。"讲的就是三江口江厦街的繁华盛景。唐宋以降，从三江口到灵桥一带，沿奉化江排列着多个码头，旧称大道头。在三江口的江面上、码头旁，帆樯林立，商贾云集，极为繁荣。三江口是海上丝绸之路的核心港口，与日本、高丽、爪哇、安南（今越南）、暹罗（今泰国）等20多个国家间往来的商船在此停泊和起航；三江口同时又是国内航运贸易的枢纽港、漕粮北运的转口港，元代开始就在宁波设置了专门的漕粮海运的管理机构，河海联运也成为宁波航运业的特色。

明州港（宁波港旧称）地处沿海中部，内河与海外交通便利，随着唐王朝对日本等国的开放，明州城的对外贸易迅速繁荣起来，明州港成为海上丝绸之路的重要始发港之一。正因明州港地位举足轻重，从北宋起，官府开始在明州设置各种对外贸易管理机构。宋初，政府在广州和杭州设立两个市舶司，分别为广州市舶司和两浙路市舶司。北宋淳化三年（992），两浙路市舶司从杭州迁至明州，设于子城东南隅。咸平二年（999），明州置市舶司，下设市舶务。

自此，明州正式有了自己的市舶机构。为了方便舶务手续办理和舶货进出，又将灵桥北门的来安门辟为市舶专用门。北宋前期，市舶司由所在地的行政长官和负责地方财政的转运使共同领导，而由中央政府派人管理具体事务。

北宋元丰三年（1080），明州成为获准与日本、高丽通商贸易的中国唯一港口。与此同时，朝廷对中央市舶司制度进行了改革，免除地方行政长官的市舶兼职，而由转运使直接负责市舶司事务。政和七年（1117），明州城内建高丽使馆，置高丽司。南宋庆元元年（1195），明州港成为全国三大对外贸易港之一，国际通商贸易发展到极盛时期。

至元三十年（1293），元政府制定了整治市舶司勾当的法则 22 条。延祐元年（1314），又修订颁布了新的市舶法则 22 条。这两个法则，对市舶司的职责范围作了明确的规定，其目的是加强政府对海外贸易的控制，获取更多的收入。

明代沿袭前朝之制，市舶司管理海外诸国朝贡和贸易事务。明洪武三年（1370），宁波置市舶司，实行勘合贸易。宁波被指定为接待日本勘合贸易贡船的唯一港口。清康熙二十四年（1685）开放海禁，宁波设浙海关，是全国四个海关之一。道光二十三年（1843），宁波被列为对外开放的五个通商口岸之一，于道光二十四年（1844）正式开埠。

从市舶司到海关行署，千余年规范运作、不断完善的市舶司制度充分保证了宁波作为海上丝绸之路重要港口的地位和价值。明州市舶司的建立是中唐以后明州地区经济发展、海外贸易不断拓展的必然结果，同时又极大地刺激了明州地区商品经济及制瓷业、纺织业和造船业等手工业的发展，进一步确立了宁波港作为东南贸易大港的地位。

近代社会以来，宁波人多外出经商，他们在经商时常常依据地域籍贯形成商帮，更是在所到之处建立了众多具有联络乡谊功能的会馆、公所组织，遇事即互帮互助，家族同乡关系非常密切。在长期的经营发展中，"宁波帮"形成了以地缘、血缘关系为基础的地域性商人群体，他们具有强烈的社会责任意识，彰显了民间社团的力量。近代"宁波帮"崛起之奥秘还在于近代宁波钱庄的制度创新，即过账制度（一种近似现代开户结算的票据交易制度）。过账制度的创设使原先流通领域的货币从市场中退出来，成为宁波人进军上海市场的初始资本，它是"宁波帮"形成的一个逻辑起点。而钱庄之庄票功能的拓展，以及钱庄向银行业转型，则使信用进一步扩张，满足了宁波人的经营资金需求，它是"宁波帮"壮大的一个重要原因。

此外，宁波镇海人李也亭到上海淘金，凭着宁波人的精明与勤奋，从小学徒起步，努力拼搏、苦心经营，成为上海沙船航运巨擘。沙船业在发展之初有一种特殊的合伙制度。在沙船上当船工虽然工资极低，但允许附带货物，船主让出一部分舱位以供船工带货之用，这是一种看似寻常、实际上带有股份合作性质的极高明的经营方法。船家好说"同船合一命"，允许船工附带货物，船员也就成了这艘船的主人。船主和船员这种"互赢互利"的制度极大地促进了沙船业的发展。咸丰四年（1854），费纶志、李也亭、盛植琯集银 7 万两，向英国购买了中国第一艘轮船，名为"宝顺"号，并配备武装，为商船护航。集资购买洋轮并护送漕船、剿灭海盗，这种规范的议事制度使"宝顺"轮发挥了巨大的作用。

3. 依托河海的城市规划制度

作为中国大运河与海上丝绸之路交汇点，宁波三江口不仅在宁波、浙东区域发展史上至关重要，其之于古代王朝东南经略，对千余年来东亚乃至更大范围世界秩序的整合，以及对于中国海洋文明的生成生长均影响深远。宁波是国家历史文化名城，春秋时为越国境地，秦时属会稽郡的鄞、鄮、句章三县，唐时称明州。唐长庆元年（821），时任明州刺史韩察以州城临近鄞江，"地形卑隘"为由，将明州州治迁到三江口并筑内城，这是宁波建城之始。在甬江、余姚江、奉化江交汇处，这座以日月为名的"明州"城厚积薄发，听运河船橹，扬海舶丛帆，兴四明文脉，荣膺"东南邹鲁"，得誉"天下港城"。明洪武十四年（1381），取"海定则波宁"之意改称宁波。

宁波建城 1200 年间，历经唐、宋、元、明、清，及至近现代，各个时代均有与宁波城市发展相适应的社会制度。宁波的城镇布局与海上丝绸之路及运河水系紧密结合、一体发展。从曹娥江、姚江交界至镇海甬江出海口，沿浙东运河主航道，余姚、慈溪、鄞县、镇海四大古县城一字排开，这四个形态、结构、功能各具特色，发育完备的古代县级行政机构，保证了宁波港及浙东运河各航段航道的功能管理需求，也几乎同海上丝绸之路与运河功能的发挥完全一致。宁波城市 1200 年发展进程中的布局、功能、制度等，充分显示了大运河沿线及沿海城市的独特性，维护了沟通中外的商业贸易，适应了宁波经营中国大运河、海上丝绸之路的需要，促成了宁波商帮的发展，也极大地保障了宁波这个河海之城的千年运行与发展。

二、宁波核心文化基因的提取与评价

（一）宁波核心文化基因的提取

宁波文化具有世界性，文化基因强大。2014 年，宁波参与大运河联合申报世界文化遗产成功。2015 年，它山堰被列为世界灌溉工程遗产。宁波有全国文物保护单位 37 处；省级文物保护单位 87 处；市、县（市、区）级文物保护单位 482 处；文物保护点 1069 处。市级以上非遗项目 190 项，其中国家级23 项，遗产资源数量和质量位居全国历史文化名城前列。历史文化街区、古镇古村、名人故居举不胜举。宁波核心文化基因集中体现在"书"与"港"上，"书""港"的粹合，显现出宁波文化的独特魅力与高贵气象。

1. 书香基因蕴含中华文化气象

宁波是两晋玄学重要沉积地，心学一脉的阐扬地，禅宗的播扬与东传地。历史上书楼遍布，书院林立，大儒辈出，学派绵长。这些重大精神文化成果承载着民族文化血脉，是人民的精神家园，为宁波经营中国大运河、海上丝绸之路两条国际大通道提供了重要的理论支持与精神支撑，体现出城市宏大的圣贤气象与构建中国风格、中国气派话语体系的能力。

2. 大港基因彰显海洋文化魅力

宁波是中国大运河出海口，海上丝绸之路起碇港，是中华海洋文化的重要发源地，中华产品的重要制造与外销地，中国近代化的重要策源地，拥有丰富的具有世界意义的海洋物质文化遗产与精彩纷呈的非物质文化遗产。新时代

天一阁西大门（海曙区文化和广电旅游体育局供图）

宁波文化工程要大力擦亮阳明文化、藏书文化、院士文化、井头山与河姆渡史前文化、越窑青瓷文化、保国寺建筑文化、浙东大运河（宁波段）文化、象山渔文化、"宁波帮"文化以及现代宁波港文化等系列金字文化名片，展现宁波8000年海洋文明发展史和1200年海洋城市文明史的博大内涵与开放气魄。

（二）宁波核心文化基因的评价

1. 生命力评价

宁波历史文化底蕴深厚，拥有8000年的海洋文明史和1200年的三江口建城史，当代正忠实践行"八八战略"，落实长江经济带和长三角一体化发展国家战略，实施杭甬"双城记"宁波行动，加快宁波都市圈建设，担当共同富裕示范先行的历史使命，加快建设现代化滨海大都市。宁波文化千年传承，与时俱进，表现出强劲的生命力量。

浙东史学派作为中国历史上具有开创性意义的一大学派，其所蕴含的价值观念和精神品格不仅为当时低迷沉寂的思想文化界注入了巨大活力，更是深刻地影响了后世，流传至今，不曾断绝。一方面，浙东史学派遵从崇实求真、经世致用的价值观念，为清代乃至近代中国的史学研究奠定了基调；另一方面，浙东学派所彰显的经世致用、勇于学术创新、甘为天下先的精神品格本就是浙东人民自古以来的传统美德，深深地融入了浙东人民的血脉，激励着一代又一代的浙东人开拓进取。

近代"宁波帮"以其杰出的经营才能与雄厚的经济实力活跃在上海、汉口、天津等通商大埠，称雄中国商界达半个多世纪，为中国经济社会的近代化作出了巨大的贡献而被誉为近代中国第一商帮。20世纪40年代前后，大批"宁波帮"人士赴港台及海外创业，他们奋力拼搏，左右逢源，以宁波人特有的勤奋与智慧，开拓出一片片属于自己的天地，成为活跃在世界经济舞台上的华人经济力量的重要组成部分。中国改革开放后，他们又积极参与祖国现代化建设与对外开放事业而享誉海内外。长期以来，"宁波帮"在创造巨大物质财富的同时，形成了自己独特的精神风范和文化性格——"宁波帮"精神，这也是几个世纪以来"宁波帮"在中国商界得以经久不衰、生生不息的根本原因所在。

孕育了中国海洋文明的宁波伴随着历史的车轮实现着现代化转型。当今，宁波海洋经济的发展，宁波港口的腾飞，都得益于宁波以及以之为始发港之一的中国古代海上丝绸之路长久以来不断沉淀的海洋文化，得益于几千年来形成并不断发展的开拓创新的海商精神。自古及今，宁波商人的足迹遍及五湖四海，靠的正是开放创新的海商精神。勇立潮头、敢为天下先，宁波海商以一种港通天下的视野眺望世界，这是一种开拓创新的品格力量，是一种拼搏不息的生命体现。

2. 凝聚力评价

宁波大地四明山、天台山巍然矗立，甬江纵贯入海，三江汇涌、面朝大海的格局，以及8000年奋勇拼搏的历史，使宁波表现出强大的凝聚力量。尤其是以"四知"精神为重要表现的城市精神，起到了凝聚社会各领域的力量，激发各民族成员的归属意识、认同意识和进取意识，形成推动社会发展的凝聚力和创造力的重要作用，是中华民族共同的精神财富。

在历史上，浙东史学派曾广泛地凝聚起浙东区域的群体力量，显著推动过社会经济的发展。最初，以黄宗羲为核心和源头，浙东史学派内部形成了浓厚的私淑文化，聚集起了一大批浙东的士人学子投身史学研究，培植起了崇实求真、经世致用的学风。而随着浙东史学派的不断发展，受其影响的群体也在持续扩大，其所提倡的"实用""富民"等理念逐渐深入人心，转化为现实力量，推动社会经济发展。

作为范氏家族的独特遗产，天一阁及其藏书的保护和发展，将范氏后人凝聚在一起。同时，天一阁的开放制度让不少文人学士得以登阁浏览各类古籍，为包括黄宗羲、万斯同、全祖望等在内的浙东学派学者提供了丰富营养，对学派文人及其学术思想的凝聚起到一定作用。天一阁秉承"爱书、藏书、读书"的优良传统，恪守诚实、勤奋、淡泊、传承的藏书精神，带动了宁波当地的藏书风气，对中国藏书文化的发展产生了深远的影响和积极的推动作用，为中华文化的传承作出了重大贡献，也将一批爱书的学者凝聚到一起。

"宁波帮"的公益传统一脉相承，"宁波帮，帮宁波"成为感动世界的故事。在当代，不仅王宽诚、包玉刚、邵逸夫等巨商的慈善义举名闻海内外，赵安中、闻儒根等中小商人的义行也惠及全国各地，产生了广泛的影响。在包玉刚等"宁波帮"人士的热心推动下，国务院专门成立了"宁波经济开发协调小组"，此后陆续促成了宁波计划单列、兴建栎社机场、开发港口、建立交通集疏运网络、成立宁波经济建设促进协会等一系列大事。当然，"宁波帮"的精神文化也往往通过其事业包括工商活动与善举义行在社会上得到广泛传播，产生重要影响。所谓眼见为实，人们大多通过"宁波帮"的具体活动，认识与了解"宁波帮"的精神，进而在潜移默化中接受"宁波帮"精神的教育与洗礼。

3. 影响力评价

宁波是中华海洋文化的重要发源地、中华产品的重要制造与外销地、中华新文化的重要播扬地、中国近代化的重要策源地，宁波文化是中华文化重要的子文化，对中华文化乃至东亚文化、世界文化的发展起到了重要作用。

距今 7000 余年的河姆渡文化，是中国诸多文化的起源地。河姆渡文化遗址中发现的"象牙雕刻茧纹盅形器"，显示了宁波漫长的蚕业生产的历史。河姆渡文化遗址中挖掘出的用葛、麻之类的长纤维鞣软后"搓"成的绳子，实际上反映的是纺织原理中的"加捻"。河姆渡遗址中发现了上百件之多的苇席残片，证明河姆渡人是最早的"编织原理"的发现者之一。历史上，宁波出口的青瓷、丝绸、茶叶等产品，融入深厚的文化因素，代表着中华文化气象，是世界各国人民长期喜爱的时尚生活用品。近代宁波，兼收中西之长，创造了 100 多个"第一"，宁波人制造的产品成为新的时尚。近年来，宁波又发现了距今 8000 年的井头山遗址，这是长三角地区发现的第一个贝丘遗址，也是目前中国发现最早、埋藏最深的贝丘遗址，入选 2020 年度全国十大考古新发现。

就影响范围而言，浙东史学派具有全国性的影响力，乃是清代显学之一，在海外（特别是朝鲜半岛和日本）学界亦颇具影响力。浙东学派的主要代表人物，如黄宗羲、万斯同、邵晋涵等，在当时都是天下闻名的贤才，且为朝廷所看重，直接或间接地参与了全国性的文史编纂工作，在全国范围内树立起了浙东史学派的名望。更为重要的是，浙东史学派在学术研究方面独具创造力，硕果累累，许多成果都是开创性的，影响巨大。

宁波素有"文教之邦"的美称，教育的影响力无疑是巨大的。截至 2023 年 11 月，宁波籍两院院士总数达 122 位，宁波是名副其实的"院士之乡"。往前追溯，在宋元时期，宁波的蒙学教育就得到了大发展。两个宁波人的著作成了广为流行的蒙学教材：王应麟的《三字经》和汪洙的《神童诗》。《三字经》还被翻译成了外语版，宁波还流传着宁波话版的《三字经》，可见其影响力之大。从启蒙教育到高等教育，无不展现宁波教育的巨大影响力。还有享誉天下的天一阁，是我国现存历史最悠久的私家藏书楼，也是世界上最古老的三大家族图书馆之一。书藏古今、历史悠久，天下闻名、院士之乡，这就是宁波教育和文化的巨大影响力。尤其是两院院士，为祖国发展贡献了巨大的力量。

4. 发展力评价

宁波等地古港是记载海上丝绸之路的"活化石"。巨大的物流创造了丰厚的财富，开阔的交通格局创造了多元化的文化格局，朝向海洋的步伐昭示着宏大的未来，宁波表现出强大的发展力。

港口是基础性、枢纽性设施，是经济发展的重要支撑。2022年，宁波舟山港完成年货物吞吐量超12.5亿吨，连续14年位居全球第一；完成集装箱吞吐量3335万标准箱，稳居全球第三。在"一带一路"建设中，在长江经济带发展、长三角一体化发展等国家战略的深入实施过程中，宁波舟山港具有重要地位，是中国的硬核力量。

进入21世纪，尤其是实施"八八战略"以来，宁波城市展现出向大都市不断迈进的雄健蓬勃的气象。向东，向港口，向大海，宁波的城市发展一直遵循着这一历史脉络。宁波中心城区走向"一城双心"，鄞州区、北仑区、镇海新城、奉化新城不断蜕变，县城、中心城镇规模增大，"一核两翼、两带三湾"多节点网络化的大都市新格局初步形成，宁波走向全域都市化，城乡发展更加均衡。

2019年，宁波的市场主体超过百万户，按常住人口计算，宁波平均每10人就有一个老板，每26人就有一家民营企业。民营经济贡献了全市62%的税收、63%的经济总量、69%的出口、85%的就业岗位，95%以上的上市公司和高新技术企业为民营企业。共吸纳就业人口450万人，17家民营企业跻身中国民营企业500强。民营企业成为推动宁波市经济社会发展的主要力量，一大批草根企业家成为传承"宁波帮"精神的"新甬商"。2021年，宁波以全国1%的GDP培育了7.55%的国家级制造业单项冠军企业，以45家的数量位居全国各城市首位。这是宁波制造业"单项冠军之城"硬核力量的又一次鲜活展示，充分体现了宁波市制造业单项冠军企业在创新引领、技术突破、国际合作中发挥的中坚作用，也再次证明了宁波制造业高质量发展正走在全国乃至全球的前列。

浙东史学派在其历史发展过程中所体现的崇实求真、经世致用的价值观念以及笃信好学、坚贞守义的精神品格都彰显了中华民族优良的传统美德，具有与社会主义核心价值观高度契合的部分，能够与时俱进地转化为时代精神力量，助力新时代中国特色社会主义建设。从当地经济发展影响来看，天一阁藏书文化已成为宁波一张闪亮的"名片"，成为国内外朋友解读宁波的首选。天一阁对中国藏书文化的贡献，以及对图书馆的影响是巨大的，其意义甚至超越了藏书文化这个范围，既弘扬了中国藏书文化的优良传统，又形成了独具风格的宁波地域文化特色。

宋元港口复原

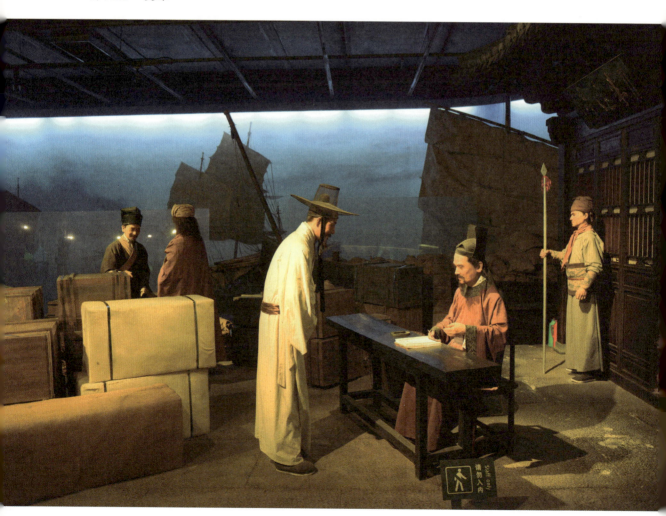

三、宁波核心文化基因的转化利用

"十四五"时期，我国进入全面建设社会主义现代化国家新阶段，宁波作为浙江"双城记"和"一体两翼"发展格局中的"一城一翼"，将高质量发展建设共同富裕先行市。文化是城市的灵魂，旅游是城市的综合名片，文化建设和旅游发展既是新阶段的重大任务，也是促进共同富裕的有效路径。宁波文化和旅游必须担负新阶段新使命，对标国内一流城市，全面提升自身发展实力，努力推动文化软实力与经济硬实力相匹配，为城市经济社会发展提供强大力量。

宁波是国家历史文化名城，是典型的江南水乡兼海港城市，也是海洋文明起源地、中国大运河南端出海口、海上丝绸之路东方始发港。宁波要深入挖掘河姆渡文化、阳明文化、海丝文化、弥勒文化、商帮文化、藏书文化等文化内涵，大力推进文化惠民、文化精品、文化人才工程，高水平保护文化遗产、提升"乡愁"地标。宁波要从高站位、宽视野、大格局把握"书""港"两大文化特质与核心价值，大力彰显"书藏古今，港通天下"城市文化标识，高水平打造独具魅力的现代化滨海文化大都市，建构新时代中国文化核心价值与国家级文化竞争力，为探索城市发展的民族化、本土化及现代化可持续发展的方式和全球和谐的文化生态秩序提供地方性发展样本。

（一）培育打造文化标识

历史文化是城市的灵魂，文化基因解码意在延续城市历史文脉，发展有历史记忆、地域特色的美丽城市，培育浙江文化新标识，激发市民的文化归属感和自豪感，构建文化建设大平台，形成文化发展新格局，在共同富裕中实现精神富有，在现代化先行中实现文化先行。

一是实施宁波文化基因解码工程，深入挖掘阳明文化、商帮文化、藏书文化等的丰富内涵，建立宁波文化标识基因库，探索绘制文化标识基因图谱，不断增强人民群众对城市文化的认同感、归属感、自豪感。二是实施文化"金名片"打造工程，培育涵盖文物、非物质文化遗产、经典产业等门类的文化标识，重点打造河姆渡文化遗址群、海上丝绸之路始发港等文化"金名片"。三是实施传统艺术保护传承工程，加大对甬剧、姚剧、宁海平调、瓯乐等地方标志性戏曲艺术的保护传承力度，开展戏曲进校园活动。挖掘宁波传统文化丰富内涵，办好天一阁论坛等重大文化交流平台，打造一批学术研究中心、品牌文化活动、优秀文创产品、主题旅游线路和研学旅游目的地。推进国家级海洋渔文化（象山）生态保护区和省级文化传承生态保护区建设，加强对传统文化的保护和开发，推进传统工艺振兴，让优秀传统文化在新时代活起来、火起来。

在具体做法上，可以打通文化和旅游融合渠道。推进"优秀传统文化＋旅游"，以宁波特色传统文化资源为依托，进一步擦亮宁波文化名片，高水平建设大运河—海丝文化旅游带，打造河姆渡文化、大运河—海丝文化、阳明文化、藏书文化、弥勒文化、海洋文化、商帮文化、影视文化等具有宁波辨识度的文旅融合目的地，全面讲述宁波故事。推进"革命文化＋旅游"，依托宁波市丰富的红色文化遗存，深挖全市红色文化资源，积极拓展红色研学等新业态旅游产品，实现红色旅游产品结构从单一的红色教育向红色山水观光、红色文化体验等多元化产品体系转型。推进"社会主义先进文化＋旅游"，以中华人民共和国成立以来特别是改革开放以来宁波市有重大影响力的标志性成果为支撑，规划推出系列旅游产品和旅游线路，充分展示社会主义现代化建设成就。依托上述思路，可以重点打造宁波八大文旅融合目的地。具体如下。

河姆渡文化旅游目的地：开发河姆渡、井头山、田螺山等史前文化遗址旅游区，体验中国海洋文化起源地的魅力。

大运河—海丝文化旅游目的地：建设大运河（宁波段）国家文化公园，打造大运河—海丝文化旅游带，推进大运河精品景区、创意产品体系、度假休闲产品、文化娱乐产品、体育旅游产品开发建设。

阳明文化旅游目的地：高水平建设阳明古镇，打造阳明文化研究中心、阳明文化践行基地及历史文化体验地，建成"阳明故里，心学圣地"的文旅产业集聚区。

藏书文化旅游目的地：以天一阁—月湖景区为核心，打造以"书香之城"为理念的文化休闲商圈，形成最具特色的文化休闲商圈、书香产业集聚区、书香文化地标区和文旅消费商业地标。

海洋文化旅游目的地：以前湾（杭州湾）、宁波湾（象山港湾）、南湾（三门湾）为核心，围绕"海丝古港，微笑宁波"城市旅游主题，全面展示海丝文化、海湾风情、海天佛国、海鲜美味"四海"文化旅游特色和禅韵、瓷韵、茶韵、帆韵，逐渐形成"顺着运河来看海"旅游产品集。

商帮文化旅游目的地：以宁波帮博物馆、商帮公园为依托，串联邵逸夫故居、包玉刚故居、江南第一学堂等景点，重点发展以"商帮寻根、文化体验、郊野休闲"为主题的文化休闲旅游，打造"商帮故里"文旅产业集群。

影视文化旅游目的地：以象山影视城为核心，联动提升博地影秀城等平台建设水平，完善影视拍摄、休闲度假、周边购物、科教研学等功能布局，推出一批影视 IP 旅游产品和线路、影视节庆活动，打造全域型影视文旅生态。

此外，也可以进一步打造慈孝文化旅游目的地。依托慈城古县城得天独厚的旅游文化资源，如孔庙、县衙、校士馆、书院、药铺、庙宇等传统建筑与文化空间，打造古色古香、历史久远、富有文化韵味的江南古县城。以慈孝文化为引线，串接古县城内的慈孝景观，融合历史上的孝子孝女故事、传统文化中的慈风孝行，打造沉浸式体验慈孝文化的特色旅游线路。

（二）深度发展文旅产业

要建设"文化＋"大格局，以文化深度融合发展，健全以文化力量推动发展的工作体系，进一步激发各领域创新创造活力，在"港产城文"融合布局中发挥文化生产力优势，助力高质量发展不断获得新动能、打开新空间、塑造新优势。大胆创新、积极实践，建立宁波传统文化资源元素库，促进以中国传统文化、革命文化、社会主义先进文化为基本元素的产品开发和服务贸易；鼓励在文艺创作、影视生产、装帧设计等方面加入中国传统文化元素与文化资源；借助互联网等科技手段和科技平台进行内容开发，使中国传统文化的精髓与时尚文化、流行文化相结合，激发全社会对中华优秀传统文化的认同感和自豪感。用具有足够魅力的文化产品，在世界和国际社会中赢得应有的文化认同和文化尊重。

宁波是王阳明故里，是阳明文化的发源地。要紧紧围绕王阳明立德、立功、立言的"真三不朽"精神这一核心内容，通过资源整合、合理规划、营销包装等方式，充分挖掘阳明故里的内在价值，彰显价值引领作用，打造"阳明文化"IP，对文化基因进行传承利用和后续开发。以王阳明本人所展现的知行合一、启迪民智、报效国家的精神品格为蓝本，重点发掘阳明心学的现实意义，促进传统文化与时代精神相融合，将余姚打造成为当代阳明文化圣地。在形象设计上，应通过创新载体和表现形式等手段增强文化活力，吸引年轻群体，同时以视觉形象、吉祥物、景观小品等在全市范围内建立起阳明文化标识系统；在产业布局上，进一步拓展辐射范围，延伸产业链条，带动相关产业加入，形成集"吃、住、游、购"于一体的产业集群；在功能应用上，重点突出文化教育和道德教育的内容，将其巧妙融入文旅产品，发挥应有的示范引领作用。

大运河（宁波段）位于中国大运河最南端，是中国大运河与海上丝绸之路的交会点，具有"千年古韵、江南丝路、通达江海、运济天下"的特色。围绕世界文化遗产河道、浙东运河主河道及历史运河支线河道，建设好大运河（宁波段）国家文化公园，打造连续一体的滨水绿化、文化休闲和公共活动空间，使河段沿线的宁波老城、余姚、慈城、镇海和丈亭、高桥等多处运河聚落，以及运河水工文化遗存、运河衍生文化、运河生态景观等文化资源绽放出时代魅力。重点围绕慈城运河名镇、阳明古镇、宁波六塘河文化带、后海塘湿地公园、上林湖越窑国家考古遗址公园、河姆渡国家考古遗址公园、文创港等，加强主题展示功能，促进文旅融合带动。举办宁波大运河文化节，推出航运研学游、文学艺术品鉴游、运河民俗体验游、运河文化水景游等，打造运河国际旅游目的地。

在商帮文化核心文化基因的转化利用方面，我们要把"宁波帮"作为区域发展的重要人文战略资源，扩大宁波帮博物馆、宁波帮文化公园的影响力，把"宁波帮"精神作为经济发展和社会和谐的内在动因，大力实施商帮文化工程，以增进新老"宁波帮"乡谊、乡情、乡恋为主旨，为甬商提供以深厚的人文精神、文化底蕴、人脉资源为支撑的交流平台，着力构筑"宁波帮"精神家园。第一，要充分利用并发挥宁波帮博物馆的独特作用，以年代为脉络、史实为线索、人物为亮点，以传承、弘扬"宁波帮"精神为展陈宗旨，系统展示明末至今"宁波帮"艰苦奋斗的发展历程。第二，要开拓"宁波帮"文化旅游区，整合庄市商帮文化遗迹，提炼商帮文化内涵，协调打造一个文化旅游综合区。可开设"包玉刚故居—邵逸夫旧居—宁波帮博物馆—商帮文化公园—郑氏十七房"儒商寻根游经典线路。第三，以文脉、史脉为线索进行总体规划，打造商帮文化风情小镇。本着"能融则融，应融尽融"的文旅融合发展理念，将宁波商帮的精神内涵、非物质文化遗产、老字号以及中国或地区传统节日等作为重要元素，全景式打造商帮文化旅游场景，延续文脉，让乡愁有归途。第四，也可创办宁波商帮文化节，更好地继承和弘扬老一辈"宁波帮"人士创新创业的精神，搭建新生代"宁波帮"人士与故乡沟通交流、相携同行的平台。以系列论坛的形式，挖掘"宁波帮"文化，提炼"宁波帮"精神，推动"宁波帮"文化发展。

在海丝文化核心文化基因的转化利用方面，以建设全球海洋中心城市为目标，把宁波打造成为东方海洋文明魅力之城，滨海绿色时尚活力之城，"港产城文"融合发展魅力之城。可以开展"海丝文化研学游"，面向学生群体设计海丝文化研学路线，融文化溯源、传承、竞技为一体，培育熟悉优秀传统文化的具有开拓创新的优秀接班人。开启"海丝古港·寻踪之旅"，以"宁波三江口（庆安会馆—老外滩）—郑氏十七房—宁波帮博物馆—镇海沿江路海上丝绸之路起碇港（航济亭—万斛神舟—利涉道头）—招宝山旅游风景区（中国防空博览园—镇海口海防历史纪念馆—安远炮台）—凤凰山海港乐园—中国港口博物馆梅山湾沙滩公园—博地影秀城《甬秀·港通天下》"等为主要结点。当然，海上丝绸之路非物质文化遗产传承基地的建设也不可忽视，以编年史为线索，对宁波各个历史时期的海上丝绸之路文化景观的历史遗存进行系统研究和梳理，整理出与海上丝绸之路相关的文化遗产清单，并应用 ARC/INFO 建立地理信息系统。同时，利用文化基因数据库的资源优势，倡导"海丝文化基因进校园"，培育网红非遗传承人。中小学接入地方课程，以传统文化教育为主；高校（大中专院校）则可进一步与学生的专业课程相结合，鼓励学生围绕海丝文化设计相关的产品，激发学生的文化创造力。通过上述一系列活动，宁波各地形成海丝文化一盘棋、一张网，使海丝文化及其遗存真正深入老百姓心中。

新时代文化宁波工程立足城市"书根"与"香魂"，深入挖掘宁波藏书文化、书院文化、阳明文化、浙东学术文化、名人文化等，面向社会发展方向，提炼核心价值，把宁波打造成为国学研究、播扬重镇，"一带一路"共建国家的中华文化传播中心，独具"书香魅力"的阅读之城、艺术之城、创意之城，以人的全面发展为核心的文明素养典范城市。因此，在藏书文化核心文化基因的转化利用方面，天一阁·月湖景区需要充分发挥其独特性，通过精细化建设使其成为集文化展示、艺术文创、文化交流、文化深度体验于一体的独特文旅品牌。例如，打造不同主题的文化主题游，整合和提升月湖历史文化资源，开发新的旅游景点；有条件地开放天一阁登楼，让公众有更多的欣赏馆藏孤本的机会。在景区历史建筑的空间运用方面，可依托秦氏支祠等文艺空间建设独特的阅读空间、剧场等，引入并举办相关主题读书节、文化节，持续传播藏书文化，增强旅游的趣味性和现场感。在讲解员服饰、工作人员服饰、会议室陈设等方面使用统一标识，强化天一阁形象。运用宁波本土文化创意产品设计模型，提取天一阁"硬山顶重楼式"屋顶或其建筑造型的表征符号，使之与藏书文化所对应的笔墨纸砚等文化产品产生必然联系。

在慈孝文化核心文化基因的转化利用方面，随着慈城慈孝文化的外延不断扩大、内容更加丰富，要推动慈孝文化上升为和谐相处、互敬互助互爱的新型人际关系，由局限于亲情的小爱上升为面向全社会的大爱。立足慈城自身的资源优势，依托丰富的人文景观，通过举办中华慈孝文化节，不断整合、包装区域传统文化、全力打造慈孝文化核心区——慈城景区，吸引海内外游客，弘扬中华优秀传统文化。首先，要开发利用好慈城古县城。依托慈城古县城得天独厚的旅游文化资源（古县城内保留的唐代的街巷格局，大量的书院、藏书楼、药铺、庙宇、官宦宅地、陌巷民居和考棚、孔庙、县衙等传统建筑），打造古色古香、历史久远、富有文化韵味的古县城。以慈孝文化为引线，串接古县城内的慈孝景观，融合历史上的孝子孝女故事、传统文化中的慈孝，打造沉浸式的慈孝文化特色旅游线路。其次，可进行慈孝文化衍生品设计。举行标识设计大赛，结合慈孝符号元素，打造"弘扬慈孝文化，构建大爱甬城"慈孝文化IP。举行设计大赛，广泛征集既有慈孝文化元素又有市场前景的实用性、创新性旅游商品和文创产品。再次，可举办"展慈孝风采，聚民俗民风"大型慈孝主题民俗活动。以"文化＋旅游"相融合的方式，全面展现传统文化，挖掘自身独特的慈孝文化，增强和扩大慈城慈孝文化影响力。最后，设立慈孝文化研究中心，与在甬高校合作，深化慈孝文化的挖掘、IP的打造及文旅融合项目的研究；也可以开展"慈城慈孝文化基因进校园"活动，利用文化基因数据库的资源优势，接入校园，培育网红非遗传承人。

中国的两院院士是中国科技界的精英，是中国自强自立的模范和典型。宁波作为中国著名的"院士之乡"，拥有122位院士，这是非常宝贵的文化资源，也是不可替代的文化品牌。在院士文化核心文化基因的转化利用方面，宁波应该抓住机遇、顺势而为，努力把这一独特的文化资源打造成充满魅力的城市名片和文化品牌。首先，可以建设宁波籍院士资料数据库，全面搜集宁波籍院士的资料，整合并构建高效检索的数据库平台，实现地方优秀文化资源共享。其次，可建立宁波籍院士风采馆，以展示两院院士的不同风采。根据宁波籍院士爱国爱乡事迹编写乡土教材，开展爱国爱乡和科普教育活动；编写镇海籍院士系列传记。最后，可打造宁波"院士小镇"，以"建家引智"方式，为来宁波的海内外院士专家等高层次人才搭建创新服务平台，打造区域发展的"智囊团"。同时，打造多层次、宽领域、高水平的院士—青年传帮带的高能级信息交换平台，以及"聚"院士名家、"集"聪明才智的传道授业解惑的大智库。

此外，宁波作为长三角重要节点城市、中国大运河出海口、海上丝绸之路起碇港，要主动配合国家整体外交战略和宁波市对外经贸交流工作，发挥先行示范作用。要加强与港澳台的交流合作，深化与"一带一路"共建国家、中东欧的交流合作，推进长三角文旅一体化，向世界展现宁波形象，讲述浙江故事，传播中国声音。

以上从宏观层面分析解读了宁波核心文化基因，并提出了转化利用的相关建议与措施。在新发展阶段，要以高站位、宽视野、大格局把握宁波文化特质和核心价值，抓住宁波文明的历史特色、现实依据与未来方向，进一步彰显"书藏古今，港通天下"城市主题口号所蕴含的地域文化特色，高水平打造独具魅力的现代化滨海文化大都市，使宁波成为文化形象更加鲜明、文化氛围更加浓郁、文化创造更具活力、文化产业更加发达的全国文化、文明高地，将宁波打造成为中华优秀传统文化传承创新区、美丽中国建设先行区、世界一流旅游目的地，以及忠实践行"八八战略"、奋力打造"重要窗口"的鲜明标识，为推动宁波走在高质量发展前列提供有力支撑。要紧紧围绕《宁波市文化和旅游发展"十四五"规划》，聚焦"新时代文化高地和现代化滨海旅游名城"这一新发展目标，到 2025 年，初步建成独具魅力的文化强市，使文化强市建设的主要指标居全国同类城市前列，高质量发展的体制机制更加完善。力争到 2035 年，城市文化软实力显著增强，全面建成城市品格高度彰显、宜居宜业宜游的新时代文化高地和现代化滨海旅游名城。

第二章

宁波重大文化元素基因
解码及转化利用

宁波
文化基因解码

王阳明故居（鲁弯弯摄）

王阳明故居

一、阳明文化

王阳明（1472—1529），名守仁，字伯安，号阳明，浙江绍兴府余姚县（今属宁波余姚）人，明代著名哲学家、军事家、教育家，官至南京兵部尚书，封新建伯，谥"文成"。王阳明是中国历史上罕见的全能型大儒，其一生立德、立功、立言"三不朽"，被学界视为儒家历史上继孔子之后又一千年"圣人"。其学说以"致良知"为本体，强调"知行合一"，建构了完整的心学体系，史称"阳明心学"。所著《传习录》《大学问》等心学经典，世人奉为瑰宝，刊印流传甚广。

日本、朝鲜半岛和东南亚国家，受阳明心学影响深远。如有着"明治维新胎动地"的日本松下村塾，即被认为受"明治维新原动力"阳明学驱动而改变了日本近代史。总之，王阳明创立的阳明心学崛起于浙东，风行于天下，在中国思想史、世界思想史上具有崇高的地位和划时代的意义。阳明文化是宁波深具地域标识度且具有极高的现实价值的精神文化遗产。

（一）阳明文化核心文化基因解析

1.物质要素

（1）余姚王阳明故居

王阳明故居地处余姚城区龙泉山北麓，传统历史街区武胜门路西侧、阳明东路以北，是国家级重点文物保护单位，宁波十大历史文化名人故居之一，全市首个中国华侨国际文化交流基地。故居坐北朝南，呈长方形样态，占地面积为 4600 多平方米。故居在建筑设计和营造上反映出明代浙东官宦建筑的一些典型特点，用材粗壮、气势恢宏。各幢建筑结构严谨，按中轴线对称分布，主次建筑分布有序，从南至北沿中轴线为门厅、轿厅、砖雕门楼、大厅及瑞云楼、后罩屋。

门楼外有两进穿堂。门楼建于清代，系仿木结构建筑，四柱三间，柱为石质，所饰砖雕斗拱、翘、昂、面砖雕刻细致，工艺精湛细腻，体现了当时砖雕技艺的水平。越过天井即是三间开面的正厅。房架高敞，用材粗大稳实，不施雕刻彩漆，朴实庄重，是较为典型的清代建筑。正门上方悬挂一匾，上书"真三不朽"，这是历来对王阳明一生在立德、立功、立言三方面皆居绝顶的确切评价。厅内悬挂王阳明先生半身画像，两旁有楹联，上方高悬三块匾额，分别题写着"吾心光明""文以载道""斯文千载"，表露着后人对王阳明先生的推崇。

大厅后面就是瑞云楼。明朝成化八年（1472），王阳明诞生于此，并在此度过了童年和少年时代。主楼建筑面积 500 多平方米，为重檐硬山、五间两弄的两层木结构楼房，展现了浙东地区明清楼宅建筑的基本风貌。但该楼主体在清乾隆年间被焚毁，现楼为 1996 年在原址上按《瑞云楼记》所述原样重建。瑞云楼楼下明间檐下悬有史树青题"瑞云楼"匾。前檐柱的楹联为"立德立功立言真三不朽，明理明知明教乃万人师"，内檐柱的楹联为"曾将大学垂名教，尚有高楼揭瑞云"。瑞云楼现辟为王阳明史迹陈列馆，楼内从左至右陈列着王阳明生平重要事迹和学术贡献及后人关于他的研究的有关图文资料。楼上展陈为王阳明及其家人居室的复原样式。大厅为王氏家人议事及重要庆典活动场所。楼前为通道，两侧为庭院，种植了花草树木，东西两侧分立"阳明学纪念碑"和"修复瑞云楼碑"。

王阳明故居于 2005 年由浙江省人民政府公布为省级文物保护单位，2006 年由国务院公布为全国重点文物保护单位。

（2）龙泉山麓中天阁

中天阁位于龙泉山南麓，是王阳明讲学之地。中天阁初建于五代，阁名取自唐代诗人方干《登龙泉山绝顶》诗："中天气爽星河近，下界时丰雷雨均。"现存五开间两层楼的中天阁为清代重修建筑。明正德年间，大儒钱德洪辟此为讲堂。明正德十六年（1521），王阳明回余姚祭祖，被钱德洪等人请上中天阁,确立了师生关系。明嘉靖初年,王阳明为父丁忧期满,往返于余姚、绍兴两地,就在中天阁讲学,每月朔、望、初八、廿三为其亲自开讲日。王阳明开讲日,听讲者300余人。王阳明还订立学规《书中天阁勉诸生》,亲书于壁以告诫学生。东侧有一常年不枯石井,因水面常呈现游龙波纹,称为"龙泉","龙泉山"名亦源于此。苏轼曾赞曰:"龙井白泉甘胜乳。"中天阁上方原有"二王祠",祭祀王阳明及其父王华,毁于20世纪40年代,今仅遗空基。

（3）王阳明故里碑

王阳明故里碑位于余姚龙泉山公园,从南大门拾级而上,进入"见贤思齐"月洞门,便可看见四先贤故里碑亭。这是后人为纪念四位余姚先贤(汉代严子陵,明代王阳明,明清之际朱舜水、黄宗羲)而敬立。王阳明碑建于清乾隆十九年(1754),碑亭额"真三不朽",赞颂王阳明立德、立功、立言光耀史册;联为"曾将大学垂名教,尚有高楼揭瑞云"。

（4）王阳明祭忠台

龙泉山顶另有一祭忠台,是邑人成器遥祭翰林侍讲刘球的地方。"祭忠台"是个极大的山崖活岩,岩基底径达7米,高3米多,凌空突兀,岩上可坐20余人,气势甚伟。刘球于明永乐十九年(1421)中进士,累任至翰林侍讲,为官正直。明正统年间,因太监王振专横乱政,朝政昏暗,边防又战事频仍。刘球对此多次上疏,结果触犯了王振,冤死于牢房之中。刘球少年时曾因避难隐居余姚。明正德年间,王阳明在祭刘球处岩石上亲题"祭忠台,阳明山人书",以此表彰刘氏忠鲠之节。

（5）"家传词翰"门额

王阳明书"家传词翰"门额,位于余姚市梁弄镇黄骥宅第墙门,是余姚现存唯一一块阳明先生手书真迹砖雕。据相关史料记载,明正德间,湖广兵备副使黄肃及其次子黄骥都为阳明先生的学生。黄骥博学善文,不仅尽得阳明心学精髓,而且是"知行合一"的楷模,被誉为"圣世之真儒,沧海之遗珠"。黄骥极尽孝道,以孝著闻乡里,被朝廷旌表。一天,王阳明途经梁弄,夜宿黄宅,受学生所请,为他留下了"家传词翰"的题字。后来黄氏将之砖刻,置为门额。"家传词翰"即世代相传诗文辞章之意,王阳明赞赏黄氏一门是以诗文辞章传家的典范。除"家传词翰"门额,附近还有为表彰黄骥孝行、教化民风而建的梁弄孝子祠"叙乐堂"。可以说,"家传词翰"门额及叙乐堂是阳明先生心学思想在明代大众化传播的重要史迹。

2. 精神要素

(1) 探求真理,不惧强霸

王阳明自小志存高远,发奋读书。18岁时,途经广信拜谒娄谅,听其讲授"格物致知"之学。之后又尊崇朱熹,研读其著作,一度痴迷于朱熹"格物致知"理论。"格"竹七日,却毫无所获,反得疾病累身,此即为"守仁格竹"之说。20岁出头的王阳明第一次参加浙江乡试,与胡世宁、孙燧同榜中举,其后,学业大有长进。28岁时参加礼部会试,复殿试,成为赐进士出身二甲第七人。后历任刑部主事、贵州龙场驿丞、庐陵知县、左金都御史、南赣巡抚、两广总督等职,晚年官至南京兵部尚书、都察院左都御史。

明武宗正德元年(1506)冬,因上疏为被擅政宦官刘瑾逮捕的南京给事中御史戴铣等二十余人求情,王阳明被逮捕,廷杖四十,并押入锦衣卫诏狱。其后,被贬至贵州龙场,任龙场驿驿丞。身处囹圄、遭受迫害的王阳明并未气馁,而是树立信心,集中证道。他于龙场阳明洞参悟出"格物致知"真意,并发明"知行合一"学说,是为"龙场悟道"。"龙场悟道"成为阳明心学史上的重要转折点。

(2) 知行合一,孜孜授业

王阳明在地方从政和治军时,大办书院,广授门徒,他的学说在长期的教育实践中不断地丰富和发展。继"心即理""知行合一"后提出"致良知",创立阳明学派,门徒遍天下,三传四传而至今。

阳明被贬贵州龙场后,见"万山丛薄,苗、僚杂居",尚未开化,便在尊重民俗基础上施行教导,受到民众爱戴。同时,他潜心研读《大学》,悟出"圣人之道,吾性自足,向之求理于事物者,误也"。继而在龙场大兴教育,创办龙冈书院,撰写《教条示龙场诸生》,教导弟子们"立志""勤学""改过""责善",以有所成就。后来,阳明又受毛科、席书邀请,先后讲学于贵阳文明书院,使得心学大行西南,因而后世有"黔中王学"之称。明嘉靖元年(1522),因父亲王华去世,王阳明回乡守制,受邀在绍兴稽山书院、阳明书院等处讲学。门下弟子众多,"王学"随之声名远播,时称"姚江学派"。其中,"浙中王学""江右王学""泰州王学"最为兴盛。

（3）会通文武，多谋善断

正德十一年（1516）八月，经兵部尚书王琼力荐，王阳明被擢为都察院左佥都御史，巡抚南（安）、赣（州）、汀（州）、漳（州）等地。当时，南中地带盗贼蜂起，他传檄福建、广东会兵一处，首先讨伐大帽山的盗贼。王阳明显露了自己惊世的军事才能。他在上杭亲率军队连破盗贼基地40余个，在大庾（今江西大余）破巢84个，迅速荡平了为患数十年的盗贼。正德十四年（1519），王阳明平定"宁王之乱"后，被称为"大明军神"。明世宗即位后，王阳明因擒贼平乱之大功被升为南京兵部尚书，不久又加封为新建伯。嘉靖六年至七年（1527—1528），王阳明兼任左都御史、两广总督兼巡抚，屡出奇兵，迅速平定了西南部的思恩、田州土司叛乱和断藤峡盗贼。

（4）孝悌忠义，姚江家风

孝与悌是王家世代秉承的家风。余姚王氏是东汉末年孝子王祥、友悌楷模王览的后代，孝悌二字从那时起就深植王氏子弟的骨血之中。王阳明的父亲王华，年已七旬仍彩衣娱亲，不畏猛虎为父守丧，是浙东一代有名的孝子。王阳明自己曾说过："吾家祖父以来，世笃友爱。"王阳明自幼受到祖父王伦严格而全面的启蒙教育，养成了良好的心性。成年以后，王阳明常年仕宦在外，仍不忘以书信形式教导尚处于启蒙阶段的儿子、侄儿们"勤读书""早立志""学做人""做好人"。他写给儿子王正宪的书信《示宪儿》，被后世视为"王阳明家训"，开篇第一句就训诫其儿"勤读书，要孝弟"。

王氏祖上曾有王吉、王纲这样的节义忠臣，所以王家儿郎但凡为官，都心念忠诚。王阳明平"宁王之乱"，十分顺利，功绩显赫，但也因此受到朝廷猜忌。但他不仅没有为此懊恼，反而更加鞠躬尽瘁。王阳明为官近三十载，可以说，为朝廷披肝沥胆，最后也是死在了官任上。他遗言"此心光明，亦复何言"，一方面是其生平心学的大总结，另一方面也表露出他彻底忠诚于国家的真实态度。

（二）阳明文化核心文化基因的提取与评价

1. 生命力评价

王阳明在东方哲学史上地位显赫，作为心学集大成者，其与孔子、孟子、朱熹合称"孔孟朱王"。他初时悟"格物致知"，反思理学，创以良知为德性本体、以致良知为修养方法、以知行合一为实践功夫、以经世致用为治学目的的富有人文精神的道德理想主义哲学，建构了完整的心学体系，影响深远。后世评价其"集'立德、立功、立言'于一身而成为'真三不朽'，实现了古今圣贤的最高人格理想"。清代学者魏禧说："阳明先生以道德之事功，为三百年一人。"王士祯说："王文成公为明第一流人物，立德、立功、立言，皆居绝顶。"

王阳明创立的阳明学是明朝中晚期的主流学说之一，不只是一种道德学说，还包含了宇宙观和世界观，是建立在对天理大道重新认知的基础上，通过自身修心、修行来改善自己与宇宙关系的宏深学问。作为明代影响最大的哲学思想，阳明心学深深影响了中国，后传至日本、朝鲜半岛以及东南亚。至今，海内外各界人士研究、传习阳明心学者比比皆是，阳明心学可谓当代东方哲学显学。可以说，阳明心学的生命力是无穷的。

2. 凝聚力评价

王阳明的心学是中国哲学史上的瑰宝、中华传统文化中的精华。其以道德良知为核心的道德理想主义，多元和谐、重视民生、力行实践的东方精神，对工业文明、后现代主义冲击下的当代中国社会极具现实意义。阳明文化是新时代中国人坚定文化自信、增强文化自觉的重要精神源泉。我们中国人不仅有孔子，还有王阳明，"先圣后圣，其揆一也"。王阳明富有近代特性地倡导以"人""心"为中心的哲学理念与行为准则，有利于当代社会主义精神文明建设。有效推动阳明文化的创造性转化、创新性发展，将心学文化内核演化成现代人的精神动力，已是当代中国的重大思政课题。

3. 影响力评价

阳明心学最初遭到了当政者的仇视，被视为异端邪说，屡遭打击。但强调主体性的阳明心学，主张人人皆可成圣，这既是对历史上曾重视个体能动性和自我价值火花的承袭，又是对程朱理学笼罩下压制主体性的抗议。在明清封建思想禁锢至严的时刻，阳明心学的诞生，好似火光划过了夜空，受到了众多先觉人士的青睐。直到近代，如曾国藩、梁启超、孙中山、毛泽东、蒋介石等影响了中国历史轨迹的著名人士，都高度钦敬阳明学，并积极践履。

此外，阳明心学对东亚区域冲破封建制度产生过积极影响，具有超时空的伟大影响力。尤其是日本19世纪的倒幕志士，将阳明学作为解放思想的利器，提出"东洋道德，西洋艺术，精粗不遗，表里兼该"等主张，打破了朱子学固守教义的孤陋习气，开启了吸收西方科学文化的新风，日本社会也借此开启了通向近代化的大门。近代著名学者梁启超高度评价称："日本维新之治，心学之为用也。"也因此，宁波早就是国际阳明学人的"心学圣地"。余姚王阳明故居瑞云楼等阳明遗迹向来被国际友人视作朝圣地，常不惧风涛，跨海来浙参拜。

4. 发展力评价

阳明学的研究是国际性的重大课题，其内涵涉及哲学、教育学、军事学、政治学等众多学科。在中国哲学发展史上，阳明心学是极其闪耀的一环。阳明学及阳明后学，具有简易直接、偏重践履的倾向，以及诉求主体性精神的思想品格和精神特质。他开创的一代学术新风，不仅浸润了明代的百年儒学，在明清之际也掀起一股近代性启蒙思潮；直到晚清，仍被戊戌变法时期的维新派视为圭臬。在日本，阳明学一度被奉为"显学"，成为明治维新运动的理论工具和思想武器。直到现在，阳明学仍为东亚各国人士津津乐道、传习不断。

阳明学作为一个穿越千年时空、闪烁着巨大光芒的思想学说，历久弥新，是中华优秀传统文化的重要组成部分和思想精华。当前，中国特色社会主义进入了新时代，更加需要我们系统研究、传习包括阳明心学在内的中华优秀传统文化。阳明心学、阳明文化在当代中国、当代世界具有超时空的强韧发展力。

（三）阳明文化核心文化基因的转化利用

深度挖掘浙东阳明资源，充分发挥余姚故里优势，树立宁波阳明文化品牌，推出具有普适性、大众化的阳明文化精品，建立并推行全维度辐射式阳明文化战略项目，是当代宁波转化利用阳明文化的基本任务。阳明文化核心文化基因转化利用的基本策略，一是建立阳明文化永久"道场"，拓深阳明文化世界影响力；二是以阳明古镇为中轴，打造浙东"心学圣地"文化修行圈；三是倾心打造阳明文化精品，丰富阳明文化大众化传播形式。

1. 建立阳明文化永久"道场"，拓深阳明文化世界影响力

研究阳明学的著述虽浩如烟海，信奉阳明学的人士虽灿若星河，但都零散分布于四海。阳明学、阳明文化的"根"在宁波，犹如众星拱北，只有在宁波建立阳明文化根本性、永久性"道场"（即组织机构），才能真正使宁波确立为

世界阳明学中心，才能真正拓深阳明文化的世界影响力。

具体来说，至少需要陆续推行以下几方面举措。

高标准建设"阳明大学"。宁波阳明大学定位为以哲学社会科学为重心的教学研究型大学。众所皆知，宁波高等教育发展较为迟滞，目前理工型大学方面，有宁波大学领头，宁波东方理工大学（暂名）将继其绪；但在文科大学方面，尚且未有世界级学府。整合全球文科资源，特别是广泛招徕亚欧哲学权威学者、青年学者，集聚全球阳明学研究力量，将宁波阳明大学打造为全球领先的以传习阳明学、阳明文化为特色的世界一流文科大学。在阳明大学正式建立以前，可由宁波市委、市政府牵头，组织宁波市社会科学院、宁波市委党校、宁波大学、宁波财经学院、浙大宁波理工学院、宁波工程学院等在甬高校与科研院所的力量，建立"阳明文科高等研究院"。阳明大学建议选址阳明故里余姚龙泉山。

开编《世界阳明学文库》。《世界阳明学文库》是宁波阳明文化、宁波文化辐射全球的重要文化战略举措，类似阳明学界的"四库全书"，以吸纳古往今来全部阳明学经典、研究论著、传习案例、学谱人物等为目标。《世界阳明学文库》可由"阳明文科高等研究院"主持编修。同时，编辑出版《亚洲阳明研究集刊》，面向世界，征集学术论文，以文会友，以心传道。《世界阳明学文库》除去整理出版阳明学各类学术性文献外，还拟组织编写阳明学、阳明文化普及读物，如世界各语言版本的王阳明传记、儿童绘本等。

此外，应精心选择阳明诞辰、忌日等重大纪念日，举行世界性研究、纪念活动。在将现有的"世界阳明学大会"品牌继续办好的同时，进一步推动国际阳明学研究，锻炼培养国际阳明学研究人才，促进学术研讨交流活动的常态开展。如进一步加强与海内外有关科研学术机构的联合，共同举办"世界阳明心学文化研究大会""王阳明国际文化活动周""王阳明学术思想国际文化推进会""亚太阳明心学高峰论坛""孔夫子与王阳明学术对话大会"等系列活动，与世界各地的研学者进行广泛深入的阳明学术交流，共同探讨世界级"心学圣地"建设方略。

2. 以阳明古镇为中轴，打造浙东"心学圣地"文化修行圈

全面整理并盘活浙东阳明文化资源，建立系统性的浙东阳明心学文化修行理念，打造以阳明古镇为中轴的浙东"心学圣地"文化修行圈，是宁波阳明文

化在新时代全面振起的必要举措。

余姚始终高度重视王阳明遗迹的修缮保护和思想研究，近年来阳明史迹得到有效保护利用。如投入大量资金分期修复了王阳明故居，布置三个基本陈列，并向市民免费开放。与此同时，还修缮布展了阳明先生讲学处中天阁。近年来余姚市委、市政府通过招商引资，开展阳明古镇建设，有效丰富了阳明元素。

位于余姚老城核心的阳明古镇，以弘扬阳明文化为宗旨，以历史街区保护建设为特色，打造国际阳明心学研究中心、阳明思想传承体验新高地、城市更新浙东样板。在阳明古镇的打造上，要丰富阳明文化传播形式，达到提升交流层次、丰富活动内容、打造阳明品牌文化、建立长效机制的目的。全面打造"心学圣地"之旅，故居、故里、故事、故知"四故"结合，活化阳明，注重阳明文化的体验。继续推出礼贤仪典、阳明遗墨特展、阳明图书展，邀请国际阳明心学思想专家常驻讲授，并将余姚地方美食、特产以及地方文化姚剧等融入"心学圣地"修行旅游路线。

无疑，阳明故居、阳明古镇是浙东"心学圣地"文化修行圈的中轴，除余姚外，还须串联起慈溪、海曙、镇海、鄞州、奉化、象山等地的阳明文化资源，进行一体化高标准建设。比如鄞州阿育王寺是王阳明曾经到访之处，在这里，阳明与来华日僧了庵桂悟相识，阳明作有《送日本正使了庵和尚归国序》赠之，而了庵桂悟被东亚学者视为阳明心学越海东传第一人。那么，阿育王寺便是浙东"心学圣地"文化修行圈在鄞州的重要参学旅行地。

3. 倾心打造阳明文化精品，丰富阳明文化大众化传播形式

"倾心打造阳明文化精品，丰富阳明文化大众化传播形式"也是转化利用阳明文化核心文化基因，使其服务于宁波现代化国际化滨海大都市战略的重要举措。可将王阳明故居及相关建筑等遗迹作为基址，结合国际王阳明心学文化研究成果，拍摄制作以"王阳明"为主题或文化内核的系列电视艺术片、宣传片以及宁波、余姚地方传统甬剧、姚剧等精品，加大播放和展演力度。可策划编辑以王阳明家规家风为主题的电视栏目，让王阳明的家规家风故事传遍全国。还可开展阳明文化"进企业、进农村、进社区、进学校、进家庭"的"五进"宣讲活动，扩大地方听众面，提高阳明文化在基层群众中的知晓率和影响力。

参考文献

1.陈雪军、蔡亮:《宁波阳明文化》,宁波出版社 2019 年版。

2.梁启超等:《王阳明传》,新世界出版社 2018 年版。

3.刘恒武、陈名扬:《王阳明文明书院讲学史实考辨——以席书致王阳明系列书简为中心》,《浙江社会科学》2021 年第 7 期。

4.宁波市文化局:《中国·宁波"海上丝绸之路"文化遗存图录》,内部资料,2002 年。

5.王守仁:《王阳明全集》,上海古籍出版社 2011 年版。

6.本书编写组:《中华民族伟大复兴的文化基因和精神根脉》,贵州人民出版社 2016 年版。

7.余姚市地方志编纂委员会:《余姚年鉴(2020)》,方志出版社 2020 年版。

天一阁（海曙区文化和广电旅游体育局供图）

天一阁藏地方志

范钦塑像

二、藏书文化

宁波悠久的藏书文化历史最早可追溯至南北朝时期。据光绪《余姚县志》、《吴越备史》记载，南北朝余姚人虞和以及五代慈溪人林鼎都有聚书习惯。根据不完全统计，宁波历史上著名藏书家达150余位，著名藏书楼除天一阁外还有40余处，有些至今还保存良好。南宋楼玥"东楼"和史守之"碧沚"被称为南楼北史；元代袁桷建有"清容居"享誉一方；明代丰坊"万卷楼"和范钦"天一阁"同样是当时藏书楼的佼佼者。明清以来，甬上较为知名的藏书楼有：范大澈的"卧云山房"、陈朝辅的"云在楼"、陆宝的"南轩"、黄宗羲的"续钞堂"、万斯同的"寒松斋"、郑性的"二老阁"、全祖望的"双韭山房"、卢址的"抱经楼"、姚燮的"大梅山馆"、黄澄量的"五桂楼"、徐时栋的"烟屿楼"和"水北阁"、董沛的"六一山房"、曹炳章的"集古阁"、孙定观的"蜗寄庐"、朱赞卿的"别宥斋"、冯孟颛的"伏跗室"、张季言的"樵斋"、马廉的"不登大雅之堂"等。

数量众多的藏书楼经过数代人的继承、保护和发展，促使宁波当地藏书风行盛行，逐渐形成了独具宁波特色的藏书文化。

（一）藏书文化核心文化基因解析

1.物质要素

（1）浩如烟海的古籍文献

宁波当地藏书楼数量众多，都是当地文人因爱书敬书而设立，其中收集了众多古籍文献，不少文献在学术上有所成就。以宁波天一阁为例，天一阁藏书虽历经盛衰且数遭劫难，但古籍收藏仍门类众多，以收集当时朝代的著作和文献为主，地方志、科举录、政书、诗文集等尤为突出。中华人民共和国成立后，天一阁扩建成博物馆，成为国家藏书单位和全国重点文物保护单位，后广泛征集原散佚藏本。1996年，中华书局出版骆兆平先生所编的《新编天一阁书目》，著录天一阁原藏书1676部21245卷，访归图书185部710册3067卷。除了范氏原藏遗存外，天一阁藏书很大一部分来自宁波藏书家的慷慨捐赠。天一阁现藏各类古籍近30万卷，其中珍椠善本8万余卷。

（2）独具匠心的书楼建筑

宁波藏书楼的建筑风格蕴含了宁波文人独特的审美趣味，也体现了其内心的志向追求。以宁波梁弄五桂楼为例，其占地面积达107平方米，坐北朝南，凡三开间，通面阔10.30米、通进深10.38米、明间面阔4.30米，次间面阔3.00米，有硬山屋顶和高大的封火墙。楼前进门是卵石砌成的庭院，南端筑有雕花石板砌成的花坛，饰有"八骏图""麒麟送子图"，同时花坛中栽有桂树、柿树等。精美的石刻木雕，多样的花草竹木，绿影婆娑，清香袭人，显得分外幽静、古朴。楼后为一天井。

五桂楼通高约10米，为穿斗和抬梁相结合的梁架结构，屋顶设计奇巧，呈"众"字形，设暗阁，起防漏防盗作用。据传，凡遇战乱，善本多藏千顶上暗阁，暗阁中至今仍保留有"柱百竿"一根，长9.8米，竹竿上记载着当时建楼的各种尺寸数据和梁架构件的符号，酷似现代的建筑图纸。正楼一楼为三楹统间，前后分隔，前厅为讲学之所，正中悬挂的"七十二峰草堂"匾额为清代书法家吕迪（字长吉，号屐山，浙江余姚人）所书，笔力雄健，遒劲挺拔。二楼朝南设花格窗、板窗和玻璃窗三道，可以根据气候调节温度。横梁正中悬挂着"五桂楼"额，为清代书法家胡芹（字白水）所题，字迹苍劲有力。二楼前后分隔共六间，除一间为楼梯通道外，一共五间书库，置有书橱二十四架，所藏古籍按经、史、子、集顺序排列。五桂楼西侧原有书房两间，名曰"爱吾庐"，后扩建为五间，雕梁画栋，卷棚饰顶，建造讲究，名称"梦花书屋"，与五桂楼相互辉映，为黄澄量居室和会友、写书之所。东侧有平房五六间，为当时工匠雕版印刷所用。

登五桂楼极目眺望，更可一览四明七十二峰，北岭、南峰、东岩、西谷，秀峰玲珑，翠浪起伏，故五桂楼又名七十二峰草堂。草堂是讲学之所，聘请鸿儒名流来此设馆授课。因而，五桂楼不仅是藏书楼，还是民间自筹的传道授业解惑的书院，对余姚的文人学子起过重要作用。

五桂楼作为一座藏书用的木质民居能够历经百年风雨而保存完好，实属不易，是明清藏书楼建筑的杰出代表。

（3）精美优雅的江南园林

宁波地处江南，各藏书楼的设计布局带有浓厚的江南园林色彩。以宁波天一阁为例，天一阁环境优雅，园林精美。范钦特意从东北方向引入月湖之水，绕楼半圈，在南侧蓄水成为天一池。清康熙四年（1665），范钦曾孙范光文在阁前叠山理水，植树筑园。用沿海礁石在天一池南面堆筑假山，有"福禄寿"三字和"九狮一象"形象，形成"老人牧羊""美女照镜"等景观，于笨拙中见细巧，神态惟妙惟肖。假山整体走势则通过东高西低完成对"文昌位"的把握。

整个庭院环植竹木，风物清丽，格调高雅，别具江南园林特色。

2. 精神要素

（1）孜孜不倦的求学精神

明代沈一贯在《天一阁集序》中称范钦晚年好学，常读书至深夜，书声飘出窗外，四邻皆闻。清代的徐时栋筑书楼于月湖烟屿，两次北上会试不中后便发奋读书，专心著述，常彻夜不眠，湖边早起的渔民常看到烟屿楼的灯光。明代著名文学家张岱曾感叹，"唯余姚风俗，后生小子无不读书，学问之富，真是两脚书橱"。在好学精神的影响下，五桂楼的建立更体现出"尚文重教"的价值取向。就黄澄量而言，藏书初衷并不单是出于个人喜好，藏书目的更不在于炫己之富，其所看重的是书籍本身具有的文化教育功能。在其看来，书籍对后世子孙的帮助远胜于物质财富。在《五桂楼藏书目识》中，黄澄量陈述了建楼藏书的初衷："尝见世之谋子孙者，求田问舍，计非不周至，然数传之后不免窭贫，重念籯金之教，此余藏书之本意也。"黄澄量清楚地认识到物质财富的有限性，而为子孙后裔谋以无限的文化财富。此外，他又反复强调："先求事亲克己之道，而后遍读群书。子能读书，而后能教子孙读书，而子孙亦能教其子孙读书。"不光是要读书，更重要的是教育，通过教育来传承文化。从黄澄量的自白和黄氏子孙的实际行动来看，五桂楼作为一处民间藏书场所，其背

后反映出来的"尚文重教"价值取向值得当代传承与弘扬。

"人家不必问贫富，但有读书声便佳"的精神追求使宁波出现众多的藏书家。据统计，自宋代至民国，宁波知名私人书楼包括家族藏书楼有近百家。宁波独特的读书风气和求学精神，与古代藏书家及学者致力于劝学有很大关系。天一阁作为宁波私人藏书楼的典型代表，背后反映的是孜孜不倦的求学精神。

（2）视书如命的爱书精神

书籍保存一直是一个令藏书家头痛的问题，书籍的保护不仅要小心防范水火，还要充分考虑战争、家道兴衰等因素。纵观宁波藏书楼的发展历史，诸多藏书楼可谓命运坎坷。

天一阁藏书经历过若干次的历史动荡，收集和保护藏书的过程体现了宁波历代藏书家一脉相承的精神——视书如命。在古代书籍难得的情况下，宁波藏书家为了获得书籍，用尽各种方法，不仅四处购书、刻书，有时还甘于抄书。在经历动荡波折时，藏书家尽力寻访散佚的书籍，与书共存。鸦片战争和太平天国时期，天一阁藏书被盗，有些甚至被低价出售，范氏后人范邦绥等竭尽全力设法追回部分藏书。近代藏书家冯孟颛先生和范氏后裔也在抗战期间誓死保护藏书，在天一阁的藏书保护史上立下大功。

烟屿楼、城西草堂和水北阁都是宁波著名藏书家徐时栋的藏书楼，徐时栋将自己的一生都投入藏书事业中，经历了"三毁四聚"的艰苦岁月。在烟屿楼藏书经历中，遭受了两次惨重的损失。其一是咸丰十一年（1861）十月，徐时栋全家避寇躲入建呑山中，将著作和部分藏书藏在寺庙旁边的金岩山洞中，当其正沉醉于"山中何所有，好景不胜收。若更载书中，何须万户侯"的诗境中时，没想到"一僧宿洞中，不戒于火，意为灰烬"，将其书当驱寒用的材料，只留下"香山僧寺稿，无故忽成灰"的无奈之句。其二是清同治元年（1862）二、三月，太平军乱尚未结束，盗贼泛滥，乘机偷盗甬城各藏书楼，如范氏天一阁、卢氏抱经楼，而烟屿楼亦不能幸免，大部分藏书被窃掠，更有甚者，将从烟屿楼窃取的藏书当作烧饭用的引火材料，烧掉不少。而在清同治二年十一月二十九日（1864年1月8日），城西草堂也意外着火，此时徐时栋本人恰好在慈溪做客，大火后只剩下几间容身的住所，而且下雨时还四处漏水，与住处相连的书楼尽毁。

（3）爱书以德的开放精神

宁波藏书家虽然藏书目的各不相同，但都尽己所能对书籍进行保护。与此同时，他们也并没有将藏书楼内的书籍视为私人财产，而是采用一种开放包容的态度，与外界进行分享。

范钦时代，其与许多藏书家交换目录，互通有无，甚至订有"藏书互抄之约"，藏书阁面向亲朋好友开放；范钦之后，虽然"代不分书，书不出阁"，但天一阁没有将爱书敬书之人阻拦在阁外。康熙十二年（1673），黄宗羲成为外族登上天一阁的第一人。此次登阁开启了天一阁对外族开放的先河，自此天一阁开始选择性地向真正有学识的大学者开放。正是这种爱书以德的开放精神，让天一阁的藏书为历代文化名人的学术成就作出不可估量的贡献，为浙东学派的形成和发展起到非常重要的作用。近现代以来，天一阁成为藏书博物馆后，更是面向社会大众敞开大门，人们不仅能游览天一阁所在的江南庭院，瞻仰天一阁典藏的珍贵古籍，还能通过网络在线查阅古籍资料。

黄澄量以个人和家族名义始建五桂楼，广罗天下书文以善藏，与各地藏书楼同属传统的私人藏书，并无太大差异。但实际上，五桂楼不只是黄氏家族一家的藏书楼，在保留藏书所有权的基础上，五桂楼极大地让渡了藏书的使用权，是社会民众的借书之地。近代风云变幻，西方启蒙思想涌入，五桂楼更是进一步对外开放，俨然转变成一个半公共性质的图书馆。在黄澄量时，五桂楼便不仅对家族亲友而且对社会上的普通读者主动开放，恣其借阅攻读。虽然不能借出书楼，但考虑到楼处深山，交通不便，食宿不易，五桂楼允许外来求读者在书楼借宿用餐，并且不收取费用。至黄澄量曾孙黄安澜时，不仅刻印五桂楼重要藏书和完备书目，特别是刻印黄宗羲重要代表性遗著，对外传播，而且扩建和更名书房，特别是持续提供相应无偿的供给服务，进一步推进五桂楼比较全面地对外向社会开放。

纵观历史，五桂楼可谓浙江乃至中国传统私人藏书文化近代化演变的先行者，对于了解和研究中国藏书文化史的发展具有重大价值，在中国藏书文化史上占有独特地位。

（4）化私为公的爱国精神

宁波藏书楼虽然都是私人藏书楼，但是在历史发展过程中，都演化成为宁波藏书家表达爱国爱乡之情的重要载体。

中华人民共和国成立后，天一阁成为国家藏书收藏单位，宁波许多著名的藏书家先后把珍藏多年的图书、绘画、碑帖等文物捐献给天一阁。曾任《鄞县通志》编辑主任的马涯民先生，于1954年1月写有一篇《天一阁记》，记载有关这一时期的捐献情况。他写道："地方藏书家也多将书籍捐赠。如志愿军张同捐赠其父张琴所藏书帖砖鼎，张伯觐捐赠其父张申之书籍，刘同坡兄弟捐赠其父刘楚芗书籍，张爽清捐赠其父张世训书籍，李蕴女士捐赠已有书籍共有百余箱之多。所以除天一阁原有书籍外，接管的书反数倍于天一阁，而书画多至千余幅，碑帖古器亦各有数百件，以至于天一阁及尊经阁无从容纳了。"天一阁的藏书历史，既反映了"四明文献之邦"的藏书传统，更体现了宁波藏书家的爱国之心。他们仁人爱物的人文主义精神，为宁波藏书文化的发展作出贡献，让天一阁成为化私为公爱国精神的注解。

冯孟颛历经千辛万苦，建有藏书楼伏跗室，历经60余年积累，藏有古籍10万余卷，珍贵善本300多种，碑刻400多种。20世纪50年代末，冯孟颛先生好友，时任文化部文物局局长的郑振铎先生向冯先生表示政府愿意出钱收购伏跗室中全部藏书，被冯先生回绝。但在60年代，冯先生年迈多病，身体健康状况渐差，却打算把一生所收藏的全部图书以及居住的私宅，无偿捐献给国家。宁波市政府为了表彰冯先生的功德，专门颁发了奖金和奖状。

（5）天人合一的和谐精神

宁波藏书楼的建立体现了中国人天人合一的和谐精神，尤以宁波天一阁为最。天一阁由范钦于明嘉靖年间开始修建，其曾孙范光文在清康熙年间重修时，在阁前根据地势建筑园林，达到与大自然和谐共生、浑然一体的"藏风聚气"格局，使天一阁、藏书区及范氏"司马第"生活区的建筑组群重峦叠翠，曲径通幽，进而使天一阁及其周边建筑的人造生态系统与自然生态系统相互呼应，协同运作。

通过"阁人合一"实现"天人合一"，天一阁作为风水佳作的典范，显示了古代建筑工匠深厚的文化素养、扎实的功底修养和高超的艺术造诣，阐释了中国传统文化天人合一宇宙观的内在精神，展现了深厚的文化底蕴。

3. 语言与符号要素

（1）江南园林的建筑特色

马头墙又称防火墙，是中国传统民居建筑流派中江南古典建筑的重要特色，特指高于两山墙屋面的墙垣，即山墙的墙顶部分，因其形状酷似马头而得名。马头墙随屋面坡度层层叠落，以斜坡长度定为若干档，墙顶挑三线排檐砖，上覆以小青瓦，并在每只垛头顶端安装挡风板，可以有效地起到防火的作用。天一阁的马头墙上安装的是"鹊尾式"座头，即雕凿一个形似喜鹊尾巴的砖作为座头。在宁波市内的诸多藏书楼中皆有马头墙建筑的身影。

（2）寄情于物的装饰特色

藏书楼的建设风格体现了主人的志向所在。天一阁自建楼起，便"凿一池于其下，环植竹木"，可见造园主人借竹木寓志的深意。目前，天一阁在"明州碑林"等处均种植成片修竹，增添了园林绿树修竹的审美情感，更寄托着主人的良苦用心，蕴藉深厚。以几字形抄手游廊陈列的"明州碑林"，增加了天一阁的文博展示空间，充实了其文化观赏内容，也突出了天一阁作为文化园林的鲜明特色。天一阁"东明草堂"正对的照壁中堆塑的神兽即为"獬豸"。獬豸与麒麟相像，是一只有龙角、牛嘴的神兽，能辨曲直，是正义的象征。范钦在20余年的仕途生涯中，不畏权贵，经历坎坷曲折。在任工部员外郎时，曾因触犯权臣武定侯郭勋而遭到廷杖。任兵部右侍郎时，三个月后便莫名其妙被罢官。虽然在回乡后经常与当时先后归田里居的兵部尚书张时彻、兵部侍郎屠大山两人诗酒唱和，人称"东海三司马"，但范钦对于罢官之事始终心意难平。因而，范钦在造园时以"獬豸"来寓意明志，借以表征和抒发其刚正不阿、耿直正义的性情和志向。

4. 规范要素

（1）一丝不苟的藏书保护措施

如何保护藏书是让藏书家绞尽脑汁的难题，是每一座藏书楼管理者都需要直面的重要问题。作为宁波最为著名的藏书楼之一，天一阁在保护书楼和藏书方面，首先采取了和其他古代藏书楼一样的方法，即防火和防虫。范钦依据古书上"天一生水，地六成之"之说，以"天一"作为藏书楼的名称，将整个阁楼分为六间，在东西方向的房间都筑有封火墙。天一阁延续了"芸香辟蠹""英石吸潮"等保护古籍常用的方法。芸草也叫芸香草，是常用的一种防虫药，在古代的书籍保护中十分常见。此外，藏书楼四周环植竹木，将住宅与藏书处隔离，楼前凿池蓄水，以备不时之需。范钦还独创了"橱下各置英石一块，以收潮湿"的方式，充分反映了天一阁在藏书保护上对于防潮的重视。晾晒藏书也是天一阁的一项传统的古籍保护措施。每年伏季到来时，管理人员会将藏书从柜中取出，通风晾晒，除去虫子及虫卵，此举可以有效地防止书籍发霉和虫咬。

（2）精益求精的古籍修复技艺

书籍的保护需要藏书家绞尽脑汁，小心翼翼，而面对通过各种渠道收集到的古籍珍本，藏书家出于对古籍珍本的热爱，不忍心看到古籍从此在世界上销声匿迹，从而形成了一套古籍修复技艺。

宁波天一阁的古籍修复技艺更是被列入国家级非物质文化遗产名录。在天一阁现藏古籍中，约有40%的古籍因虫蛀、鼠噬、絮化、酸化、老化、断线、缺损等病害需要修复。天一阁古籍修复技艺的传承最大限度地保护了珍贵典籍，为江南地区古籍的保护与修复提供了范本。古籍修复师不断追求更先进、更有效的古籍修复技艺，用工匠精神复原残卷中的文明记忆，让书库中的古籍重获新生。

（3）严格平等的书楼管理制度

在书楼管理制度的发展过程中，各书楼为了更好地保护古籍，形成了一套严格平等的书楼管理制度。以宁波天一阁为例，天一阁自范钦以来，逐步形成了一套严密的藏书楼管理制度，即"以水制火，火不入阁；代不分书，书不出阁"，并且，对违反规定的子孙有严格的惩罚制度。天一阁从思想意识上、象征意义上取"以水制火"之意，为藏书楼命名"天一"，在实际行动中则凿池备水，以防失火，在制度上更是有着严格规定，要求"烟酒切忌登楼"，并以大字禁牌的形式作出警示。对于藏书的传承，天一阁规定"代不分书，书不出阁"。范钦在弥留之际，就表达了书不可分的意愿。其长子范大冲继承其遗志，担起了保护好这份特殊的家族产业的责任。一方面，拨出一部分田地充作公产，将田租收入用于藏书楼的维护；另一方面，牵头制定严格的《禁约》，明确藏书不分，为子孙共有，各橱锁钥，分房掌握，并制定了严格的处罚标准："子孙无故开门入阁者，罚不与祭三次；私领亲友入阁及擅开橱门者，罚不与祭一年；擅将书借出者，罚不与祭三年。"范氏后人如范汝楠、范光文、范光燮、范懋柱等，都深明大义，严格遵守藏书楼管理制度，为保护利用好天一阁宝贵遗产作出了贡献。

几百年来，天一阁藏书楼的管理措施一直都很严格，而且不会因人而异。

据记载，清光绪三十四年（1908），缪荃孙随其内兄宁波太守进天一阁看书，约了两次，虽获准登阁，但依然"约不携星火"。在天一阁的防火制度面前，人人平等，连太守也不例外。

（二）藏书文化核心文化基因的提取与评价

宁波藏书文化历史悠久，目前发现的可供考据文献最早可追溯至南北朝，远早于国内藏书楼普遍兴起的两宋时期。各藏书楼都凝聚了一代又一代宁波藏书家的心血，其中有我国现存最古老的私人藏书楼、亚洲现存最早的家族图书馆，同时也是世界现存最早的三座私家藏书楼之一的天一阁。基于对相关资料的全面、深入分析，将藏书文化核心文化基因主要提取为"藏书文化，文脉传承"。

1. 生命力评价

自南北朝余姚人虞和与五代慈溪人林鼎开启宁波地区的藏书历史后，宁波藏书历史不断发展，在历朝历代都出现了盛极一时的藏书楼。发展至明代，天一阁逐渐成为宁波藏书文化的象征，也成为中国藏书文化的象征。从建筑物上看，宁波众多藏书楼屹立数百年，宁波城市环境赋予了书楼水乡湖居、文脉相继的气质。随着国家对文化自信的日益重视，在近些年的建筑维护中，古老的藏书楼得到了较好的保护和修缮，如天一阁古籍库房扩建工程，继承传统空间处理手法，设置以藏书功能为主体，辅以具备办公功能的南北院落；利用城市建设中被拆除的明清构件，在原址上陆续修复范氏住宅群并增补天一阁西侧的建筑格局与景观，促进了天一阁建筑群的生长和延续。

2. 凝聚力评价

纵观诸多藏书楼的发展历史，藏书家并未将书楼作为私人财产对外封锁，断绝与所有外人的联系。相反，藏书楼有选择性地面向群体开放，而个别藏书楼更是将自己定位为公共图书馆。如早在黄澄量时，五桂楼便不仅对家族亲友开放，而且对社会上的普通读者主动开放，恣其借阅攻读。至黄澄量曾孙黄安澜时，更是扩建书房，持续提供相应的无偿供给服务，进一步推进五桂楼比较全面地对外向社会开放。正是由此，五桂楼成为余姚当地乃至浙东一大文化传播与文化教育基地，众多学子和学者慕名上访，借书参阅，聚集起了一大批有学之士，有力地推动了余姚当地文化教育事业的发展。

宁波藏书文化的发展带动了宁波当地的藏书风气,对中国藏书文化的发展产生了深远的影响和积极的推动作用,为中华文化的传承作出了重大贡献,也将一批爱书的学者凝聚到一起,产生巨大的凝聚力。

3. 影响力评价

宁波藏书楼在悠久的发展历史中,产生了深远的影响,主要体现在两个方面。首先,从官方层面来说,清代乾隆皇帝以宁波藏书楼的典型代表——天一阁为样板修建了皇家藏书楼"南北七阁",而一些民间的浙东藏书家在修建藏书楼时也借鉴了天一阁的内部结构和外观。从民间层面而言,宁波藏书楼对浙东藏书文化的繁荣发展也颇具影响力。早期登阁的黄宗羲、万斯同、全祖望等浙东大儒本身就是家藏甚富的大藏书家,但登阁后都曾借抄天一阁的稀世珍藏,大大增加了藏书量。五桂楼虽在建筑与藏书规模上不及天一阁,但其藏书数量之巨、类目之多、保存之完善以及家族式的藏书活动持续之久,放眼浙东,无有其他,实无愧于"浙东第二"和"人间琅嬛"的美誉。同时,五桂楼长期实行开放式管理,允许社会公众在遵守规范的前提下参观楼阁并借阅藏书,吸引着浙江及周边各地的有学之士前来参观、借书。可见,宁波藏书文化的发展对浙东地域影响深远。在解放全国时,天一阁被中共中央列入重点保护名录。

4. 发展力评价

经历数百年的历史沧桑,宁波藏书楼已经不再是单纯的藏书楼,更是中国藏书文化的研究中心,先后成功举办了"天一阁及中国藏书文化研讨会"和"中国藏书文化学术研讨会"。从当地经济发展影响来看,藏书文化已成为宁波一张闪亮的名片,成为国内外人士了解、解读宁波的首选。其所蕴含的"尚文重教"的价值取向不仅是宁波千百年来崇尚读书、重视教育的重要体现,更与社会主义核心价值观高度契合,对于新时代高素质公民的培养和社会主义精神文明的建设都有着重要的借鉴意义,值得传承并大力弘扬。而其中天一阁对中国藏书文化的贡献,以及对图书馆的影响是巨大的,其意义甚至超越了藏书文化范围,形成了既弘扬中国藏书文化优良传统又具有独特风格的文化特色。

（三）藏书文化核心文化基因的转化利用

1. 整合资源，构建藏书文化宣传体系

宁波市内藏书楼数量众多，但目前存在各自为政、零散发展的情况，应加大各藏书楼之间的合作，打造宁波"藏书文化"名片。应整合相关资源，以宁波市丰富的藏书资源为基础，建设藏书文化展示馆。藏书文化展示馆将分为三大板块，分别以中国传统私人藏书文化、中国近代藏书文化嬗变、浙东地区藏书文化为主题。在每一文化板块，借助文字、影像、模型等形式，以全景视角回顾中国藏书文化千百年来的历史发展。

应加大各藏书楼主管部门的合作，申请成立专项资金，邀请国内著名编剧团队或宁波市内甬剧专家，编排大型歌舞剧或甬剧《书藏古今》，用戏剧形式讲述宁波地区自南北朝始的藏书文化发展，到两宋时期楼氏藏书楼的发展壮大，再到明代范钦天一阁的建立，将宁波藏书文化推向顶峰。还可编排小型戏剧，以各藏书家收藏书籍过程中遭遇的挫折为题材，通过戏剧形式表现宁波藏书家视书如命和崇文尚学的精神。

应成立宁波市藏书文化宣传工作小组，负责藏书文化宣传工作，引进专业团队，开展藏书文化宣传拍摄工作，并利用微信、微博、短视频等平台进行文化宣传；开展"宁波藏书文化故事大赛"，面向社会征集"我与书籍"故事征文大赛，在全社会营造良好的阅读氛围。

2. 加大开发，发展藏书文化旅游产业

宁波市境内藏书楼数量众多，但是较为分散。应加大开发力度，由相关主管部门牵头，设立"宁波市藏书文化旅游专线"，串联宁波市内著名藏书楼旅游景点，面向外地游客进行宣传；宁波市交通部门也应在各藏书文化景点之间增设公共交通设施，方便游客自行前往参观游览；此外，还应在宁波市内城市道路路标上增设藏书文化景点标识。

打造不同主题的文化主题游，整合和提升月湖历史文化资源，开发新的旅游景点；有条件地开放天一阁登楼，让公众有更多的欣赏馆藏孤本的机会。在景区历史建筑的空间运用方面，可依托秦氏支祠等文艺空间建设独特的阅读空间、剧场等，引入并举办相关主题读书节、文化节，持续传播藏书文化，增强旅游的趣味性和现场感。为进一步提高公众的参与度，还需加大基础配套设

施建设，完善景区古建筑修缮等配套设施建设，促进天一阁与月湖两大区块的融合。

3. 推陈出新，开发藏书文化创意产品

宁波藏书文化历史悠久，具有丰富的可开发利用资源，应该加大开发力度，开发藏书文化创意设计产品。在各藏书楼讲解员服饰、工作人员服饰、会议室陈设等方面使用统一标识，强化宁波藏书文化形象；可运用宁波本土文化创意产品设计模型，提取天一阁等宁波著名藏书楼"硬山顶重楼式"屋顶或其建筑造型的表征符号，生产藏书楼模型装饰品；与国内著名文具厂商开展广泛合作，将宁波藏书文化标识纳入文具生产，使之与藏书文化所对应的笔墨纸砚等文化产品产生必然联系，开发天一阁和藏书文化系列文具及文创产品。

参考文献

1. 毛海莹、刘恒武：《中国文化概况（中文版）》，高等教育出版社 2021 年版。
2. 姚柏年：《甬上藏书文化探微》，《图书馆工作与研究》2012 年第 2 期。
3. 虞浩旭、张爱妮：《甬藏书香：宁波藏书文化》，宁波出版社 2014 年版。
4. 周达章、周娴华：《宁波藏书文化》，宁波出版社 2017 年版。

三、海丝文化

　　宁波（古称明州），位于中国大陆海岸线的中段，兼得江河湖海之利。宁波向北、向东可到达朝鲜半岛、日本列岛以及东南沿海，向南经过闽广沿海可远航至南洋、西洋等地区。优越的自然地理条件，奠定了宁波成为中国古代海上丝绸之路起航地的重要位置。

　　唐开元二十六年（738），明州行政机构正式建立，并于唐长庆元年（821）迁至三江口，即今宁波城区。明州依托港口优势，置官办船厂，修建浙东运河，拓展腹地（筑它山堰、修杭甬运河等），逐渐发展成为我国港口与造船业最发达的地区。明州港在唐朝被列为开埠港口之一，是沟通东南亚、南亚及阿拉伯各国的主要港口，成为当时中国对外文化交流、交通贸易的重地。

　　宋元时期，明州通过海上对外贸易，发展空前鼎盛。当时，明州是三大国际贸易港口之一，是盛极一时的海上丝绸之路起点。明洪武十四年（1381），朱元璋取"海定则波宁"之意，将明州府改称宁波府。在明代，宁波港是中日朝贡贸易的唯一指定港口，一度发展成为"16世纪亚洲最大的自由贸易港"。清代，宁波设立浙海关，是当时我国的四大海关之一。

　　从某种意义上说，宁波的地域史，就是一部海上丝绸之路的发展史，一部中国海上对外交流史。中国文化，以宁波为枢纽漂洋过海，传播至亚洲其他国家以及非洲等地。借助海上丝绸之路，宁波将贸易商品和文化向外传播，将本地越窑青瓷、两浙地区的丝绸、浙江的茶叶等贸易商品，以及佛教文化和艺术作品传至世界，不断扩大宁波的国际影响力。如今的宁波，正结合区位优势、

战国时期羽人竞渡纹铜钺（宁波博物馆馆藏）

利涉衛頭

利濟三江千里艖艫通異域

涉重口海萬邦宮貢達皇都

鎮海利涉道頭

港口优势，通过产业创新、贸易往来等，积极开展城市建设，着力擦亮宁波海上丝绸之路历史"活化石"的新名片。

（一）海丝文化核心文化基因解析

1. 物质要素

（1）河海交汇的浙东运河

浙东运河（或称杭甬运河）地处钱塘江湾南岸，南倚会稽山、四明山北麓，东西横贯宁绍平原，是京杭运河南端的延伸和中国大运河的最南端，承担沟通内河运输与海运的重要职能。浙东运河的开凿不仅使大运河拥有优良的出海口，也使宁波海上丝绸之路拥有了广阔腹地。

在浙东地区，拥有出海口并沟通长江、京杭大运河等主要水系的浙东运河成为沟通海运和河运的黄金水道，使明州港成为集海港、河口港、内河港于一体的港口，成为中国古代海上丝绸之路的主要始发港之一。

始建于晋代的浙东运河在历史发展过程中逐渐与京杭大运河融合，把传统意义上的京杭大运河向东延伸了239千米，为千年古运河提供了一条便捷的出海通道，为中国大运河提供了河海联运、接轨内外贸易的黄金水道与优良港埠，是中国大运河连接世界大通道的南端国门，承载着对外交往和商贸往来的重任，是宁波海上丝绸之路的兴起前提。

（2）技术发达的船舶制造

宁波海上丝绸之路的发展，一方面得益于河海交汇的浙东运河，另一方面在于发达的船舶制造业为其提供了技术支撑。

宁波是中国舟船文化的重要发祥地。据《资治通鉴》记载，唐贞观二十二年（648），太宗为跨海征讨高丽，曾下令越州等地造大战船1100艘待用。当时，日本仰慕唐朝的造船技术，把中国制造的海船称为"唐舶"，宁波则是"唐舶"制造的重要基地。

两宋时期，明州港的造船业跃居全国首位。建造的海船，不仅广泛应用于商贸，还供朝廷用于派遣使者航海出国。《宋史》记载，北宋神宗元丰元年（1078），朝廷命安焘、陈睦搭乘明州所造的两艘万斛船出使高丽，分别赐船名"凌虚致远安济神舟"和"灵飞顺济神舟"；徽宗时又派徐兢出使高丽，再次下诏明州造两艘更大的神舟，一为"鼎新利涉怀远康济神舟"，二为"循流安逸通济神舟"。明州工匠造的船搭载着贸易商品和文化文明穿梭在江河湖海，航行于出使异邦的浩瀚海洋，是宁波海上丝绸之路不可或缺的航行工具。

截至目前，宁波已经发现5艘古代沉船，从和义路唐代龙舟、海运码头北宋沉船、和义路南宋沉船、象山涂茨明代沉船到"象山小白礁I号"清代沉船，5艘沉船遗址排成时间相对连贯的古船系列，见证了宁波海上丝绸之路文化的辉煌历史。

（3）国际联通的贸易航线

贸易航线是宁波海丝文化得以形成并发展的重要基础，海上丝绸之路的宁波航线主要有以下几条：

唐代，从宁波港出发的"国际航线"有三条：一是由宁波经江苏、山东连接渤海航线到达高丽；二是由宁波经福州、广州接南洋航线到达越南、苏门答腊、爪哇、斯里兰卡、卡拉奇等国家和地区；三是横渡东海直达日本。

宋代，除以上国家和地区外，进一步开拓了通往柬埔寨、泰国、菲律宾、印度尼西亚、马来西亚、伊朗等国的航线。

元代，宁波的国际航运发展到顶峰，通航的国家和地区达140多个，新增国家包括意大利（威尼斯）、利比亚、阿曼、也门、印度等。

国际联通的贸易航线建立了海上丝绸之路、瓷器之路、茶叶之路，潮平岸阔，风正帆悬，畅通无阻，是中国对外交流的重要见证。

（4）海丝文化建筑遗产

据统计，宁波海丝文化建筑遗产达120余处，在海上丝绸之路遗产中占较大比重。海丝文化建筑遗产充分展现了宁波深厚的文化底蕴，展示了历史上宁波海纳百川的广阔胸怀和宽广视野。

庆安会馆是我国八大天后宫之一，供奉的妈祖是中华民族航海和海上丝绸之路的保护神。阿育王寺、天童寺和七塔寺被称为鄞州三大古刹，是宁波乃至东南沿海地区较早的佛教建筑。

①庆安会馆

庆安会馆位于浙东运河沿线，是在水运交通便利、商业经济发达繁荣的基础上逐渐形成的商业设施，是宁波海商文化的标志性建筑，是商贾、民众祭祀天后妈祖的殿堂和行业办公议事聚会的场所，是宁波港昔日海外贸易发展、繁荣的历史见证。

庆安会馆始建于清道光三十年（1850）至咸丰三年（1853），由甬埠行驶北洋的舶商组织修建。会馆占地面积0.5公顷，建筑面积5062平方米，平面布局呈纵长方形。现存宫门、仪门（连戏台）、正殿（连戏台）、后殿、厢房、偏房及董事与管理人员住宅等。正殿采用石雕、砖雕和朱金木雕作为装饰，突出展现了浙东一带的雕刻艺术，堪称精品。

庆安会馆是我国现存宫馆合一的代表，为中国八大天后宫之一、七大会馆之最，也是浙江省唯一一处保存完整的会馆建筑群。2001年6月，庆安会馆作为清代古建筑，被国务院列入第五批全国重点文物保护单位，现保存完好，改建为全国首家海事民俗博物馆，展出各个朝代的船模。庆安会馆的建筑装饰采用砖雕、石雕和朱金木雕等宁波传统工艺，堪称宁波近代地方工艺之杰作，有着重要的历史文化价值。

庆安会馆是宁波港口城市的标志性建筑，既反映了宁波海上丝绸之路因运河而发展繁荣的贸易和工商业情况，也是宁波海上丝绸之路与海外各国通商、贸易和友好往来的历史见证。

②七塔寺

七塔寺位于鄞州区，南向百丈路，西靠箕漕街，北接箕漕街38弄，东至彩虹北路，为浙东"四大佛教丛林"之一，同时也是宁波海上丝绸之路的佛教圣迹。

在山门前，有七佛石塔拱卫两边，由此得名"七塔寺"。山门正中为一堵黄墙照壁；左青龙、右白虎两门，以通出入。照壁之阳，"七塔禅寺"砖雕贴金榜额，为已故中国佛协会会长赵朴初所题；照壁之阴，镌"唐代古刹"四字，乃杭州书法家俞德明所书。

七塔寺初建于唐大中十二年（858），距今已有1160余年历史。江西分宁县宰任景舍宅为寺，请心镜藏奂禅师居之，是为开山始祖，寺初名"东津禅院"。咸通元年（860），乱兵起事入寺，唯心镜禅师冥心安坐，神色无扰，众兵皆悚愯，叩礼而退，寺院得以保全。郡守奏闻朝廷，旌表大师之德，懿宗下令改"东津禅院"为"栖心寺"。

明嘉靖十八年（1539）至嘉靖二十七年（1548），日本僧人策彦周良出使明朝，其间五次参访七塔禅寺。他在《初渡集》《再渡集》中详细记录了日本使团在宁波的文化交流活动，反映了当时的中日文化交流情况。

光绪年间，慈运长老出任七塔禅寺住持，开创临济宗七塔寺法派，声闻远至南洋、印度、日本等地。

③天童寺

天童寺位于鄞州区东吴镇的太白山麓，有着 1700 年历史。《天童寺志》记载，宋、元、明时期，32 批日僧到天童寺参禅、求法，11 批中国僧人赴日弘法、传教。将中国禅宗传入日本并创立临济宗、曹洞宗的日本僧人荣西、道元，都是从天童寺归国后开山立派。

天童寺的"日禅"之缘，始于荣西。荣西是将禅宗传入日本的第一人，其老师是禅宗临济宗大师、天童寺住持怀敞。文献记载，南宋淳熙十四年（1187年，日本文治三年），荣西跟随怀敞学习禅法，后回日本"兴禅布教"，建立建仁寺，创建了日本临济宗的"千光派"，建造了一批具有明州风格的寺院。

这座靠近海港的寺院，在千年的漫长时光中成为日本禅宗祖庭，成为中日文化交流的桥梁和纽带。

④阿育王寺

阿育王寺坐落在鄞州区五乡镇，是中国佛教"中华五山"之一，也是禅宗名刹"中华五刹"之一，在海上丝绸之路的佛教史及中日文化交流史上有着重要地位，并因寺内珍藏佛国珍宝释迦牟尼真身舍利而闻名中外。

阿育王寺是宁波乃至东南沿海地区较早的佛教建筑。始建于西晋太康三年（282），梁普通三年（522）建殿堂，赐额"阿育王"。建筑群规模宏大，现占地面积 124100 平方米，建筑面积 23400 平方米。现存建筑体现了明清时期的建筑风格。寺内尚存大量唐至清代文物。

阿育王寺现存主要有大殿、舍利殿、大悲阁、法堂、藏经楼、方丈殿、钟楼及宸奎阁、承恩堂、拾翠楼、碧梧轩等 57 幢建筑。舍利殿是阿育王寺的建筑核心。乾道四年（1168），日本僧人重源三次访宋，遍游以天台国清寺为首的浙东诸寺，在明州阿育王寺舍利殿的建造中学习土木建筑技术，并从日本运送大批木材助建舍利殿。

2. 精神要素

（1）港通天下的开放视野

自唐代起，宁波港逐渐成为中国对外贸易的主要港口和海上丝绸之路的重要港口之一。具有开放视野的明州港（宁波港）通过海上丝绸之路，跨越浩瀚大海，将中国与世界相连接，对世界文明进程产生深远影响。在古代东亚的文明交流中，港通天下的明州起着中心作用，不仅是中国与海外通商贸易的始发港与目的港之一，也是中国古代文明向海外传播的重要窗口。

三江交汇，百川归海。海上丝绸之路给宁波打上了深深的海洋文化印记，铸就了宁波人的性格特征，积淀成为宁波的城市文化品格：敢于放眼天下，在世界城市坐标系上寻找自己的位置，并自信能占有一席之地；善于更新观念，能主动走出扬己贬人的旧视角，代之以开放包容的国际观，并热情洋溢地向海内外发出邀请。

（2）开拓创新的海商精神

宁波陆地一半为东海包围，一半为四明山包围。面对土地贫瘠、紧缺的困境，宁波人将目光投向广阔的海洋，扬帆远航。《鄞县志》记载："生齿日繁，地之所产不给于用，四出营生，商旅遍于天下。……甚至东洋日本、南洋吕宋、新加坡，西洋苏门答腊、锡兰诸国，亦措资结队而往，开设廛肆，有娶妇长子孙者。"

宁波商人是海上丝绸之路的开路人，是国际贸易的拓荒者。在世界沉睡于大陆文明时，宁波人已经横跨大洋，北上日本高丽，南下东南亚、印度洋，驰骋于国际贸易舞台，是海洋文明的真正代表，是海商精神的集中体现。宁波海商的成功，是依靠着海纳百川、兼容并蓄、不甘人后、风雨同舟、团结互助、精明务实、应变会通的精神，最重要的是开拓创新的海商精神。

自古及今，宁波商人的足迹遍及五湖四海，靠的正是开放创新的海商精神。勇立潮头、敢为天下先，宁波的海商精神从一千多年前延续至今，融入宁波人的血液。

3. 语言与符号要素

（1）日本浙东佛教建筑符号

南宋时期，浙东佛教建筑被移植到日本，成为镰仓时代建筑风格的新形式，被称为"天竺样式"或"大佛样式"。

自南宋乾道四年（1168）始，日本僧人重源先后三次来中国学习佛学和书法，后专门学习建造"天竺式"的建筑技术，在驻锡阿育王寺期间，曾从日本运来大批木材帮助阿育王寺建造舍利殿，逐渐掌握了大宋"天竺式"建筑的施工工艺。

日本东大寺初建于奈良时代，毁于平安时代末期的战火。在东大寺重建过程中，重源委任陈和卿为总技师，担当重建东大寺的重任。陈和卿指导两国匠人以《营造法式》的形制和制作工艺，采用当时中国的先进技术复兴东大寺，将明州的石雕技术和建筑样式引入日本，其中最具代表性的是东大寺南大门的"大佛样式"建筑，其建筑风格同宁波保国寺大殿基本一致。

日本僧人荣西于南宋绍熙元年（1190）随天童寺虚庵深造，帮助建造天童寺千佛阁，学得宋式禅院的建筑技艺。回国后，荣西模仿宋代禅刹，在日本京都、镰仓等地建造了一批明州风格的著名寺院，在博多修建了圣福寺，在镰仓修建了寿福寺，在京都修建了建仁寺，兴起建造宋式禅寺的热潮，并仿南宋的"五山十刹"，先后修建起镰仓和京都的"五山十刹"。

（2）雕刻符号

南宋时期，陈和卿、伊行末等明州工匠东渡日本，将中国的木雕、石刻艺术传播到日本，促进了日本镰仓时代雕刻艺术、石结构建筑与石刻艺术的发展。

日本东大寺的石狮子是宁波海丝文化的符号标志。据《东大寺造立供养记》记载："建久七年，中门石狮々、堂内石胁士、同四天像，宋人字六郎等四人造之。"石狮子分东、西雌雄两座，矗立于南大门北侧，面北背南，入口处各一尊。两具坐狮，胸佩腰带和流苏；底座四周雕有牡丹、开花莲、飞天及双狮戏球等图案，技艺精湛。同时，石狮子上下配有莲瓣，下端刻有隔撑的脚台，底座基台雕有复杂的云纹图样。目前，上述建筑、石刻均为日本国宝，被列入世界文化遗产保护名单。

4. 规范要素

海丝文化核心文化基因的规模要素主要是先进的海船建造技术。宋朝，造船工艺已逐渐成熟，造船技术显著进步，出现了许多革新，主要体现在造船技术的三大发明——V形船型、水密舱及舭龙骨结构上。

船型关系到航速与安全。当时明州打造的海船采用尖底船型：底尖，船身扁阔，长宽比小，平面近椭圆形。V形船体的设计，不但可增强船舶的稳定性与加重扭矩，而且能减少水下阻力，遇到横风能使海船横向移动大幅减小。

宋船的另一大技术革新是设置水密隔舱。船体设密封隔舱，横舱壁由底部

和两舷肋骨及甲板下的栋梁环圈，构成水密隔舱壁，让船舷与舱壁紧密结合，牢固支撑两舷，使船体结构更加稳固，增强抗沉性和横向强度。

舭龙骨技术是在较大的船舱两壁间再添设一档龙骨，以增加船的强度。舭龙骨的装置，可以减小船只在风浪中的左右摇摆力度，增加船的稳定性。

1979 年，宁波宋代海运码头遗址发掘的宋代海船实物，证实了当时明州造船的技术特点。出土的宋代海船尖底，设有舭龙骨、水密舱装置，充分反映了当时明州海船建造技术的先进水平。

从唐至宋，明州工匠所造的船穿梭于中国的江河湖海，航行于出使异邦的茫茫洋面，停泊于东亚各国的商埠港湾。

（二）海丝文化核心文化基因的提取与评价

海丝文化见证了宁波的发展，它基于河海交汇的浙东运河、技术发达的船舶制造、国际联通的贸易航线等海上交通条件，保存了大量海丝文化遗产。海上丝绸之路不仅是经济贸易之路，也是文化传播之路。基于对相关资料的全面、深入分析，将海丝文化核心文化基因主要提取为"开拓创新的海商精神"。

1. 生命力评价

"开拓创新的海商精神"延续至今未曾明显中断，文化基因形态保持稳定。1000 多年前，宁波商人以天下为家的气魄，驾一艘自造小帆船，驶进深不可测的大海，迎着滔天巨浪，驶向未知的异邦，充满开拓冒险精神。当今，宁波海洋经济蓬勃发展，宁波港口加速腾飞，这都得益于宁波以及以宁波港为始发港之一的中国古代海上丝绸之路长久以来不断积淀的海洋文化，得益于几千年来形成并不断传承发展的开拓创新的海商精神。

自古及今，宁波商人的足迹遍及五湖四海，靠的正是"开拓创新的海商精神"。勇立潮头、敢为天下先，宁波海商以一种港通天下的视野眺望世界，这是一种开拓创新的品格力量，是一种拼搏不息的生命体现。

2. 凝聚力评价

"开拓创新的海商精神"广泛凝聚起区域群体的力量，推动社会经济发展，文化繁荣。地处"丝绸之路经济带"和"21 世纪海上丝绸之路"交会点的宁波舟山港，已成长为全球首个年货物吞吐量 10 亿吨的超大港，已开辟集装箱航线 242 条，与全球 100 多个国家和地区的 600 多个港口架起贸易通道，是"21世纪海上丝绸之路"的国际枢纽港，正向"世界级强港"迈进。

宁波市民对海上丝绸之路的高度认同，成为建设宁波海上丝绸之路"活化石"的深厚土壤。《海上丝绸之路》特种邮票、《海上丝绸之路始发港宁波》系列纪念封等，受到宁波市民的欢迎与点赞；"丝路琴声"宁波国际钢琴艺术节、海丝少儿艺术节、海丝国际合作港口论坛、海丝遗产手绘地图等活动，都得到市民的积极参与和响应。

如今的宁波，正着力擦亮海上丝绸之路历史"活化石"的宁波新名片，正着力建设海上丝绸之路文化旅游名城和"一带一路"枢纽城市。

3. 影响力评价

"开拓创新的海商精神"具有全国性、世界性的影响力，已经被古代文人士大夫和当代学者提炼为精神符号和理念、理论。早在2013年，在第一届海商文化周举办之际，《宁波通讯》就推出《江东宁波海商汇聚雄起之地》大型专题，系统梳理了宁波海商文化的内涵、历史脉络以及当代价值。在"2016东亚文化之都·中国宁波活动年"举办之际，恰逢第四届中国（宁波）海商文化周于6月15日开幕，当代学者继续关注宁波的海商精神，并针对海商精神进行新的提炼与归纳。

宁波海商精神是冒险开拓的进取精神、尚实图利的价值取向、兼容并蓄的开放视野、诚信重义的经商道德，具有冒险性与协作性、崇商性与慕利性、兼容性与开放性、精细性与壮美性、对外交流性与开拓创新性。

4. 发展力评价

"开拓创新的海商精神"与当代精神追求和价值观念的契合，能够较好地转化、弘扬、发展，潜力巨大。宁波是海上丝绸之路的"活化石"，对宁波海丝文化景观进行深度挖掘，梳理文化环境、文化景观遗存、城市相关区域设计的相互关系，编织完整的海丝文化城市意象地图，打造宁波海丝文化新景观，有利于强化地方认同感、居民归属感，重温城市的共同记忆。

海上丝绸之路文化景观的整合，要做到既符合时代发展特征，又能够延续文化景观的地方性。具体而言，在不断更新的历史语境中强化宁波的本土意识，塑造特有的场所精神，重塑宁波千年古港和商贸之都的城市意象，丰富宁波海上丝绸之路的内涵和意义。通过对文化景观的梳理，为城市更新融入地方

感及历史记忆；通过网络宣传、衍生产品设计等，强化城市文化的可读性及意象性，提升城市的知名度和美誉度，进而全面提升宁波城市实力。

宁波是一座有着8000多年文化历史的国际港口城市，也是古代中国海上丝绸之路的始发港之一，其丰富的海丝文化具有无穷的发展潜力。

（三）海丝文化核心文化基因的转化利用

宁波独特的自然地理条件，奠定了其作为古代海上丝绸之路起航地的重要地位。宁波的地域史，是一部海上丝绸之路的发展史，一部中国海上对外交流史。宁波港口的腾飞，得益于中国古代海上丝绸之路积淀的海洋文化，得益于几千年来形成并不断传承发展的海商精神。海上丝绸之路是海洋文化的集中体现，彰显了中华民族勇于开拓、不断创新、锐意进取、兼容并蓄的精神。宝贵的海洋文化、海商精神为宁波这艘"东方神舟"注入持久动力，引领宁波书写海上丝绸之路的新历史。

宁波海丝文化核心文化基因转化利用思路：一是编制海丝文化城市意象地图，规划海丝文化旅游线路；二是举办海丝文化系列大赛，推动海丝文化的现代化重生；三是加强海丝文化研究，传承海上丝绸之路非物质文化遗产。

1. 编制海丝文化城市意象地图，规划海丝文化旅游线路

宁波拥有丰富的海丝文化景观，可以进一步梳理文化景观遗存、厘清城市相关区域设计关系，编制完整的海丝文化城市意象地图，规划海丝文化特色旅游线路——海丝古港·寻踪之旅。梳理宁波现存海丝文化景观遗存，规划串联如"宁波三江口（庆安会馆—老外滩）—郑氏十七房—宁波帮博物馆—镇海沿江路海上丝路起碇港（航济亭—万斛神舟—利涉道头）—招宝山旅游风景区（中国防空博览园—镇海口海防历史纪念馆—安远炮台）—凤凰山海港乐园—中国港口博物馆梅山湾沙滩公园—博地影秀城《甬秀·港通天下》"等海丝文化景观，打造宁波特色海丝文化旅游线路，吸引当地民众及外来游客前来旅游观光。此举一方面能带动旅游业发展，推动经济增长；另一方面有助于宁波海丝文化的对外传播，增强宁波文化软实力，助力宁波擦亮海上丝绸之路历史"活化石"的新名片，增强宁波城市的国际、国内影响力。

同时，宁波拥有丰富的海丝文化资源，可以精选代表性文化景观，搭建海丝文化研学游线路。主动对接教育局、文化和广电旅游体育局等政府部门，加

强与学校和社会机构等的合作，推动海丝文化研学游线路纳入中小学研学计划线路，海丝文化代表性遗迹地成为中小学生研学实践教育基地和营地。利用周末、节假日和寒暑假，开展国学教育、研学活动，融文化溯源、传承发展为一体，以优秀海丝文化塑造青年一代，使青年一代树立文化自觉，增强文化自信，担当传承海丝文化的使命，助力社会主义文化强国建设。

2. 举办海丝文化系列大赛，推动海丝文化的现代化重生

海丝文化不仅彰显了中华民族勇于开拓、不断创新、锐意进取、兼容并蓄的精神，而且是宁波这艘"东方神舟"持续发展的精神动力，不断引领宁波书写海上丝绸之路的新历史。底蕴深厚的宁波海丝文化需要进行创造性转化利用，方能使其融入当代社会，充分发挥价值。如举办海上丝绸之路衍生品设计大赛，聚焦海丝文化精神以及海丝文化遗产，面向社会广泛征集参赛作品，充分借助社会力量，凝聚集体智慧，创新性地转化海丝文化；开展海上丝绸之路绘本创作比赛，结合宁波海上丝绸之路的主要航线以及沿线主要国家和地区的遗迹遗址，绘图演绎海上丝绸之路演变历史及其经济交流、文化传播史，以当代青年人喜闻乐见的形式开发和利用海丝文化，推动海丝文化的现代化重生。

3. 加强海丝文化研究，传承海上丝绸之路非物质文化遗产

首先，建设宁波海上丝绸之路非物质文化遗产数据库。按照编年史的形式，对宁波各个历史时期的海丝文化景观历史遗存进行系统梳理和整体规划，整理与海上丝绸之路相关的文化遗产清单，并应用ARC/INFO建立地理信息系统数据库，方便民众进一步了解宁波海丝文化的历史，更好地展示宁波的海丝文化名片，为传承海上丝绸之路非物质文化遗产搭建新平台。

其次，拍摄纪录片——《宁波海丝之路》。宁波的地域史，是一部海上丝绸之路发展史，是一部中国海上对外交流史。宁波拥有悠久的海丝文化历史，保存着丰富的海丝文化遗产，结合宁波海上丝绸之路非物质文化遗产数据库，聚焦"兴起""繁荣""当代价值"三大方面拍摄宁波海丝文化纪录片，以形象化的方式全景式地呈现宁波海丝文化的发展演变历史及其在当代的价值和意义，扩大宁波海上丝绸之路历史"活化石"新名片的对外影响力。

再次，推动海丝文化基因进校园、进课堂。利用宁波海上丝绸之路非物质文化遗产数据库的丰富资源和便利优势，推动海丝文化进校园，培养非物质文化遗产传承人。中小学统筹安排课程设计，主要围绕传统文化教育普及海丝

文化，让年轻一代了解宁波的海丝文化历史；高校（大中专院校）开设特色课程，主要围绕海丝文化底蕴进行产品设计与作品的生产、传播，创造性地转化海丝文化。

最后，加强海丝文化的史料发掘和理论研究，深入挖掘海丝文化的价值内涵。加强与在甬高校合作，如共建海丝文化竞渡文化研究中心，借助高校资源搭建平台，对海丝文化进行全面分析、系统研究，提取新的价值内涵，打造宁波文化标识，融入宁波的城市发展；举办海丝文化论坛，邀请全国各地专家学者参会，听取专家学者意见，强化宁波海丝文化的对外交流，不断丰富宁波海丝文化的当代价值，增强宁波海丝文化的影响力。

参考文献

1.何盈：《弘扬海丝文化 高质量建设"一带一路"》，《宁波通讯》2021年第20期。

2.蒋丽萍：《古代浙东地区海上丝绸之路文化遗产调研》，《中国民族博览》2018年第11期。

3.居鉴：《推进宁波历史文化名城核心区建设》，《浙江经济》2017年第21期。

4.张诚、徐炯明：《宁波"海丝"文化遗产的保护与开发途径》，《宁波经济（财经观点）》2016年第6期。

5.周达章、周娴华：《宁波海丝文化》，宁波出版社2017年版。

四、商帮文化

　　宁波人历来以商著称于世，以商为业，以商致富，代有传承，至明清以来逐渐形成遍及全国的商人群体，人称"宁波帮"，位列中国十大商帮之一。"宁波帮"从明末清初初始形成，历经几百年的发展而不衰。特别是近代以来，"宁波帮"以其强烈的创业精神与杰出的经营能力书写了中国商业史上的百年辉煌，至今仍活跃在海内外，可谓闻名遐迩。从严信厚、叶澄衷、朱葆三、吴锦堂、宋炜臣、虞洽卿、秦润卿到包玉刚、邵逸夫、王宽诚、曹光彪、李达三、安子介、董浩云等等，都是这片水土养育出来的优秀人物。以他们为代表的"宁波帮"继承了宁波人的精明能干、审时度势、眼界开阔、诚信笃实，他们热爱家乡，报效桑梓，穷能独善其身，达能兼济天下。商帮文化已经成为宁波的一张城市名片，为凝聚全世界宁波人建设家乡发挥着重要作用。

（一）商帮文化核心文化基因解析

　　自明天启以来，"宁波帮"的发展历史已400余年，经历了形成商帮、迅速发展、臻于鼎盛、转移海外和形成新时期商帮五个阶段。时代、社会的变迁对"宁波帮"的发展产生深刻的影响，"宁波帮"善抓机遇，与时俱进，在近代中国最先完成从封建商帮到工商业资本家群体的转型，在民国时期一跃成为全国第一大商帮。其后，"宁波帮"在海外更广阔的天地开创事业，他们相互扶持，风雨同舟，共谋发展，业务范围不断拓展，企业实力不断增强，迅速完成现代转型，成为国际社会一个不可忽视的华人群体。20世纪80年代中国实

宁波帮文化公园（朱晓峰摄）

宁波帮博物馆（张广源摄）

行改革开放以来，民营经济经历重生后迅速崛起，宁波商人布局全国，面向世界，人才辈出，业绩不凡。

1. 物质要素

（1）崇商环境

人创造环境，环境也创造人。宁波作为滨海商城、浙东门户，古代海上丝绸之路和陶瓷之路的起航港之一，孕育了一代又一代经营有方、深谙商贾之道的宁波商人。宁波的人文地理环境对本地域人群的思想观念和思维方式有着重要影响。宁波籍著名作家巴人说过一段很精彩的话："统治宁波的是三件东西：东门外大街上商店里传出来的算盘声，各个中等学校里传出来的朗诵桐城派古文的读书声，外加半边街上那鱼行里的鱼贩的叫卖声。这三种声音就构成这中古式城市的特色。"这段话从一个侧面道出了"宁波帮"文化的成因，"宁波帮"就是在这样绵绵不绝的文脉与商脉中形成与发展起来的。

就地理环境来看，宁波背山面海，水域资源丰富，独特的地理位置使生活在这片土地上的人们从小就学会了与运河、与大海打交道，这为宁波商人从事航海和海内外贸易奠定了基础。就人文环境而言，范蠡的经济思想、浙东学派"经世致用""工商皆本"的思想等对"宁波帮"影响极大，促进了当地崇商、重商、善商的习俗与社会风气的形成。同时，"宁波帮"的快速发展，还与其对外来文化的吸收、融合有直接的关联。宁波商人自汉唐以来就渡海经商，外贸历史悠久，近代更是直接参与洋行的经营管理，经营新兴行业，这使得他们迅速从旧式封建商人演变为新式工商业资本家。在长期吸纳外来文化的过程中，"宁波帮"自身得到了有益的补充和壮大。地理环境、人文环境和外来文化的共同作用，推动了一个商帮的崛起。

（2）河海商路

在漫长的历史进程中，商人货殖致富，其商贸活动带动了地区的经济发展和文化交流，出现了"因路而生、因路而兴"的现象。"宁波帮"足迹遍布天下，其早期活动中最典型的商路便是大运河。他们沿运河北上贩运货物，在运河沿线城市落脚发展，渐成大观。据《甬上张氏宗谱》记载，宋代宁波巨商张云衢在扬州经商发家，成为首富，人称"封君"。明万历年间宁波商人孙春阳在苏州开设的南货铺是苏州数得上的百年老店，且"天下闻名"，所制物品中有的是上贡宫廷御用。

从康熙二十三年（1684）清廷下令"开海贸易"到道光二十年（1840）鸦片战争，宁波商品经济有了长足的发展，经商人数不断增加，贸易地域也不断拓展。除了原有经商区域，还有一大批商人赴吴楚、闽粤、关东、湘赣、川鄂、燕赵等地贸易，商路随之遍及全国主要商业城镇。如慈溪人董杏芳"废著鬻财吴门，积资至数十万"。慈溪人陈调元"往粤东参与同邑俞氏泰隆号事，十年辞归，积累不下十万金"。慈溪人董棣林在东北宁古塔等地采办参药，贩运至吴越一带销售。慈溪人陈坤元经商楚蜀，经营有方，"颇以财雄于乡里"。如此种种，不一而足。

20世纪40年代前后，由于社会经济环境的急剧变化，大批宁波实业家迁徙海外，与早先在海外发展的宁波商人一起形成海外"宁波帮"。目前，海外宁波商人广泛分布在日本、新加坡、马来西亚、印度尼西亚、菲律宾、泰国、美国、英国、法国、德国、丹麦、瑞士、葡萄牙、澳大利亚、加纳、毛里求斯等国家和地区。

（3）商帮会馆

会馆是商帮形成的重要标志，它以乡谊、地缘、商情为联结纽带，趋利共享，避祸共存，权益分担。"宁波帮"初始形成的标志是明代末年在北京设立的鄞县会馆，它属于起"敦桑梓之谊"作用的同乡会馆。据《中国会馆志》记载，宁波商人在北京创设的会馆有10所。其中，鄞县会馆5所，余姚会馆2所，此外还有浙慈会馆、慈溪会馆、镇海会馆等。

康熙二十三年（1684）以后，"宁波帮"经营范围扩展到常熟、汉口、上海等商业重镇，就在那些地方设立会馆，并以会馆为联络场所结帮经商。乾隆三十六年（1771），宁绍商人在常熟创设宁绍会馆。乾隆四十五年（1780），宁波商人在汉口设立浙宁公所，清宣统元年（1909）改称宁波会馆。嘉庆年间，宁波籍从事北头船贩运业的商人在天津闸口创设天津商船公所。这些宁波商人经营的北头船，除为清廷漕运粮食外，兼营南北货贩运业，商船公所是他们在天津安顿食宿、洽谈商务的重要场所。这一时期，宁波商人所设会馆，远不止上述几处。同时，这一时期宁波商人所建的会馆、公所，性质和作用有所变化，经济功能有所加强。其不仅作为叙谈同乡情谊的场所，联络同业感情、救济贫苦寡妇、赡养孤苦老人、接济贫困人家，还作为同业集议的场所，研讨商情、磋谈商务，团结同乡，维护共同利益，以求"有利则均沾，有害则共

御"。这是宁波商帮实力迅速壮大和凝聚力日益增强的标志。

"宁波帮"最有实力和影响力的会馆是位于上海的四明公所，由上海宁波同乡集资购地30亩（1亩≈667平方米），于嘉庆八年（1803）建成，仿关帝庙建造。光绪二十九年（1903），四明公所在上海日晖港购得30多亩地，广构屋宇，扩充办事厅室。宁波商人原来在上海按行业分帮设立的会社，都汇集到四明公所。这些会社有四明长生会、海味崇德会、钱业财神会、酒业济安会、木业长兴会、银楼同义堂、木商永盛社、漆业崇义会、肉庄诚仁堂、渔业同善会、石作业长寿会、柴业长兴会、车业协兴会、鞋业崇宁会、漆业同议胜会、航务联益会等100多个，人众势雄。

从20世纪二三十年代起，宁波商人先后在日本东京和新加坡成立同乡会，此后宁波商人的足迹扩大，在世界各地建立起相应的同乡会组织，为同乡互助、沟通商情、共谋发展、从事公益以及建设家乡起到了积极的作用。

2. 精神要素

（1）开拓创新，敢为人先

面对近现代历史转型，"宁波帮"始终站在时代发展的最前沿，坚守"自强不息、创业不止"的信念，固怀"实业强国、实干兴邦"的抱负，把企业发展建立在做强实业、做大主业的根基之上，以创业无惧的气魄和发展无限的胆略，百倍努力、百折不挠、百炼成钢，努力干出一番无愧于历史和人民的骄人业绩。

在中国近代经济史上，"宁波帮"的先辈之所以能独树一帜、叱咤风云，源于在自主发展上先人一步、在创新发展上技高一筹。他们善于吸纳、应用外来先进科学文化技术，表现出强烈的开放意识和开拓精神。他们始终坚持开拓创新，把打造和增强核心竞争力作为事业的第一追求，抢抓国际分工新机遇，抢占产业发展制高点，大力推进理念创新、科技创新和管理创新，大力开发具有自主知识产权的产品、技术和品牌，以自主创新推动企业做强做优做大做久，打造"百年企业"。

（2）诚信为本，务实进取

"宁波帮"的成功，在很大程度上归因于他们注重维护良好的社会信誉、遵守重义轻利的商业伦理。"商道即人道"，人道贵诚、商道贵信，至实而无妄是"宁波帮"建功立业的一大法宝。"宁波帮"以诚信为安身立命之本、创业经商之德、鼎立事业之基，待人以诚、执事以信，宁可清贫、不要浊富，始终做到自重、自警、自律，始终做到守信用、讲信誉、重信义，始终做到见利思义，善求义中之利，见义思贤，不取不义之财，以诚信正道成就事业、树立形象、赢得口碑，合力擦亮"诚信"这一"宁波帮"的"金字招牌"。

筚路蓝缕、栉风沐雨，艰难困苦，玉汝于成，是"宁波帮"创业情形的客观写照。宁波商人历来有吃苦耐劳、知难而进、艰苦创业、克勤克俭的品质。绝大多数宁波商人都是从最底层的劳动者开始，"出门谋生但求一枝之栖，为僮为仆在所不计"。许多"宁波帮"人士都走过一条坎坷而艰辛的创业之路。尤其难能可贵的是，他们在事业有成之后依然勤俭节约，宁可一掷千金捐办公益事业，自身却从不奢侈挥霍。包玉刚先生生前曾为宁波大学师生题词"持恒健身，勤俭建业"，这既是对后人的勉励，也是他一生的操守，更是"宁波帮"精神的写照。

（3）团结互助，讲求联合

在外经商的宁波人具有强烈的群体意识和凝聚力，出外经商互相帮衬，回家互托携带钱物，店主、厂主多喜雇用同乡人，在商业交往和人生道路上更是同声相应、同气相求，以增强抵御经营风险和非经济因素干扰的能力，同乡成了"宁波帮"发展的强大后盾。"宁波帮"所建的会馆、公所奉行的"有利则均沾，有害则共御"理念，正是宁波商人团结互帮的群体意识的体现。

宁波旅沪同乡会突出同乡互助和社会教化，办成众多大事，包括：同乡职业调查及统计；同乡职业介绍；同乡子女教育及社会教育；同乡习俗改进；提倡学术，增进知识；同乡排难解纷；同乡福利保障；等等。例如，两次"四明公所事件"中旅沪宁波人与帝国主义殖民势力的抗争，"宁绍轮"与英国、法国轮船公司的抗衡，"八一三"淞沪抗战中同乡会救助20万同乡的感人事迹，"江亚轮"海难后同乡会组织的艰巨的抚恤工作，集资为宁波老家建设灵桥，等等，无不体现出"宁波帮"强大的凝聚力和团结互助精神，以及其联合起来所迸发的强大力量。

（4）心怀家国，义行天下

"宁波帮"素有报效祖国、造福桑梓的传统和美德。早在光绪三十一年（1905），旅日爱国侨胞吴锦堂出资30余万银圆在家乡慈溪创办锦堂学校，兴建杜湖、白洋湖两个水库。他的办学义举享誉海内，他与著名华侨陈嘉庚齐名。这样的宁波商人还有很多。在宁波商人身上，乡土观念、民族意识、爱国情感得到完美统一。"宁波帮"历来把自己的前途和祖国的命运紧紧地连在一起，饮水思源，回报社会，始终保持对社会的感恩之情和敬畏之心，积极参与社会公益和文明建设。"宁波帮"通过甬港联谊会等组织，合力兴甬，成为新时代亮丽的风景。在包玉刚等"宁波帮"人士的热心推动下，国务院专门成立了"宁波经济开发协调小组"，此后陆续促成了宁波计划单列、建立宁波大学、兴建栎社机场、开发港口、构建交通集疏运网络、成立宁波经济建设促进协会、推进宁波舟山港一体化等大事。

"宁波帮"心怀高远，义行天下。例如，王宽诚关心内地及香港教育事业和福利事业，几十年来捐款支持香港及内地20余所学校或社团；1985年又出资1亿美元成立"王宽诚教育基金会"，为国家培养人才。1985年以来，邵逸夫通过邵逸夫基金与教育部合作，连年向内地教育捐赠巨款建设教育教学设施。2002年，他在香港专门设立"邵逸夫奖"，用以表彰全球造福人类的杰出科学家。"邵逸夫奖"设数学科学、天文学、生命科学与医学三个奖项，与"诺贝尔奖"可以互相补充，相得益彰。而且，它的颁奖原则是：得奖者不论种族、国籍、宗教信仰，而主要看其在学术及科学研究或应用领域获得突破成果，且该成果对人类生活有意义深远的影响。邵逸夫的义举足以为世人敬仰。

3. 语言与符号要素

（1）洋泾浜英语

与外国人做生意需要语言沟通，而宁波商人的受教育程度普遍不高，更未接触过英语，于是一种简便实用的"洋泾浜英语"应时而生。洋泾浜本是英法租界间的界河，后来人们把洋场和租界泛指为洋泾浜。上海租界设立后，原来在香港、澳门、广州以及南洋的洋行纷纷在上海开设分支机构，随之需要一些粗通英语的贸易中间人做买办，于是语法不准、读音带有中国各地口音的英语诞生了，这就是"洋泾浜英语"。有宁波商人用宁波方言注音编印了一本《洋泾浜英语实用手册》，如"来是'康姆'（come）去是'谷'（go），廿四铜钿'吞的福'（twenty four），是叫'也司'（yes）勿叫'诺'（no），如此如此'沙咸鱼沙'（so and so）"，等等。这种简易的英语学习方式为宁波人在上海谋生提供了语言工具，他们之中的佼佼者更是通过洋泾浜英语与洋行或洋商做起了生意。洋泾浜英语体现了"宁波帮"的创造与拼搏精神，带有浓郁的商帮文化和海洋文化气息。

（2）民间俗语、歌谣、谚语、商俗叫卖

崇商风气深刻浸染着宁波方言。宁波人寒暄问候也不离商。路遇熟人，往往问："在啥地方发财？"外出经商发迹的，谓之"出山"，反之则谓"呒出山"。承认对方的长处或力量而表示佩服或服从，称为"买账"；不加分析、仅仅罗列现象的叙述，称为"流水账"。民间有歌谣："囡囡宝，侬要啥人抱？我要阿爸抱，阿爸出门赚元宝！"市井街巷广泛流传着追逐钱财的谚语，例如："只要铜钱多，哪怕落油锅""世上无难事，只要现铜钱""只要铜钱多，牌楼抬过河""顶臭是穷，顶香是铜"等。此外，商家在用语上也尽讨彩头。如猪头称"利市头"，猪舌（"舌"与"蚀"谐音）称"赚头"；走路摔跤，要马上说"捡了个元宝"；等等。

宁波商人的商俗叫卖有三种形式：一是叫卖声，也称"口唱叫卖"；二是代声，也叫"击器叫卖"；三是动作叫卖，卖玻璃刀的，卖菜刀的，打铁的，卖胡琴的，卖"吹嘟嘟"的，都是坐在店里或者摊位上，以裁玻璃、斩铅丝、削纸头、拉胡琴、吹叫子及笛子、挥锤打铁等动作向买主展示其货之真、巧、好，这是一种特别的叫卖方式。各式各样的叫卖成为商业城市的一大特色。

（3）文化创造

"宁波帮"创造了丰富的文化遗产，许多文化遗产已经成为宁波城市的文化标识，也成为世界认识宁波、了解宁波人的重要符号。近代"宁波帮"主动追求建筑现代化，积极采用新材料、新工艺、新设备，探索异域建筑本土化，营造了一批具有里程碑意义的建筑，在上海、天津、武汉、宁波等开埠城市有众多"宁波帮"营造的作品。其中宁波的"石库门"建筑产生于19世纪中期，盛行于20世纪20年代，主要集中于宁波江北岸外滩一带。尤其是"宁波帮"合力兴建的宁波灵桥，成为宁波最有代表性的近代建筑之一，是近代宁波发展历史的见证，也体现着"宁波帮"开放创新、团结大爱的精神，成为宁波城市标识。

以新式商人为主的"宁波帮"商人投资于航运业、金融业、工业、日用百货业等新兴领域，"宁波帮"创办的第一家机器轧花厂（通久源轧花厂）、第一家银行（中国通商银行）、第一家日用化工厂（中国化学工业社）、第一批保险公司（华兴保险公司）、第一家由华人开设的证券交易所（上海证券物品交易所）、第一家信托公司（中易信托公司）、第一家味精厂、第一家灯泡厂，以及宁波人开办的上海大世界游乐场，拍摄的电影，裁剪的西服、中山装，等等，都成为标识近代中国产业发展的符号。

4. 规范要素

（1）敬贾崇商的社会习俗

宁波风俗崇商，乡民惯于背井离乡，耻于安守家业。这是自然环境和社会环境长期作用，相演相嬗，逐渐形成的社会精神现象，具有很强的地域性和传承性。因此，宁波乡民多谋业商界，以商为业，以商为荣，敬贾崇商、坐地立市是宁波特色。

宁波乡民不讳言利，民间普遍供奉财神：一是英勇武财神，有赵公明和关帝（即关公）；二是智慧文财神，指文昌帝君和范蠡。民间以信奉关帝者居多。宁波的商家店堂普设财神龛，平日对财神供奉虔诚。正月初五为五路财神日，当天商家五更即焚香燃烛，恭迎财神。供品除糕饼果品外，牲礼必须是全猪全羊，其实多为猪头猪尾加一刀猪肉、羊头羊尾加一刀羊肉。此外，还要准备公鸡、雄鹅、一对黄鱼、一对活鲤。公鸡、雄鹅意谓"鸡啼鹅叫，商店会发"；宁波人称十两重的金条为大黄鱼，供祭金黄透鲜的大黄鱼，寓"招财进宝，黄金万两"之意；用鲜活雄鲤一对献祭，祭后由两人持至江河放生，是讨"生意兴隆通四海，财源茂盛达三江"的彩头。接财神时，店主手持三炷香，从屋外踱步摇香至店堂，示意财神已接进店内。焚化纸元宝，火焰冲得高，视为吉利。祭神后吃财神酒，老板宴请阿大（经理）和职工，为商店盈利出力多者坐上横头，老板执壶为其斟酒。头道菜要上形似元宝的圆蛤，寓进元宝之意。这一天，第一个顾客登门，老板要奉上内泡两个金柑的元宝茶，以示开笔进元宝。正月，店主相约同行挨家宴请"新年酒"，以时新佳肴待客，加深商谊。

（2）科学规范的行业制度

宁波同乡组织在长期发展过程中形成了自身的规范，并以章程的形式固定下来，随着时代发展而不断完善。这些行业制度对同乡互助、家乡建设等起到了重要作用。宣统二年（1910）成立的宁波旅沪同乡会、1924年成立的宁波旅汉同乡会等，都脱胎于原来的会馆，依照西方现代社团形式组建，具备现代社团的主体功能。从具有封建色彩的会馆、公所到组织比较健全、带有现代社会意义的同乡会，这不仅是名称的改变、组织方式的完备、制度的健全，还意味着从传统性组织向现代性组织的转变。

同时，每个行业还有自己的协会。如光绪三十四年（1908）成立的沪绍宁水木公所就是建筑行业协会组织，设董事会，日常活动为处理工程纠纷、保护行业利益、调解劳资纠纷、创办教育、殡葬安置等，还筹办水木业小学。1946 年 4 月 27 日，上海市营造工业同业公会成立，在第一次理监事会上，张继光当选理事长，陶桂林、汤景贤、江长庚、谢秉衡为常务理事。日常工作由秘书处主持，设交际、事业、福利、调解、调查、设计、组织、财务和总务等九科。公会章程明确了公会的十项工作内容。公会成立后，每周或十天召开一次理监事会，表现出了很强的协调能力和组织能力。

（3）与时俱进的企业管理

宁波商人尤其是担任买办的商人，在与外国商人的交往中学到了西方近代商业经营管理的理念和方法，往往经营得法、管理有方，使企业富有活力。

如"煤炭大王""火柴大王""企业大王"刘鸿生，曾于 1927 年赴英、比、法、美等国和南洋各地考察。他发现各国工商界都在极力研究如何减轻成本、提高产值、削减售价、推销货物，意识到我国必须学习国外经验，重视科学管理。他把成本会计比作企业经营管理的眼睛，认为实行科学管理"应该先从成本会计做起"，成本会计提供的精确数据是"管理上必需的工具"，依据这些资料，企业的生产状况，以及市场动态，便可一目了然。于是，他不惜高薪聘请国内一流会计师设计"中国最标准的成本会计制度"。1930 年，刘鸿生被推举为大中华火柴股份有限公司总经理，他锐意改进国产火柴生产技术和产销管理，健全各项经营管理制度，使这家公司成为当时全国规模最大的火柴公司。

方液仙创办的中国化学工业社，有一套严密的管理体系，总管理处下设部，部下设科、股，分级管理，并辅以详尽的规章制度，使企业运作有章可循。中国化学工业社还定期召开设计委员会议、社务会议，采办、制造、营业部等部门联席会议，人事委员会会议，以及专线电话会议等各种办公会议，及时汇报情况，讨论解决问题。在生产方面，订立分级质量检查制度，从原料进厂到成品出厂，各个环节都有专职人员检查，以保证产品质量。在财务方面，建立成本会计制度和各种统计制度，实行经济核算，及时快速反映产销情况。上述举措大大提高了生产效率。

（二）商帮文化核心文化基因的提取与评价

"宁波帮"精神是在近400年的社会实践中形成的思想理念、传统美德和人文精神的集合，集中体现了宁波城市的"四知"精神（知行合一、知难而进、知书达礼、知恩图报）。它在历史上为推动民族进步和社会发展发挥过重要作用，时至今日依然具有显著的时代价值。

1. 生命力评价

商帮是建立在地缘基础上的商人组织，是中国的一种特殊的经济形态，随着明清时期商品经济发展、资本主义萌芽而出现。历史上著名的商帮有晋商、徽商、粤商、闽商、秦商等，宁波商帮是后起之秀。但是，"宁波帮"在发展过程中先后抓住南北洋贸易恢复、中国对外开埠、第二次世界大战后国际产业转移等机遇，不断转型拓展，成为中国近代史上极具代表性的商帮，也是唯一兴盛至今的商帮。"宁波帮"中涌现出一大批工商巨子和社会名流，享誉海内外，蜚声全世界，至今仍活跃在商界舞台。20世纪80年代以来，中国改革开放的不断深入和计划经济向市场经济的转轨，为素有经商头脑的宁波人提供了广阔的活动舞台，他们创办了众多的民营企业。此外，在大型国有企业担任高级管理人员的宁波人，数目和实力相当可观。其中，有的人立足本土，不断向外拓展，有的人直接在外地创业。不管是在哪里起步和发展，他们都取得了不凡的成就。从"宁波帮"历经几百年而不衰的发展历程及其在不同的时代和社会形态中与时俱进、始终保持强烈的创业精神与杰出的经营能力中可见"宁波帮"的顽强生命力。

2. 凝聚力评价

"宁波帮"具有强烈的抱团意识，凝聚力特别强。民国时期，"宁波帮"一跃成为全国第一大商帮，不仅在于个体的突出，更在于他们互帮互助、和衷共济，整体实力非常强大。商业会馆的相继建立，就是"宁波帮"实力迅速发展和凝聚力日益增强的标志。第二次世界大战以后，宁波商人以同乡会为力量团体，竭力拓展，征战成就为同在海外闯荡的闽商、粤商所远不能及。改革开放以来，"宁波帮，帮宁波"成为激荡人心的世纪号召，分布在世界各地的"宁波帮"人士积极回应，以爱国爱乡的巨大热情造福桑梓，对宁波现代化建设贡献尤著。以邵逸夫等为代表的"宁波帮"捐资支持教文卫事业，为宁波乃至中国的教文卫事业发展注入了新的动力，成为一道人文奇观。"宁波帮"精神是一种不平凡的精神，它突破地域限制而成为中华民族共同的精神财富，它可以凝聚社会各领域的力量，激发各阶层成员的归属意识、认同意识和进取意识，形成推动社会发展的凝聚力和创造力。

3. 影响力评价

不管是"宁波帮"整个群体，还是其中的商业巨子，都在全国乃至世界舞台上产生了不可小觑的影响力。百年前德国地质学家李希霍芬在考察了中国沿海地区之后说："沿海有特殊种族，如宁波人。宁波人在勤奋、努力奋斗、对大事业的热心和大企业家精神方面较为优秀"，"宁波人是浙江人中的特殊分子……尤其是商业中的宁波人，完全可以和犹太人媲美"。孙中山先生1916年在视察宁波时说："宁波人对工商业之经营，经验丰富，凡吾国各埠，莫不有甬人事业，即欧洲各国，亦多甬商足迹。其能力与影响之大，固可首屈一指者也。"

在近代，"宁波帮"拓展中国的民族资本主义，以开创一百多个"第一"的杰出贡献，实现了对传统的超越。"宁波帮"在清末民初的中国社会经济领域中独张前军，给中国经济、社会、文化带来实质性的改变。"宁波帮"在制造、贸易、金融、航运等经济领域掀起变革新潮，也在教育、科技、社会、文化等领域迅速拓展，成为创新、开放、高质量发展的先行者。在香港回归祖国、中国改革开放的过程中，"宁波帮"因其特殊影响力，与宏大的中国历史叙事相融，发挥了特殊作用。"宁波帮"在世界各国享有较高的社会名望，拥有遍布世界的商业管理销售网络和大批掌握现代化科技、生产工艺、管理知识的专业人才，为所在国家和地区以及世界的进步作出了巨大贡献。如英国前首相撒切尔夫人称赞"世界船王"包玉刚具有"出类拔萃的才能"，是卓荦冠群、成就赫赫的人物。"船王"董浩云父子、"影视大王"邵逸夫、"毛纺大王"曹光彪、"半导体教父"张忠谋等，不仅在商界名震一方，而且在政界有不可小觑的影响力。

4. 发展力评价

有文化底蕴的群体才是有凝聚力的群体，有精神传承的群体才是有生命力的群体。"宁波帮"文化集中体现了宁波人爱冒险、能创新、喜探索的天性，展示了在复杂的时代背景下，兼容并蓄、融会贯通、开拓创新的地域文化的发展力量，成为中国文化向前推进与发展的一个重要资源。在近代，"宁波帮"在转型发展中表现出开明、健康的心态，往往新旧行业兼营、共融，显示出超凡的驾驭西化、因地制宜、引领产业发展新潮的能力。例如，营造商建造大量中西合璧的建筑，金融业兼营钱庄与银行，航运业兼营沙船与轮船及至集装箱货轮，等等。

第二次世界大战以后，"宁波帮"在与世界各国的对话过程中，圆融淬合传统儒家精英文化与世俗利己的平民文化，以及近代资本主义基于经济自由主义的价值系统。这种思想体系根源于宁波文化，又被赋予新的时代内涵，与根植于个人主义的西方价值系统有很大区别，有人称之为"新质东亚个人主义"。改革开放以来，"宁波帮"人士为中国改革开放事业和宁波市的现代化建设作出了特殊贡献。如曹光彪在珠海建立的香洲毛纺厂，是我国第一家"三来一补"香港企业；包玉刚推动设立宁波小港开发区，助推中国造船业走向世界；等等。

（三）商帮文化核心文化基因的转化利用

1. 集聚"宁波帮"力量，助力构建宁波高水平开放新格局

在邓小平同志发出"把全世界的'宁波帮'都动员起来建设宁波"的伟大号召后，海内外"宁波帮"热烈响应，为宁波的开发、开放出谋献策、捐资助建，担当"大使"，成为宁波市经济社会发展和对外开放的重要战略资源。"宁波帮"还穿针引线，热心引荐亲朋好友和国外客商赴宁波投资考察，并努力促成项目成功落户。如在顾国华的倡导下，促进宁波对外交流的甬港经济合作论坛持续举办，成为宁波对外开放的重要平台、甬港携手合作的重要载体。

改革开放后，"新甬商"兴起。近年来，甬商回归的步伐越来越快，越来越实，越来越新，使宁波各区域协同发展的内生动力不断增强。2021年，宁波全市有6456名新乡贤回归，他们围绕乡村振兴、基层治理、共同富裕积极主动作为，千万元以上乡贤认领项目新增100个。

新时代宁波打造国际开放枢纽之都，需要充分发挥新老"宁波帮"的力量。一是实施"情联天下"工程，以"宁波帮"为桥梁汇聚兴甬力量。21世纪以来，国际国内形势发生了巨大变化，"宁波帮"群体本身也发生了很大变化。老一代"宁波帮"人士基本退出活动舞台，新一代"宁波帮"和新移民、

留学生正在成为"宁波帮"的中坚力量。要发挥好上海宁波经济促进协会、宁波甬港联谊会、世界中华宁波总商会等组织的作用;持续办好沪甬经济合作论坛、甬港经济合作论坛,深化沪甬、沪港战略合作,推进兴甬智慧和力量的汇聚。二是实施"招大引强"工程,全力推进甬商精准回归。引导央企国企、重点甬商、行业领军企业以直接投资、抱团投资或资本回归等形式,投向战略性新兴产业和现代服务业。推进新时代统战工作,加强甬商总会平台建设,实现"侨梦苑"各园区展示厅全覆盖。吸引能人回归创业、回归任职,成为宁波推动乡村振兴、促进共同富裕的一个重要抓手。三是实施"双向开放"战略,打造国内国际双循环的战略枢纽。以高水平建设中国—中东欧国家经贸合作示范区为标志性工程,加快中意宁波生态园、北欧工业园、中东欧工业园建设,促进特色园区国际化、高端化、品牌化发展。引导支持宁波民营企业深度参与"一带一路"建设,在支持企业将总部基地、核心部门、高附加值环节留在宁波的同时,实施高质量"走出去"战略,开展海外投资和技术并购,将宁波打造成跨国民营企业总部基地。着力打造服务全国的桥头堡、合作共赢的示范区、全球海洋中心城市,形成一批接轨国际的标志性制度创新成果,提高宁波对全国和对海外开放的贡献度。

2. 依托"宁波帮"能量,促进"大宁波帮"服务产业转型

在人类技术革命浪潮面前,宁波作为对外门户,一直走在承接和转化技术革命成果的前沿。"宁波帮"的崛起与技术革命密切相关。第二次工业革命以后,宁波人纷纷投资兴办民族工商业,勇毅创新,涌现出一批"大王"。20世纪50年代前后,大批宁波商人前往港台与海外发展,抓住了第三次工业革命与世界产业转移的机遇,再创辉煌,至今雄风犹存。同时,改革开放以后,宁波一大批拥有自主知识产权的民营企业不断崛起,成为推动宁波市经济社会发展的主要力量。一大批草根企业家成为传承"宁波帮"精神的"新甬商",截至2020年,市场主体总量突破百万家,制造业单项冠军企业和专精特新"小巨人"企业数量保持全国领先。

除了商界,宁波在科技、教育、文化等领域也是名人辈出,各领风骚。据统计,宁波籍两院院士有122位,数量居我国各城市之首,宁波籍大学校长有近300位。屠呦呦和顾方舟分别获得了"共和国勋章"和"人民科学家"国家荣誉称号。屠呦呦是诺贝尔生理学或医学奖的获得者,这是中国医学界迄今

为止获得的最高奖项。他们是宁波籍科技人才的杰出代表。

当下，宁波要立足高远，充分发挥宁波籍院士、科学家的作用，结合"宁波帮"的力量，助力打造全球智造创新之都。一是构建总部经济带，形成高水平发展新示范。充分调研并全力促进以世界500强为代表的"宁波帮"企业回归，促进领军型技术研发机构集聚甬江科创区，积极构建产业生态系统，做强做大"创新策源转化、国际门户枢纽、新兴产业集聚"等主要功能，将宁波打造成为长三角乃至全国总部经济标杆城市。二是升级"宁波院士＋'宁波帮'"的平台途径，深化"宁波智本"与"宁波资本"的对接。在广大"宁波帮"人士的穿针引线和热心帮助下，一批国内外知名科研院所先后在宁波设立产学研机构，陈剑平、朱志伟、柴之芳等知名院士和专家先后全职落户宁波。借力宁波籍科技人才加快集聚高端智力资源，是打造宁波"最强大脑"的有效途径。在推进宁波大学"双一流"建设、加快建设宁波东方理工大学等新型研究型大学、大力引育高能级产业技术研究院、培育国际教育与专业教育集群、打造高校云集的智慧高地等方面，要充分发挥院士和专家的重大作用。三是打造国际一流营商环境，拓展"帮宁波"朋友圈。如1999年吉利控股集团在北仑投资第一个汽车项目，撬动宁波建设万亿级的汽车产业集群。美国科罗拉多大学终身教授杨荣贵（其团队发明的辐射制冷超材料技术入选"2017年度全球物理十大突破"），仅用5天时间，就顺利让其团队的世界级降温薄膜项目落户奉化。宁波要以制度集成创新为着力点，继续提升政务服务环境、人才服务环境和营商环境，加快推出各类产业政策，强化"大宁波帮"壮大宁波经济发展的新动能。

3. 弘扬"宁波帮"精神，为现代化滨海大都市建设注入内生动力

宁波因海而生、凭海而兴、向海图强。"宁波帮"是跨越400多年的文化现象，是宁波的一个重要而独特的历史印迹与光荣记忆。"宁波帮"精神体现的是中国精神、中国价值、中国力量。为此，要深度挖掘和精准发展"宁波帮"文化资源，彰显宁波独特的城市个性和精神价值，为形成具有核心竞争力的城市名片提供扎实的理论基础。同时，要传承好、弘扬好新时代的"宁波帮"精神，从增强宁波人文化自信与文化认同的高度，增强区域及至民族的凝聚力的高度来认识"宁波帮"文化的教育意义。要加大"宁波帮"文化的普及力度，有计划地开展"新甬商""创二代"等培育工程，使"宁波帮"精神在

创业创新的实践中薪火永传，"越烧越旺"。

"宁波帮"人物众多，事迹史料丰富，可以依托专题馆进行挖掘研究和宣教推广。现有的宁波帮博物馆、包玉刚故居、邵逸夫故居、江南第一学堂（叶氏义庄）、宁波小港李家陈列馆、虞洽卿故居、宁波钱业会馆、庆安会馆、郑氏十七房、宁波服装博物馆等不同规模的场馆已经向社会开放，成为许多学校的爱国主义教育基地、人文教育基地、思政教育基地等，在讲好"宁波帮"故事、弘扬"宁波帮"精神方面产生了积极的社会影响。其中以位于镇海庄市的宁波帮博物馆规模最大，占地 70 亩（1 亩 ≈ 667 平方米），建筑面积 24000 平方米，已于 2009 年 10 月建成开馆。

宁波要提高站位、放大格局，擦亮"宁波帮"文化名片，还原"宁波帮"文化已有以及应有的文化、文明高度，助力宁波锻造硬核力量。一是探索建立"宁波帮学"。学习凭借类型丰富的徽州文书成立的徽学，积极推进"宁波帮"文献的整理与出版。"宁波帮"史料整理要以"挖掘历史、把握当代，关怀人类、面向未来"的思路，揭示宁波产生严信厚、包玉刚、邵逸夫、王宽诚等重要人物的必然逻辑与理论根源，彰显宁波特有的城市个性和精神价值，为形成具有核心竞争力的城市名片提供扎实的理论基础。二是深化"宁波帮"文化普及。"宁波帮"追求真善美的人生境界，"宁波帮"文化体现了道德践履之学、内圣外王之学、安身立命之学和人生智慧之学。通过开展"宁波帮"文化"四进"活动，通过在媒体开设《薪火相传宁波帮·创业创新兴家乡》等栏目，展现老一代"宁波帮"和新晋行业领军人物昂扬进取的风貌。以文化人、以文育人、以文培元，要围绕举旗帜、聚民心、育新人、兴文化、展形象的使命任务，培养有信仰、有情怀、有担当的新时代宁波人，使之树立高远的理想追求和深沉的家国情怀，以高远志向、良好品德、高尚情操为社会作出表率。三是开展"新甬商"培育工程。有种子、有土壤、有动力、有行动，唯有如此，"宁波帮"精神才会在创业创新的实践中薪火永传，"越烧越旺"。在新时代，全球经济一体化加速推进，人口在区域间、国家间的迁移和流动出现了前所未有的局面，人人都是创业者，人人都是"宁波帮"，人人都可以"帮宁波"。

4. 深挖"宁波帮"文化资源，建设独具魅力的"文化宁波"

宁波各地都有"宁波帮"的文化资源，可以就近整合人文与自然景观。例如，素有"商帮故里、院士之乡"美誉的镇海庄市，西连宁波城区，南临甬江，交通便捷，拥有宁波帮博物馆、江南第一学堂、包玉刚和邵逸夫等名人故居，以及明星湾现代生态农庄等，将之融为一体，可以建设成为宁波帮文化旅游区。其中，包玉刚故居是我国江南传统民居的砖木结构，内设包兆龙铜像，以"名臣之后""爱国爱乡""船王之路""功在国家""誉满天下"五大主题分设展厅，系统讲述了包玉刚传奇的一生和报效桑梓的义举懿行。邵逸夫故居是中西合璧的砖木结构，现辟为邵逸夫旧居陈列室，展出邵逸夫返乡活动的照片和他捐资兴学的事迹，供游人参观和瞻仰。附近的明星湾现代生态农庄是一家新型高档"农家休闲苑"，包括农家菜品味园、四季水果花卉园、休闲垂钓园、祖传工坊、都市农夫体验区、农业文化展示区、生态农业园、烧烤场所等，兼具观光、休闲、生态功能。宁波帮博物馆的商帮文化、江南第一学堂的财智文化、包玉刚和邵逸夫等"宁波帮"名人故居的人文景观，加上江南乡村的休闲观光，不仅弘扬了"宁波帮"精神，也给游客带来丰富而独特的旅游体验。

下一步，宁波要以文献记载、文物、重要人物、重要场景、事件等为依据，深入追溯"宁波帮"文化的发展历史，筛选出最为关键的"知识（技术）点"。一是擦亮"宁波帮"文化遗产。清理市域内的"宁波帮"文化遗产，拓展"宁波帮"人物故居、遗址的保护范围与力度，提升宁波帮博物馆文物征集力度，提升宁波帮文化公园、院士公园等的文化内涵。策划推出与"宁波帮"文化相关的广场、道路、街巷特色称谓，或以人物命名，或以文化性建筑命名，或以行业作坊命名，如战船街、药行街等都是历史上标识宁波特质的文化命名。二是擦亮"宁波帮"文化标识。在宁波历史街区、商业广场建设过程中，展陈"宁波帮"文化，如以袁牧之电影文化充实南塘老街文化内涵。建议建设"宁波帮"品牌地铁专线，展示同仁堂、老凤祥、亨得利、商务印书馆等"宁波帮"品牌。进一步完善和丰富宁波文创港等重大项目的工业遗存，加强保护与利用，并将"宁波帮"文化元素融入其中。三是擦亮"宁波帮"文艺精品。宁波要继续推出《向东是大海》这类"宁波帮"题材的精品艺术，凸显甬商的精神与气魄。要发挥洋为中用、融会贯通、开拓创新的"宁波帮"文化精神，在电影、电视、音乐、舞蹈、美术等各个领域齐头并进，圆融通达讲好"宁波帮"故事，从主题上"引爆"人们的共鸣感，从形式上"引爆"人们的注意力，从方式上"引爆"人们的情感点，让"宁波帮"更好地走进大众的视野，把"宁波帮"精神传递到人们心中。

参考文献

1.曹峻、郭绪印:《近代上海宁波帮的经济与组织》,《上海师范大学学报（自然科学版）》1995年第4期。

2.金普森、孙善根:《宁波帮大辞典》,宁波出版社2001年版。

3.林树建、林旻:《宁波商帮》,黄山书社2007年版。

4.宁波市政协文史委员会:《汉口宁波帮》,中国文史出版社2009年版。

5.庄丹华、徐炯明:《宁波帮与中国近代建筑业》,中国水利水电出版社2017年版。

6.庄丹华:《宁波商帮文化教程》,北京理工大学出版社2016年版。

董孝子庙（黄静摄）

五、慈孝文化

　　作为"中国慈孝文化之乡传承地"，从古至今，慈城以其底蕴深厚的慈孝文化闻名国内外。慈城始建于公元前473年，古名"句章"，是古越国最早的故都，也是宁波城市的发祥地。自唐开元二十六年（738）建县至1954年，在1200多年间慈城一直是慈溪县城，因县城建此得名"慈城"。从汉代大儒董仲舒的六世孙董黯与其母的经典慈孝故事传说开始，慈城的山山水水就与"慈孝"结下了剪不断的渊源。如今，慈城、慈江、慈湖，这些以"慈"为首的地名，昭示着江北这块土地上慈孝文化的深厚与悠远。

　　"慈"和"孝"是进入家庭生活最早的伦理道德范畴，是中华民族文化传统之一。在历史上，慈城以孝传家，形成名门望族；或望族之中，孝子迭出，形成一门皆孝的家族文化传统，产生了广泛的社会影响。慈城张家有孝子张无择、孙家有孙之翰，此二人与董黯并称"三孝子"。此外，慈城的冯家、钱家等名门望族，也是代有孝子，其孝行代代相传、表率乡里。

　　受慈孝文化影响，慈城渐渐形成了子孝母慈的民风。根据记载，慈城被历代皇帝旌表的孝子（女）就有30多个。这些孝子（女）的孝行都以文献和民间故事的形式流传于世。其中有唐代孝子张无择、宋代孝子孙之翰、清代王孝女等。

（一）慈孝文化核心文化基因解析

1. 物质要素

（1）以"慈""孝"为名的宁波慈城

慈城是浙江省第一批历史文化名镇，是全国历史文化名镇，目前保留着完整的慈孝文化遗址，如张孝子祠、慈湖董孝子溪、节孝祠、孝子井、三忠墓和慈溪桥、慈溪巷等。在慈城，除慈湖、慈江、慈溪等以"慈"命名外，还有一些街巷包含慈孝文化的意蕴，如慈溪巷、董溪、孝溪、慈水、忠孝桥、礼桥、义桥、高义桥、孝子池等。

（2）慈孝文化衍生的文旅产业

江北区打造慈孝文化主题景区，与200多所国内高校合作，通过创意设计让慈孝文化具象化为"慈孝产品"。江北区以慈城古县衙及其"清清堂"为切入点，建设全国首个以反腐倡廉为主题的综合性文化园——清风园。该园主要分"慈溪清风馆"和"中国清风馆"两部分，借助文字、图片、壁画、雕塑、实物模型以及影视、电子书、多媒体等表现形式，通过鲜明对比和视觉冲击，揭露历朝贪官污吏的丑行，展现传统清官廉吏的群体风貌。清风园建成后，冯骥才先生题写"激浊扬清"四字牌匾。随着慈孝文化园、慈孝广场、慈孝馆、慈孝大道、慈孝林等一批城市人文景观的建成，宁波江北的慈孝文化气息更加浓厚，孝德教育、慈善事业、养老和文旅产业等更加深入，在宁波市乃至浙江省产生深远影响。

（3）以慈孝为特色的社会养老产业

新的生活方式和家庭结构的变化促进了社会养老产业的发展。2016年8月，江北区印发《江北区养老服务业综合改革试点方案》，坚持保障基本、注重统筹发展和完善市场机制的思路，健全养老服务体系，满足多样化养老服务需求，推进江北区养老服务业快速发展。随后，江北区开始引进培育"慈爱嘉""民生养老""养安享"等国内知名居家养老品牌，并推出"丰收慈孝借记银行卡"，累计发行32万余张，联合商家，在便民设施使用、餐饮、日用品购买等方面对老年人给予优惠。早在2001年，江北区便作出"保护开发慈城古县城"的部署，如今的江北区秉承"古为今用"的思路，提炼总结慈城的文化脉络和慈孝精神，让优秀传统文化涵养当代城市文明。

（4）覆盖面广的慈善帮扶基金工程

江北区推出了"百村慈善帮扶基金工程"。该工程以改善困难农户生产和生活条件、促进农村社会公益事业发展为目的，在农村建立村级慈善帮扶基金，基金总规模为 7120 万元，可用于救助的资金达 427.2 万元。2010 年 5 月，宁波市慈善总会推广江北区经验，在全市 11 个县（市、区）推广和开展"千村慈善帮扶基金工程"。很快，全市三分之一的农村建立了慈善帮扶基金，基金额超过 5.3 亿元，累计增值款达到 1.33 亿元。

作为"百村慈善帮扶基金工程"的发起者，江北区荣获全国慈善工作领域最高奖项"中华慈善突出贡献奖"。2011 年，江北区部分企业出资建立总额 5000 万元的"中华慈孝基金"。该基金计划每年拿出增值资金 300 万元，用于资助贫困病人等弱势群体和慈善公益项目。2011 年，"百村慈善帮扶基金工程"的基金总额达到 1 亿多元，增值资金累计 2400 万元，农村慈善的"蛋糕"越做越大，这使江北区在全国各县（市、区）率先实现"村村有慈善基金"。

2. 精神要素

（1）慈孝惠众的互爱文化

慈溪有悠久深厚的慈孝传统，"汲水奉母"的董黯、"引兵救母"的张无择、"割肝救母"的孙之翰……历代孝子、孝女层出不穷，其中影响最为深远的当数董黯的故事，慈溪的地名便始于东汉董黯"子孝母慈"的典故。传说董黯幼年丧父，与母亲相依为命。一日，慈母病重，想喝大隐溪水，于是董黯往返 30 余千米前往大隐担水，侍奉母亲。此后每天如此，无论寒暑，风雨无阻。董母心疼儿子太过劳累，二人商量后搬到大隐溪边居住。数年后，董母痼疾痊愈。乡人有感于董氏母子的"慈孝"，便改称大隐溪为慈溪。

1000 多年来，董黯汲水奉母的孝行风范及其人格魅力深深影响了江北大地。江北人以孝为本，孝子孝女以及推孝及人、慈孝惠众的感人事迹层出不穷，形成了具有鲜明地域特色的慈孝文化。时至今日，江北慈孝文化的外延不断扩大，内容更加丰富，已逐渐上升为和谐相处、互敬互爱互助的新型人际关系，由局限于亲情的小爱转为面向全社会的大爱；慈孝文化的内涵也由本能流露的孝亲之情扩展至睦邻、助人、惠众的层面，反映的是四海之内皆兄弟直至民胞物与的博大之爱。

（2）中华慈孝节的精神熏陶

2008年，江北区抓住"中国慈孝文化之乡"授牌时机，紧锣密鼓筹办中华慈孝节。2009年10月26日，首届中华慈孝节在江北慈城举办，当代中华最感人的十大慈孝故事（人物）颁奖、中华慈孝论坛等活动相继举行。活动期间，共收到海内外慈孝故事投稿1529件。中华慈孝节也成为江北每年一度的金秋盛会，现代慈孝文化的影响力不断扩散。2019年10月19日，第11届中华慈孝节开幕。此时，作为宁波江北慈孝文化建设"标志性作品"的中华慈孝节已走过10个年头。与以往不同的是，此次活动同期推出了"千年慈孝·家国情怀——用艺术讲道德公开课"，为宁波市民呈现了一场震撼的慈孝文化视听盛宴。

江北区依靠"慈孝文化"持续发力。十余年来，江北区深入挖掘慈孝文化底蕴，全面推进扬慈孝、推慈孝、行慈孝，在培育践行社会主义核心价值观中，拓展出了爱岗敬业、爱心公益、诚信友善、海峡两岸暨港澳文化认同等现代人期许的慈孝新内涵。江北区先后开展了十余届"慈孝家庭""慈孝之星"评选、第4届"浙江孝贤"评选、首届"慈孝浙商"评选等表彰活动，在区内涌现了众多"慈孝家庭""浙江孝贤"。

（3）覆盖全域的孝德教育

2008年1月，江北区通过了中国文联、中国民间艺术家协会专家组的实地考察和测评，被正式授予"中国慈孝文化之乡"称号，成为全国首个获此称号的县（市、区）。由此，江北区慈孝文化建设工作进入新的发展阶段。

江北区与国内200多所著名高校开展合作，通过创意设计让"慈孝文化"具象化为"慈孝产品"。慈孝歌曲《慈母爱孝子情》、长篇小说和广播剧《和你一起走》、首部慈孝主题电视剧《孝心孝道》等一系列作品在江北区相继诞生。"慈孝江北"的故事搬上荧幕、编进广播，传播到千家万户。

受慈孝产业和慈善事业发展的影响，江北区的孝德教育也发生了由点到面、由浅入深的变化。自中城小学、慈湖中学等学校相继开发慈孝特色教育课程以来，宁波市百余所中小学的十余万名学生和家长、数千名教师都积极参与到慈孝文化建设中，孝亲尊长典型不断涌现，学生思想道德教育取得长足进展。

3. 语言与符号要素

（1）慈城水井的象征

据慈城老人回忆，慈城多水井，这与昔日嫁囡嫁井有关。原来，在一些望族谈婚论嫁时，女方往往会出一笔钱专门用来替出嫁的女儿打井，寓意他们家的女儿像董孝子一样会孝敬公婆，也是为了让女儿少受苦。众所周知，过门的新媳妇必定要迎来"三日入厨下，洗手做羹汤"的日子，而水是生活的必需品，有了冬暖夏凉的井水，生活会便利许多。慈城多望族，在这样的家庭中，男主人要么离乡做官，要么出门经商。在交通不发达、信息不灵通的年代，有的男人一去杳无音信，而女主人常常能放下架子，走家串户，做一些类似"梳头娘姨"的活赚钱养家糊口。因而，慈城一些望族，其家谱前言中对含辛茹苦养育儿女的慈母多用浓重的笔墨加以赞颂。

（2）慈城食物的内蕴

慈城最出名的是"垂面"，在当地也被叫作"慈孝面"。慈城至今仍流传着一个风俗：新娘子嫁到婆家，第二天早上要亲自烧一碗垂面送给公婆吃，以示孝敬。孝娘糕与孝娘桶同样体现了慈孝文化。每逢三月三，出嫁的女儿要送炒粉糕给娘家，以示女儿对娘亲的思念、尽孝之心。原来，先前农村生产落后，民间有"三月芜荒"之说，即在春季三月时家里就面临断炊之危。已出嫁的女儿生怕娘亲挨饿，省下自己吃的，用炒糯米粉、红糖、生姜粉等做成炒粉糕，装在陪嫁过来的朱红飞金的提桶里，送到娘家。那个装炒粉糕的提桶叫"炒粉桶"，又俗称"孝娘桶"，也是当年"十里红妆"中少不了的婚嫁器皿。

4. 规范要素

（1）慈孝文化的婚嫁民俗

在婚嫁习俗中，"肚痛担（包）"和"公婆被"，也与慈孝有关。新郎前去丈母娘家接新娘时，要挑一担礼物，一屉一屉的篮匾里装满果茶烟酒糖等各色礼品，俗称"肚痛担"，或者塞给丈母娘一个红包，俗称"肚痛包"，意即感恩丈母娘养育女儿的艰辛付出。新娘要在陪嫁的被褥中抽出一条被子送公婆，以示对公婆的孝敬，这被子俗称"公婆被""孝敬被"。以前还有一种颇有特色的风俗，叫"哭嫁"，即女儿出嫁当天，母亲带着哭腔告诫女儿嫁入夫家要恪守做儿媳、妻子之道。此外，新娘子过门第二天，要给夫家所有长辈一一跪拜敬茶。

（2）慈孝礼仪的传承机制

江北区委宣传部、区文明办、区教育局等联合举办了文明礼仪进校园活动。全体三年级的学生身着灰色汉服，行拜孔礼，表达对先师孔子的尊敬、对圣贤先哲的礼敬。首先是覆手礼，两手交叠，之后是高揖，然后是垂手礼，即双手下垂立正站好，鞠躬拜三次礼成。随后是"点朱砂"仪式，长者手持毛笔，将朱砂点在学生的眉心。

江北区作为全国首个"慈孝文化之乡"及全国首个"慈孝文化研究基地"，有着深厚的慈孝渊源，慈孝传统文化广为流传。百善孝为先，慈孝教育需要"从小抓起"。近年来，江北区将未成年人思想道德建设作为工作重心，大力推进文明校园创建工作，以传承与创新中华慈孝文化。江北区以慈孝文化教育为切入口，用青少年乐于接受的形式陶冶情操、规范行为，引导学生传承和弘扬中华优秀传统文化，让慈孝的种子在学生心里生根发芽。

（二）慈孝文化核心文化基因的提取与评价

江北区人民群众众志成城扬慈孝、推慈孝、行慈孝，赋予了慈孝更多的内涵，实现了由家庭美德的弘扬到职业道德和社会公德的提升，为构建和谐、富裕的江北注入了不竭的精神力量。

1. 生命力评价

从存续时间来看，江北区慈孝文化基因始终未曾中断。慈孝在中国文化中具有特殊的地位和作用。在传统中国人的精神生活中，慈孝不仅是自然流露的感情，而且被提升为重要的伦理原则，小至家庭关系，大到社会政治，莫不与之息息相关。慈溪虽然地处东南海滨，与内陆相比，各方面开发都比较迟，但慈孝文化的渊源颇为久远。历经数千年的传承发展，慈城慈孝文化的内涵不断充实，外延不断拓展，尤其是改革开放新时期以来，其在社会各领域都得到了前所未有的生发演绎。弘扬传统慈孝文化的精神内核，对继承尊老爱幼的传统美德、完善代际人伦关系、构建和谐家庭、建设和谐社会具有十分重要的现实意义。千百年来，慈城悠久而深厚的慈孝传统，在潜移默化之间如风行水上，形成了丰富的内容和特定的外延，内化为一种心理情感，成为一种永恒的人文精神、普遍的地域风俗，成为慈城人日常生活的重要组成部分。

当下，慈城经济正蓬勃发展，社会领域出现了诸多变革，但不管人们的思想理念、价值取向及家庭结构发生怎样的变化，中华民族传统的伦理美德依然是维系人们正常生活的基本准则。弘扬慈孝文化，不仅是要解决个别家庭的问题，而是要解决带有普遍性的社会问题，它对于构建社会主义核心价值体系、建设和谐社会，具有长远的现实意义。

当代社会的慈孝文化，具有人格平等性和义务并行互益性，是"子女孝"与"父母慈"的有机结合。尊老敬老是子女应尽的责任和义务，父母对子女也有慈爱与教育的义务。亲子关系是双向良性互动的，父母应以慈养孝，子女应以孝养慈。在互爱、互尊、互重、互敬的关系中，慈与孝才能有效运作、良性循环，从而促进和谐家庭伦理关系的形成。加强慈孝文化建设，不仅对实现家庭养老具有保障作用，而且对建立和谐融洽的家庭人际关系，维护社会安定具有重要的现实意义。

2. 凝聚力评价

江北区慈善总会和爱心企业每年都会从共同建立的中华慈孝基金中拿出300万元，用于弱势群体的救助和慈善公益项目的运作。江北区还建立了各级"慈善村（社区）"，引导民众主动参与慈善捐款，共享慈善丰硕成果。被誉为浙江"慈善村"发源地的江北区庄桥街道李家村，有九成村民参加过"慈善一日捐"活动。在社会化养老方面，江北区积极建设"五星级"养老机构，推出了国内首张"丰收慈孝卡"（银行借记卡），在便民设施使用、餐饮、日用品购买等方面给予老年人优惠。在慈善文化产业发展方面，江北区推出了"慈孝文化之旅"专线等精品活动，让全民共享产业融合发展成果。这些项目增强了民众的幸福感，让民众切实融入慈孝文化的氛围中。

3. 影响力评价

一曲慈孝水，哺育千秋人。慈城历史上那些出仕的士大夫，将慈孝与儒家的忠孝节义融会贯通，继而奉为自己的行为准则。慈城的五位状元，不但忠厚旷达、事亲极孝，而且不甘浊世、不畏权臣、取义舍利。宋代状元姚颖，在其母生病卧床之时，日夜侍候床前，衣不解带，就连为母亲熬煎的中药也是他先尝试一下……以至于人们读到这位状元郎的行状时，入目的先是"敦德孝行"四个字，后才是"过人才华"的评价。

在当代，江北区连续四年接送"重症肌无力"同学的陈吉被选为"2007年度真情人物"。陈吉是慈城妙山中学803班的学生，四年来风雨无阻背着患

"重症肌无力"的同学上学，感动了许多人，被列为 2007 年度"浙江骄傲"候选人之一、2007 年度"感动中国"候选人之一。无独有偶，慈湖中学也成立了"爱心"接力站，这个站的同学义务帮助慈城一位孤寡老人已近十年。三年一届，"爱心"站的人员至少已换过三拨，但爱心一直在慈湖湖畔的校园传递。

生活在慈城这块土地上的本地人，或工作、生活在这块土地上的异乡人，用不同方式延续着小城的慈孝文化，传承中华民族的传统美德。时至今日，慈城慈孝文化外延不断扩大，内容更加丰富，已逐渐上升为和谐相处、互敬互爱互助的新型人际关系。

4. 发展力评价

慈城慈孝传统文化基因在当代社会实现了创造性转化、创新性发展。江北区打造慈孝文化主题景区，加大"慈孝文化游"宣传力度，传统文化资源成为旅游产业发展的有力抓手。同时，江北区还充分利用独具特色的慈孝文化资源，推出"慈城慈孝文化一日游"产品，吸引了成千上万名游客前来旅游观光，感受慈孝文化的魅力。

慈孝文化也成为慈城文化事业、文化产业以及文化作品的核心元素和创意动力。慈孝歌曲《慈母爱孝子情》、长篇小说和广播剧《和你一起走》、首部慈孝主题电视剧《孝心孝道》等作品在江北区相继诞生。"慈孝江北"的故事搬上荧幕、编进广播，传播到千家万户。

随着慈孝文化园、慈孝广场、慈孝馆、慈孝大道、慈孝林等一批城市人文景观的建成，宁波江北的慈孝文化气息更加浓厚，孝德教育、慈善事业、养老和文旅产业等更加深入，在宁波市乃至浙江省产生了深远影响。

（三）慈孝文化核心文化基因的转化利用

1. 设计慈孝主题旅游线路，打造美丽文化景区

为了让更多的游客感受慈孝文化的内涵与价值，江北区对慈城景区进行整体布局，即以慈孝文化为核心，以江北两千年慈孝文化传承为主线，把传统文化、民俗文化、旅游文化等如珍珠般串起来，打造集聚慈孝文化特色的旅游景区。慈城古县城依托得天独厚的旅游文化资源，如古县城内保留的唐代街巷格局，大量的书院、藏书楼、药铺、庙宇、官宦宅邸、陌巷民居和考棚、孔庙、

县衙等传统建筑，有利于打造古色古香、历史久远、文化韵味浓厚的古县城旅游景点。如今，慈孝广场与慈孝馆已建设完成，后期的旅游线路可以慈孝文化为引线，串联各个慈孝景观，融合历史上的孝子孝女故事，打造沉浸式慈孝文化特色旅游线路。例如，可集合孔庙、节孝祠、忠义孝悌祠、慈湖、慈江、慈孝牌坊、慈孝碑林等富有江北地方特色的景观，深入开发"慈孝文化一日游"线路。节孝祠初建于雍正四年（1726），乡贤冯汝霖于道光元年（1821）奉母亲杨氏之命出银 3000 两重修名宦乡贤祠，并改建忠义祠于乡贤祠左，以其故址拓建节孝祠。21 世纪初修葺时，内壁绘制"董孝子孝行"系列画作，如今可以结合现代科技进行艺术化再创作。忠义孝悌祠位于孔庙内，为纪念慈城历史上的忠义孝悌人物而建，"三孝子"如汉代董黯、唐代张无择、宋代孙之翰名列其中，可以慈孝文化 IP 为核心设计相关人物的文创产品。贞节坊则是明万历时翰林冯有经为其母刘氏所立，单开间，采用高浮雕、透雕工艺手法，层次分明，艺术性较强。

基于此，可以深化"慈孝文化一日游"主题线路，增强江北区慈孝文化游的文化性、知识性、趣味性、可看性，将慈城打造成独具魅力的慈孝文化主题景区。

2. 以慈孝文化为媒介，设计文化创意产品

"慈孝"已经成为江北区发展文化创意产业的重要元素和创意原动力。目前，江北区与国内 200 多所高校合作，通过创意设计，将慈孝文化转化为"慈孝产品"。在此基础上，可以举办标识设计大赛，结合慈孝符号元素设计新标识，打造"弘扬慈孝文化，构建大爱甬城"慈孝文化 IP，使"慈孝精神"真正走进千家万户，融入人们的生活。

同时，"慈孝惠众"的慈孝精神传承也为慈城文创产业发展带来新机遇。例如，中秋节是家庭团圆的佳节，而现在市面上的商品多以团圆、嫦娥作为设计元素，慈城则可以此为契机，将慈孝文化与中国传统节庆相结合，将其中的慈孝传统故事等元素进行深化提炼，融入中秋月饼包装设计、中秋月饼食品造型设计与中秋主题纪念品设计中。中秋月饼包装上可添加如"子孝母慈""互爱互助"等体现慈孝文化的词语，或将董黯、张无择、孙之翰的故事人物造型用于食品图案设计等，将传统孝文化与中秋佳节完美融合在一起，既能够丰富

中秋节日产品，又能够传播孝文化知识，使文创产品成为慈城慈孝文化的重要发展动力。

3. 推出慈孝民俗活动，弘扬中华孝道文化

慈城悠久而深厚的慈孝传统，在千百年来的社会发展进程中，潜移默化间如风行水上，形成了丰富的内容和特定的外延，渐次涵化为一种心理情感，成为一种永恒的人文精神、普遍的地域风俗，成了当地人民日常生活的一部分。

基于此，可以推出"慈孝文化＋"系列活动，把慈孝精神融入文旅活动中，并推出各具时代特色的文化活动。第一，创办"展慈孝风采，聚民俗民风"大型慈孝主题民俗活动，主要通过挖掘自身独特的慈孝文化，全面展现传统文化，增强和扩大慈城慈孝文化影响力；第二，举办"品味端午，传承文明"慈孝香囊民俗活动，组织社区党员、群众、工作人员甚至是游客等一起参加活动，庆祝传统佳节，弘扬优秀传统文化，融洽居民邻里情；第三，设置"千人祈福"许愿墙，让参加活动的所有人在指定区域的许愿墙上签名，并写上自己的心愿，传承孝心孝行，弘扬中华孝道。

4. 建立思想引领阵地，深化慈孝文化教育

在不同社会、不同时代，孝德有不同的含义，新时期的孝德具有更深厚的内涵。要把慈孝文化建设作为学校开展德育工作的突破口，让学生养成文明的行为习惯，通过各种途径、各种方法和各种措施，让学生真正懂得什么是慈孝、为什么要讲慈孝、怎样去践行慈孝，推动慈城慈孝文化基因进校园。要把慈孝教育融入思想教育，让学生在学习文化知识的过程中经常性接受慈孝教育，使行孝成为一种常态化行为。一方面，中小学接入地方课程，进行传统文化教育。开展文化综合实践课程，践行慈孝理念，或布置亲情作业，如"筹备一顿温馨晚餐"等，让学生在换位思考和劳动中体验父母的辛劳，从中得到良好的熏陶。另一方面，利用文化基因数据库的资源优势，建立慈孝文化教育基地，使之与高校（大中专院校）的思政教育课程及专业课程相衔接。

参考文献

1.董风:《论宁波市江北区慈孝文化品牌构建途径》,《才智》2013年第9期。

2.钱文华、钱之骁:《天赐慈城》,宁波出版社2017年版。

3.严娟红:《"慈孝文化"在社区教育中的传承与弘扬路径探索——以宁波市江北区为例》,《宁波教育学院学报》2015年第2期。

第三章

宁波重点文化元素基因
解码及转化利用

宁波
文化基因解码

河姆渡人的农具（河姆渡博物馆馆藏）

河姆渡遗址

一、河姆渡文化

河姆渡文化是中国长江流域下游地区新石器时代代表文化，主要分布在杭州湾南岸的宁绍地区东部及舟山群岛，其文化遗址包括河姆渡、鲻山、井头山、田螺山、塔山、傅家山、鱼山·乌龟山等 40 余处。河姆渡文化最早发现于余姚市罗江乡河姆渡村东北，整体面积约 4 万平方米，距今已有 7000 余年历史。近年来发掘的井头山遗址又把历史源头向前推进。河姆渡文化遗址群皆属新石器时代人类文明遗址，堪称中国原始人类遗址考古发现中的佼佼者。

河姆渡遗址出土原始艺术品等文物 6700 余件，大量的各类材质器皿、人工栽培稻粒、干栏式建筑部件、动植物遗骸等文物是我国上古时期历史的实体存留，反映了原始社会母系氏族时期的繁荣景象，表明了长江中下游流域与黄河流域一样是中华文明的发源地。

河姆渡遗址于 1982 年被国务院列为第二批全国重点文物保护单位，1986年被编入中学历史教科书。1993 年，河姆渡遗址博物馆落成开放，由江泽民同志题写馆名。2001 年，被《考古》杂志列入《中国二十世纪百项重大考古大发现》名录。2018 年，被浙江省文物局列入第二批省级考古遗址公园。2020 年，入选首批"浙江文化印记"名单。2021 年，入选全国"百年百大考古发现"。

（一）河姆渡文化核心文化基因解析

1. 物质要素

（1）人工水稻和采集、狩猎、养殖遗存

河姆渡文化的农业以水稻种植为主，源于其优越的自然地理环境。河姆渡文化遗址气候为亚热带季风气候，雨热同期，适宜水稻等农作物生长。遗址的生活聚落多在丘陵地区，山间流水于平坦处造就小型冲积平原，水资源充足且土壤丰厚。考古现场挖掘的稻类遗物有籼稻和粳稻两个品种，其稻谷、稻壳、稻秆、稻叶等实物遗存的平均堆积厚度可达半米，其数量之多、保存之完整，为中国新石器时代考古史上之最，为研究我国稻作农业的起源提供了珍贵的实物资料。在遗址中还出土了大量的稻作农具——骨制耒耜，即骨耜，用以提高稻作生产效率。

除去稻米，河姆渡先民的食物还包括居址附近丰富的自然库存。他们采集获取各种各样的食物以满足生存之需，如遗址中出土成堆的橡子、菱角、桃子、酸枣、菌类、藻类、葫芦等植物遗存，反映了当时采集业较发达。此外，猎获的鱼、鸟等也是种类繁多。当时的家畜养殖也正兴盛，遗址出土了栅栏圈，还有猪、狗、水牛等的骨骸。

（2）干栏式木构建筑遗址

由于气候地理因素，河姆渡先民生活环境较为潮湿，故其主要建筑形式采用栽桩架板高于地面的干栏式建筑，被称为"建筑史的奇迹"。河姆渡的干栏式房屋建造技术成熟、科学合理。如遗址中出土了圆桩、方桩、板桩、梁、柱、木板等木构件，总数达数千件，29排木桩，分析至少有6栋建筑。这种干栏式房屋分为上下两层，下层以紧密排列的成排桩木为基础，既能防潮也能躲避虫兽侵袭，其上架设木梁以衬托地板，再于上层立柱、架梁、盖板，形成居住面，高出地面0.81米，面阔23米以上，进深7米，带有前廊，廊宽1.3米。屋面或铺以席箔，或覆以草席，或盖以茅茨。从木构件的排列规律推测，为适应当地的季风气候，房屋大多为南北走向，偏西北东南向。出土的大量房屋建筑部件，大多带有明显的垂直相交的榫卯结构，诸如凸字形的方榫、长方形或圆形的卯眼等，这不仅证明远古先民已经掌握复杂的榫卯拼接技术，也把我国出现榫卯木作技术的时间从金属时代向前推了3000多年。

除建筑外，遗址中还发现了迄今为止最早的木构水井遗迹。河姆渡文化时

期，居址周围河沼遍布，但水体与海水相通，致使盐分升高，不堪饮用。为保障饮用水的质量，河姆渡先民打造了水井，水井构筑于直径约 6 米的锅形水坑底部，用边长 2 米的四排木桩围成一个方形井壁，再在井口套上一个方木框作为围护。

（3）发达实用的各类器物

陶、石、骨、木等是河姆渡先民狩猎捕捞的主要工具，是生活必需品，大大提高了生活质量和水平。

河姆渡遗址是我国新石器时代遗址考古中陶器出土最多、复原率最高的遗址之一，出土的陶片有 40 万件之多，完整的和可复原的陶器占总出土器物的 1/6 左右，已获得完整器和复原器 1221 件。早期的陶器以夹炭黑陶为主，夹炭黑陶是在陶土中掺和了炭末，可以减少陶土黏性，提高成品率。陶器的种类很多，主要有釜、罐、盆、盘、钵、豆、盂、甑、鼎等，按使用功能可以分为炊煮器、饮食器、储存器、汲水器。器形有敛口或敞口肩脊釜、直口筒式釜、颈部双耳大口罐、宽沿浅盘等。晚期以夹砂红陶和红灰陶为主，器形有鼎、落地式两足异形规、垂囊式等。

河姆渡文化中骨器制作比较发达，遗址出土的骨器有 3000 多件，按使用功能分为骨耜、骨箭头、骨凿、骨锥、骨针、骨哨、骨镰、骨匕、骨鱼镖、管状针等，以骨耜最具特色。骨耜是农业生产工具，主要用来翻土，共出土有 170 件之多，取材于大型哺乳动物的肩胛骨和胯骨，通体光滑。耜的外形基本保持了原骨的自然形状，上端厚而窄，下端刃部薄而宽，多为平铲状或半圆舌尖状，或为叉状和波浪形。骨面正中有一道竖向浅槽，下端呈圆舌形，两侧有两个平行的长孔，柄部有为绑扎竖向木柄而设计的横穿的长方形銎，把刃部压入土中，从事翻土耕种。骨耜被猜测还用来开凿人工水道，如河沟、池塘、水渠，用来灌溉水稻田。

河姆渡遗址石器的数量和种类都不算多，共出土 874 件。按功能分，主要是生产工具和装饰品两大类。生产工具有斧、锛、凿三种，不仅器形较小，且有较为粗糙的磨制、打制痕迹。其他的石器还有砺石和马鞍形石块、石球，后两种可能是谷物和硬壳果实的脱壳工具。

出土的木器共 300 多件。距今 7000 年前，木器已被广泛用于生产和生活的各个方面，木器制作技术已达到相当高的水平。除了出土的许多建筑木构件外，其他重要的木器是纺织工具和木桨。河姆渡遗址出土了世界上最早的成套纺织工具，有木（陶）纺轮、齿状器、木机刀、木卷布棍、圆木棒、尖头小棒、木（骨）匕等。另外出土木桨采用整块木料加工制作而成，柄部为圆形，这是河姆渡先民划桨行舟，用于捕捞和与邻近氏族之间的交通往来的证据。遗址中还出土了中国最早的漆器，是一件木质漆碗，瓜棱形，圈足，外表有红色涂料，漆皮为生漆，微显光泽。

2. 精神要素

（1）辛勤智慧、开天辟地的创新创业精神

远古生存环境恶劣，人类需要面对不同种类、不同程度的自然灾害和外在威胁。正是在这样的生存考验当中，河姆渡先民充分发挥了辛勤劳动、多思巧用的优良品格，使用双手，开发智慧，利用大自然中的资源，因地制宜，敢于创造。在这一过程中，河姆渡先民成功地栽培出了水稻，营造了适应于当地气候的房屋住所，即干栏式建筑，还创造出了数千件之多且保存完整的生产工具。这些生产工具充分表明这一时期农业生产的高超水平，为人类自身的生存与发展提供了可靠的保障。

（2）勇往直前、勇于实践的研究探索精神

河姆渡文化已具有明显的海洋文化特征。河姆渡先民是中国最早的涉海渔民群体，是创造中国海洋文明的先驱。河姆渡聚落处于亚热带季风气候，水网密布且雨水充沛，地理上又近海，地势较低，易受海水侵袭，稻作经济的不稳定性无法满足生存需求。于是，河姆渡先民在采集、狩猎、养殖和水稻种植之外，怀揣着勇气和自信，向海进发，开展一些滩涂海产采集、舟船航行和渔捞作业。遗址中出土的大小木桨达40多件，另有几件独木舟模型器和微小的陶舟形器等象征器物出土，这是水路交通方式的反映。遗址中还出土了不少海洋鱼类的骨头，如鲨鱼、鲸鱼、金枪鱼、鲈鱼、石斑鱼、鲷鱼等。在遗址局部泥土中有一些白色的贝壳遗迹，出土的不少陶器上留下了贝壳外缘锯齿形戳印纹和贝壳正向拍印纹。这些证据都表明当时的河姆渡先民已食用和利用海洋生物了。

（3）朴实真挚、独具一格的艺术审美情趣

河姆渡遗址出土的原始艺术品不仅数量大，而且题材广，造型独特，内容丰富，体现了河姆渡先民朴实真挚、独具一格的艺术审美情趣。无论是陶器、骨器、石器还是木器，在制造与美化过程中，河姆渡先民主要依靠雕、刻

等传统手段，同时有所创新，如采用拍印、堆贴等新形式，更加注重线条的运用，形成了相当独特的艺术表现手法。尤其是在陶器的形制上，根据不同的审美倾向，先民便采取不同的塑形手法。河姆渡陶器上的装饰曲线自然质朴，线条不仅松弛有度，而且韵味十足。同时，陶器的纹饰带有浓重的南方特色，其图案样式多为鱼、鸟、禾苗、稻谷等，表现内容也多与日常农耕有关。另有一些人体装饰品，材料有璜、管、珠、环、饼等。珠、环等饰品大多用玉和萤石制成，在阳光下闪烁着淡绿色的光彩，晶莹美丽。还有一些以兽类的獠牙或犬牙、鱼类的脊椎骨制成的装饰品，体现了河姆渡先民的艺术追求。

3. 语言与符号要素

（1）原始宗教性质的图腾崇拜

在河姆渡遗址出土的文物中多有刻画各类图腾的，带有明显的原始宗教色彩。其中以"双鸟朝阳"最具代表性，共有两处，分别刻画于骨器与象牙器之上。"双鸟朝阳"纹象牙蝶形器，长 16.6 厘米，宽 5.9 厘米，厚 1.1 厘米，上半部残缺，底端也稍残。正面中间阴刻 5 个大小不等的同心圆，外圆上端刻有熊熊火焰纹，象征太阳的光芒，两侧各有一只引昂勾喙鸷鸟拥戴太阳，器物边缘还锥刻羽状纹。整件器物图像布局严谨、雕刻技术娴熟、形象逼真传神、寓意耐人寻味。鸟纹外形与后世所尊崇的凤极为相似，可看作凤的早期简化形态。双鸟姿态动人，朝阳而起，这一自然崇拜式的表达，具有原始宗教性质。就整体而言，双鸟朝阳图案左右对称，带有原始的几何审美倾向，也与中国传统文化中讲求均衡的特性相吻合。"双鸟朝阳"现已成为河姆渡文化的典型标志。

（2）崭露头角的原始宗教礼法

在河姆渡遗址出土的文物中不乏有着特定样式的器物，这也标志着它们具有特定的功用。其中如夹炭黑陶中以鼎、豆、壶为代表的礼器组合，为以后的商、周文化所吸收，成为当时最具代表性的特征。以各类材质的"玦"为典型代表，其或为土石质或为玉质，环形而有缺口。这与商周时期为人熟知的玉玦在外形上别无二致，而在具体功用上，学界亦普遍认同其用于配饰的说法。东汉《白虎通》载"君子能决断则佩玦"，玦作为身份与品格的象征，实际上已经成为一种礼器。虽然我们无法确定远古时期玦的真正内涵，但基于历史文化的传承，可以肯定的是，玦在彼时必定有其特定的象征意味，显露出原始宗教礼法的形迹。

（3）生活气息浓郁的曲线纹样

河姆渡遗址出土的各类器物上的纹饰，大多与当时人们的日常生活息息相关，或直接取材，或间接反映。纹饰有绳纹、直线纹、波浪纹、圆圈纹、三角纹等。在各类陶器、骨器、石器上，刻画作品的曲线纹样主要是在陶器口沿和腹部，内容包括太阳、月亮、花草树木、鱼鸟虫兽等，画面简洁舒展，风格朴实而又生机盎然，既反映了河姆渡先民热爱生活、热爱大自然的美好情感，也折射出先民期望风调雨顺、农业丰收的内心世界。动物类的纹饰种类繁多，有鸟纹、猪纹、羊纹、鱼纹、狗纹等。鸟纹，在河姆渡文化装饰纹样中占有重要地位，凤鸟等鸟类是我国东部沿海的一些氏族所尊奉的图腾，浙东区域是凤鸟纹产生和形成的主要地区。猪纹表现了猪的丰满体态和温顺表情，特点鲜明，生动自然，反映了河姆渡时期人们对于野猪的驯服与畜养。植物类的纹饰则更多地取材于日常的农耕作业，常见的有稻谷与禾苗等。

（二）河姆渡文化核心文化基因的提取与评价

河姆渡遗址的发现为中华民族文明溯源提供了可靠的依据，在精神上提供了明确的文化依归，证明了长江流域是中华文明的另一文明源头，与黄河流域一样，同是中华民族璀璨文明的摇篮。面对远古恶劣的自然环境，河姆渡先民充分发挥了勤劳智慧的品格，掌握了早期的人工水稻栽培技术和采集、狩猎、畜养的生存方式；为适应潮湿环境和防止虫兽侵扰，住房采用干栏式木结构，并运用榫卯木作技术；为提高生活质量和水平，制作了大量的陶、石、骨、木等主要生产工具；驾驭舟楫，活动范围从陆上拓展至水上等；纹饰精美的原始艺术品体现了朴实真挚、热爱生活的艺术审美情趣和图腾崇拜；河姆渡遗址出土的部分器物已显露出中华传统礼乐文明的原始形迹。

1. 生命力评价

远古恶劣的自然环境严重威胁着河姆渡先民的生存，然而面对着种种不利条件，河姆渡先民充分发挥勤劳勇敢的精神品格，积极调动自身智慧，顺应自然变化，掌握了相当多的气候知识。在此基础之上，大胆创造，合理借助天时地利，成功地发展出了水稻的人工栽培，完成了对猪、狗、羊在内的各类野生动物的家养驯服，搭建起了属于自己的干栏式房屋。正是在这种勤劳品质与生存智慧的驱动下，河姆渡先民夹缝求生，逐渐开拓出了适合于自身的生存环境，以一种积极进取的姿态创造出了璀璨的东方农业文明。千年以来，如此的精神品格，绵延不息，至今仍是中华民族的优良品德，激励着一代又一代的中华儿女奋力进取。而在河姆渡文化的形成过程中，中国传统礼乐文化的种子也逐渐萌发，诞生了中国最原始的礼乐文化雏形，其中尤以各类礼乐用器为代表，这些礼器、乐器有很大一部分得以流传，成为商周文明的重要组成部分。在河姆渡文化中发现的宗教图腾，如凤鸟，经过漫长的演化，最终也融入中华民族的文化之中，是中华民族不可或缺的文化印记。

2. 凝聚力评价

河姆渡遗址作为长江流域中华文明的发源地之一，以丰富真实的文物遗迹、独具一格的文化特征为中国远古时期的人类文明提供了充足、翔实的佐证，强有力地打破了当时国际学术界对于中华文明本土性的质疑，再一次明确地证实了中华文明本土自生的纯正独特性。同时，河姆渡文化也为中华民族建立了又一个内涵丰富的精神世界，提供了又一个内容真实的文化依归，使广大中华民族同胞认识到长江流域亦是民族文明的发源所在，中华民族不分南北，同宗同源，从而极大地提升了民族的核心凝聚力。

3. 影响力评价

河姆渡文明具有全国性乃至世界性的影响力。就辐射范围而言，河姆渡遗址作为早期新石器时代人类文明的典型代表，在工具制造与使用、动物畜养、原始宗教性质的图腾崇拜等方面与世界各地同期的人类文明遗址具有高度的相似性。与此同时，河姆渡文明又具有强烈的个性特征，属于高度发达的农耕文明，其人工栽培水稻的技术领先于全球同期文明。因此，河姆渡遗址的发现与发掘在世界范围内引起了广泛的关注，国际学术界对于其后续的研究工作亦反响强烈。就其理念影响而言，自发现以来，围绕着河姆渡文化的各类学术研究广泛开展。无论是考古学界、史学界还是艺术界，甚至于地理学界，都从不同的视角对河姆渡文明进行了深入探究，成果颇丰。

4. 发展力评价

目前，河姆渡遗址的产业转化主要还是以河姆渡遗址博物馆为主体，带动当地乡镇的文旅产业，融经济发展与文化教育于一体，通过文物展示、民俗体验、影视宣传等方式弘扬河姆渡先民勤劳勇敢、智慧质朴的精神品格，促进了人们对于中华民族早期文明的了解。近年来，余姚市人民政府亦致力于扩大河姆渡遗址的国际影响力，打造文旅深度融合发展的"河姆渡样板"，多次举办国际河姆渡文化节，开展较大规模的文化与学术活动。除此之外，河姆渡作为我国农业发祥地，以其命名的奖项、会展层出不穷，包括"中国河姆渡稻作科技贡献奖"、浙江省"河姆渡杯"粮食生产先进评选、"中国余姚·河姆渡农业博览会"等。

（三）河姆渡文化核心文化基因的转化利用

1. 内聚外联，打造主题文旅IP，大力推进申遗工作

河姆渡文化的研究著作较为丰富，且有河姆渡文化研究中心作为交流平台。要充分利用学术成果，做好内聚外联，讲好先民故事，使河姆渡文化成为余姚、浙江乃至国家重要的文旅IP，成为中华民族史前文明的文化高地、国内外知名旅游目的地和文旅融合发展样板地。内聚，就是要整合遗址现有资源，充分认识河姆渡文化的独特性和个性化元素，并以此为核心主题，把遗址集群打造成为一个有机的整体。外联，特别要加强与良渚文化的比较研究，找出二者之间的差异性，更好地打造河姆渡文化的独特个性和品格。同时，把河姆渡遗址纳入良渚文化遗址和灵山遗址的先民遗址研学游线路。大力开发旅游商品和文创产品，如以河姆渡文化核心文化基因为内容制作明信片，运用现代工艺制作史前生活器具、挂饰、伴手礼等，还原史前文化先民可能食用的"小吃"，开发干栏式现代化民宿。

河姆渡文化遗址申报世界文化遗产策略研究项目已列入宁波"十四五"规划。应持续深化河姆渡遗址、井头山遗址等史前遗址的考古发掘和价值研究，创建河姆渡国家遗址考古公园，推动河姆渡—井头山遗址申报世界文化遗产。规划建设河姆渡博物院，结合河姆渡国家考古遗址公园和河姆渡博物院建设，争取联合筹建"宁波市史前文物保护研究中心"（暂定名），整合"古宁波湾"及周边区域遗产分布空间内河姆渡、田螺山、鲻山、井头山、傅家山、鱼山、大榭、下王渡、何家等一系列史前文化遗址资源和科学信息，统筹推进宁波地区史前考古和海洋文明探源研究，以及全市史前文化遗址考古出土文物中转、保管、保护、修复、展示、利用等事宜，并协同做好河姆渡国家考古遗址公园创建和相关申遗工作。

2. 建设"东方史前文化体验馆"，营造东方史前野外生存体验空间

目前，河姆渡文化主要以河姆渡遗址博物馆为载体和表现形式，遗址博物馆由遗址陈列馆和再现遗址发掘现场、原始先民生活场景的遗址现场两部分组成。可以整合井头山遗址、田螺山遗址等资源，提取文化基因和符号，打造一个能真正体现长江流域作为中华民族璀璨文明摇篮的史前文化体验馆。根据现有考古发现，全方位呈现河姆渡先民的服饰、工艺品、饮食、发型、妆容、礼器、家具等的原型、原貌、原状；同时，要在参与感、沉浸感、体验感上下功夫，打造形式多样、内容丰富、生动活泼的可参与、可玩味的中华史前文化体验项目，全方位展现长江流域史前文明之美。

在河姆渡遗址附近打造一个史前文化风情小镇。在濒临河湖区域，提供河姆渡人的原始舟楫；恢复河姆渡史前水田、古井、埠头、祭祀广场等；运用现代技术复原一批既原始又具有现代居住条件的干栏式民宿；提供河姆渡先民在生产生活方面的样品、样板、样式，让游客在稻花遗香中泛舟捕捞，模仿制作原始生产生活用具。推出"东方史前原始生活体验"研学游产品，注重情景融合、深度体验、游学相长，使游客加深对史前文明的了解。

3. 挖掘文化内涵，推出相关文艺作品

通过与良渚文化、路桥共和岩画的对接，深入挖掘"双鸟朝阳"图案的历史学和社会学意义，并在与良渚文化"神人兽面"图像及共和岩画上的"双鸟朝阳"图案的比较研究中，凸显河姆渡遗址的文化个性和文化逻辑。在此基础上，推出"双凤朝阳"相关文艺作品。设计一个母系氏族社会的爱情故事，并以男女主角的悲欢离合故事为主线，全面展示河姆渡人的生产生活场景，充分体现河姆渡人勤劳智慧的优良品格、独具一格的审美情趣及其可能存在的原始宗教礼法，以及在女性享有很高地位的母系氏族社会产生爱情的可能性、逻辑性和独特性。

参考文献

1. 范崇德：《历史印痕：全国重点文物保护单位·浙江篇》，文汇出版社 2009 年版。
2. 林沄：《林沄文集·考古学卷（上）》，上海古籍出版社 2019 年版。
3. 汪本学、张海天：《浙江农业文化遗产调查研究》，上海交通大学出版社 2018 年版。
4. 余姚市地方志编纂委员会：《余姚市志（1988—2010）》，浙江人民出版社 2015 年版。
5. 郑云飞：《中国考古改变稻作起源和中华文明认知》，《中国稻米》2021 年第 4 期。

梁祝文化园（梁祝文化园供图）

二、梁祝传说

梁祝传说，发源于 1600 多年前的东晋时期（具体则在 375—397 年），经长期流变、发展，在浙江宁波地区逐渐形成以梁山伯墓为展演场所、以"爱情"为特色，内容丰富、形式多样的梁山伯庙婚俗文化。

梁祝传说的最早发源地为古鄞县（今宁波市区范围）及晋代会稽郡（治今绍兴），主要在民间口头广泛流传，文字记载佚失。目前能见到最早的梁祝故事文字记载，为唐代张读所撰的《宣室志》。北宋李茂诚的《义忠王庙记》（又称《梁山伯庙记》）则印证了故事的具体时间和主要情节。

在梁祝传说产生至流传的 400 多年时间里，全国没有其他的梁祝传说。南宋后，各地陆续流传的梁祝传说也没有改变主要情节，只是人物籍贯、情节地点或生活风俗因地而异。而被历代方志界称为修志典范的"宁波宋元六志"，无一例外地记载了梁祝传说、梁山伯任鄞县县令和梁祝合葬于宁波城西等史实。这无疑证实了梁祝故事作为民间传说是有生活原型的。

梁祝传说经口耳相传，歌谣传唱，并因唐诗、宋词、元曲、明清小说等各种文化样式的流传而深入人心。至近现代不断创新，如曲艺、戏剧、电影、美术、音乐、电视，在当代则衍生出动漫、网络小说等形式，传播广泛。可以说，梁祝传说与我国历代典型文化样式共生共荣。因此，梁祝故事已不单是传说，更是中华文化之林中一种绚丽多姿的民族文化。

（一）梁祝传说核心文化基因解析

1.物质要素

（1）梁祝古墓

梁祝古墓约建于东晋宁康元年（373），始建为梁山伯墓，位于宁波姚江九龙墟岸边。宁康三年（375），祝英台殉情于墓前，合葬为梁祝墓。东晋宰相谢安表奏朝廷，增赐"义妇冢"碑。梁祝墓为罕见的一墓双碑，俗称"蝴蝶碑"。现有20世纪初的古墓旧照，墓碑中间裂痕昭然，民间传说即为"坟裂合葬"。

此墓一直保存到20世纪60年代初，墓外石碑、石条构件当时被用于建粮食仓库和粮运码头建筑材料，墓体掩于地下；1984年，民间在近邻复原修筑新墓；1997年7月，在修复梁祝文化公园时被发现。现场文物证实与方志古籍记载一致，系晋代梁祝原墓，即公布为文物保护单位，予以原地保护。此墓今较完整地保存于梁祝文化园内，供游人观瞻。

（2）梁山伯庙遗址及修复建筑

梁山伯庙是我国唯一一座纪念梁山伯的庙宇，始建于东晋隆安元年（397），原为祭祀勤政为民、殉职而终的清官梁山伯，由官民共建，后同祭梁山伯与祝英台。宁波历代官员以梁山伯清官为榜样，形成祭祀和屡修习俗。民间更崇尚梁祝忠贞不渝的爱情，1600多年来梁祝庙香火不断，庙会兴盛，现存的宋代、明代、清代的庙碑文是典型证明。

梁山伯庙曾是中共宁波地下党办学活动的重要场所。20世纪60年代初，庙所改为战备粮库，石柱用作运粮码头基桩。20世纪80年代，民间修复庙舍。1996年在原址扩大建制，修复梁山伯庙。现保存于梁祝文化园内，作为庙会活动、集体婚礼场所，并增辟名家梁祝文化碑廊。

（3）姚江梁祝传说遗址

姚江梁祝传说遗址位于姚江中段，是大运河入海口最宽阔的一段，古地名为"九龙墟"。刮大风或山洪暴发时，风高浪急，民间传说为九条龙在发怒墟吼，故称。梁山伯任县令时，带领民众在这里抗击八月十六大洪灾，累死在堤上，临终嘱咐就地安葬，表示死守大堤的决心。因而此地既是梁山伯殉职之地，也是其安葬之地。两年后，祝英台从上虞顺运河通道嫁往鄞（鄞）

西马家，途经梁墓，悲痛欲绝，殉情而死。这一地理环境与最早的梁祝传说"舟过墓所，风涛不能进"完全吻合，而全国其他流传梁祝故事的地域不具备这一传说产生的自然环境风貌。

2. 精神要素

（1）崇尚知识的求学精神

长期以来，在浙东地区形成了一种民间自发鼓励读书的风气。即使是农村中非常贫困的人家，也要想方设法让子女上学读书。相传这种尚学风气是因梁山伯而起。寒门出身的梁山伯看到富贵人家的子弟上学，也迫切要求上学读书，改变自己的人生境遇。他参加乡试名列前茅，后去万松书院游学深造，遇见了同来求学的祝英台。祝英台虽出身富贵，但在封建社会只有男子可上学堂读书。祝英台一心向学，不惜扮作男子去书院读书。

梁祝传说所体现的求学精神影响了一代又一代人。宁波历史上文学大家不断涌现，以及宁波被誉为著名的"院士之乡"，在一定程度上与这种求学、求知的精神密不可分。这种精神对于好学风气的形成和浙东地区的人才培养起到了积极的作用。

（2）追求自由的婚恋意识

梁祝传说之所以如此动人，在世界范围内引起人们的共鸣，最主要的原因是它冲破了中国封建社会门当户对的传统观念，反映了古代青年男女追求婚姻自主的意识。

在宗法制家族中，青年男女结合的唯一目的是传宗接代，婚姻代表了两个家族的结合。正所谓"父母之命，媒妁之言"，这是封建社会实现婚姻目的的必然准则，子女必须服从父母嫁娶的安排，否则被视为"不孝"。而祝英台即便受到父母封建观念的压制，也坚决反抗逼嫁官宦殷富家庭，自主婚配梁山伯。梁祝传说的真正震撼力就在于即使以生命为代价，也要反抗封建婚姻制度，追求自由的爱情。

（3）忠贞不渝的爱情品格

梁祝传说在流传中衍化出生死相随、矢志不渝、合冢化蝶的结局，"生不能同床，死也要同坟"，给人以极其强烈的情感震撼。

虽然梁祝生前由于种种原因未能实现婚姻理想，但是其精神追求未死。合冢与化蝶，表面上看是民间"情感动天"、生命转化观念的反映，实质上表现的是精神生命对理想境界的不懈追求。梁祝传说的迷人之处就在于以"合冢化蝶"转化生命，突出忠贞不渝的爱情观念和生生不息的生命意识，将传说包含的文化精神推向了更高的层面。

3. 语言与符号要素

（1）婚姻理想

梁祝二人的爱情以草桥结拜、三载同窗、十八相送、楼台相会、化蝶双飞五个经典情节串联成故事主线，使梁祝传说经久不息，象征着人们对忠贞爱情的美好向往，这也是其存在的现实意义。

梁祝传说对当代宁波人的婚恋观产生了深远影响。"若要夫妻同到老，梁山伯庙到一到"，是宁波地区广泛流传的一句谚语，年轻夫妻到梁山伯庙祭拜已成普遍行为。梁祝传说作为我国古代四大传说之一，是我国最具影响力的口头传承艺术，也是唯一在世界上产生广泛影响力的中国民间传说，被誉为爱情的"千古绝唱"，有"东方罗密欧与朱丽叶"之称。

（2）梁祝凤蝶

相传，墓缝中常常会飞出一对黑翅凤蝶：雄的翅翼上有一圈玉色官腰带，因梁山伯时任县令，也称玉带凤蝶；雌的翅翼下部有一圈橘红斑点，像祝英台的裙带。据说这种梁祝凤蝶是宁波独有。人们把梁祝凤蝶视为自由恋爱的象征，表达对美好爱情的向往与追求。

梁祝凤蝶也成为梁祝传说独特的爱情标识。在梁祝文化园的化蝶音乐广场中间，有一座梁祝化蝶雕塑，远看形似一只翩翩飞舞的大蝴蝶，近看是梁山伯与祝英台相守相抱，展现了梁祝化蝶的文化形象。

4. 规范要素

（1）以口耳相传为长期传承形态

早期的梁祝传说以民间故事为主要形式，相互传播，后来通过民间歌谣传唱，并以手抄本的形式传承，这使梁祝传说至今跨越 1600 多年还得以流传，并成为世纪经典。

梁祝传说的形成与发展大体上分为三个阶段：第一阶段为东晋至唐，是传说的形成期，主要表现为口头传说。第二阶段为宋至民国初年，是传说的发展期，传播形式由早期的口头传播转变为文字记载和文学作品传播，并辐射至全国大部分地区，流入日本、朝鲜、越南等东北亚、东南亚地区。第三阶段为民国晚期至当代，是传说的成熟期。就传说的内容看，这一阶段淘汰了祝英台殉情内容，强化了爱情悲剧主题，突出地表现民间反封建的民主意识，重新形成了相对稳定的故事情节结构。

（2）以典籍碑刻记载为传承机制

早期《会稽异闻》中的梁祝及南北朝《金楼子》中的梁祝故事均已失传。唐代《宣室志》中的梁祝传奇则流传下来，属于比较完整的梁祝故事。北宋李茂诚《义忠王庙记》碑刻，原文通过地方志完整保留下来，是比较详尽的梁祝故事。其他如"宁波宋元六志"、宁波历代地方志等古籍保存了大量的梁祝传说和遗迹记载。

（3）以民间信俗为传播体系

梁祝合葬墓和梁祝庙建成以来，一直没有大的损毁，梁祝庙更是在历代官修民护中保留下来。直至20世纪60年代初，因建设粮食仓库和粮运码头，梁祝合葬墓才遭部分损坏。墓道地下部分基本完整，并有陪葬品数十件。大量饰纹完美的晋砖原态存留。梁山伯庙部分石柱及板壁、屏门得到了较好的保存。20世纪80年代民间再度修复，90年代在原址扩建，为适应现代活动需求，现规制恢宏。传统的梁祝庙会时兴时盛，改革开放初期甚至达到历史鼎盛，三万多民众坐夜祭祀。

（二）梁祝传说核心文化基因的提取与评价

梁祝传说的核心故事，是扮装求学、草桥结拜、三载同窗、十八相送、楼台相会、抗婚逼嫁、殉情化蝶等传奇情节。基于对相关资料的全面、深入分析，将梁祝传说核心文化基因主要提取为"崇尚知识文化、主张男女平等、反对封建束缚、坚持婚恋自主、追求忠贞不渝的爱情"。

1. 生命力评价

自产生之日起，梁祝传说就未曾中断，而且成为中国少有的各族人民都认同的民间传说。梁祝传说不仅以其深厚的历史积淀成为艺术杰作，还以其广泛传播而举世闻名。

梁祝传说起源于江浙一带，自明代以来由于南方各民族文化融合相对深入，以及传说本身广泛流布、稳定、成型，遂成为多民族文化表达的共同主题，融入了不同地区、不同族群的文化，体现了文化的多样性。不少南方少数

民族民间叙事诗所讲述的梁祝故事，都融入了本土文化，并且采用了各民族仪式化的诗歌语言，如瑶族有"分讲"《梁祝》，仡佬族有"打闹歌"《梁祝》，白族民间采用当地的"大本曲"讲述梁祝故事，并在本主节、三月街、火把节、蝴蝶泉会和中秋节等节日或集会场合演唱。梁祝叙事诗也熔铸了传统文化的许多要素。作为活态传统，梁祝传说充分显示了其在当代社会的生命活力，发挥着增强社会文化认同的作用，体现出较强的生命力。

2. 凝聚力评价

20 世纪初，钱南扬先生曾对宁波梁祝庙墓进行考察和研究。20 世纪 80 年代后期，白岩的《宁波梁山伯庙墓与风俗调查》、莫高的《浙江梁祝传说流变考察记》、裘文康等的《鄞县梁山伯庙及其风俗》也对宁波等地的梁祝古迹进行调查。这些调查资料除了记载宁波地区诉诸美好爱情的谚语外，还介绍了其他与求财、得子、保佑平安等有关的传说、习俗，展现了梁祝传说的丰富内涵，对稳固家庭婚姻、凝聚家庭关系起到了较大作用。

3. 影响力评价

梁祝传说是地方民间传说，但其文化影响已上升至民族传统文化层面。从地方志记载来看，梁祝传说的流传地有浙江、江苏、山东、河北、甘肃、安徽、山西、四川等。从形式上看，宋代有词，元代有杂剧，明清后梁祝传说勃发，以故事、歌谣、唱本、曲艺、戏剧、叙事诗等多种形式流布于浙江、江苏、山东等 20 多个省份及南方各民族地区，并流传至朝鲜、日本及东南亚各国，在世界范围内产生了广泛影响。

4. 发展力评价

在官方正式部署保护非物质文化遗产的行动前，地方上利用民俗文化发展观光产业已大有势头，梁祝传说作为一种文化资源，在地方传统文化的建构中被有效利用。宁波对梁祝庙墓进行重新修缮，于 1995 年兴建了梁祝文化主题公园，后组织了梁祝研讨会、梁祝婚俗节等活动，又经中国民间艺术家协会批准成立了"中国梁祝文化研究会"，逐渐使梁祝传说、梁祝文化成为宁波地方传统文化的重要因子，为国家级非物质文化遗产的申请打下基础。

梁祝传说进入国家级非物质文化遗产名录，使四省六市的梁祝传说代表地获得了以国家为背景的正统性认可，且宁波在六市中居首位，这保障了宁波打造具有地方性认同的"梁祝故里"。传统文化的建构是凸显地方特色的有效手段，宁波是一座新兴港口城市，虽然传统文化的积淀比不上绍兴、苏州等古城，但梁祝文化的构建目前算得上是宁波较为成功的案例。

（三）梁祝传说核心文化基因的转化利用

1. 区域联动，打造梁祝传说精品旅游线路

对梁祝文化的保护，不仅是保存物质形态，更要通过开发、传承、教育等手段使其能够延续和发展，以梁祝文化园为区域核心，辐射推动旅游线路的开发，可达到事半功倍的效果。

2021 年初，梁祝文化园打造的"梁祝爱情观光平台"——约 60 米高的玻璃景观平台、高空滑漂、高空蹦极三个体验项目试运营。除了引进新业态，园区还不断完善"梁祝小书童"亲子产品，同时推出大学生旅游产品，使梁祝文化园焕发新的生机，成为集文化旅游、休闲度假、婚庆娱乐、购物餐饮、观光农业等功能于一体的文旅产业园区。

进行区域联动合作是打造梁祝传说精品旅游线路的必要措施。目前开辟的梁祝旅游线路为：宁波梁祝文化公园—上虞祝家庄—杭州万松书院。但除了浙江，江苏宜兴在梁祝文化的保护和利用方面也取得了一定成效，如开发了善卷洞梁祝故里风景区，举办了多届梁祝文化旅游节暨观蝶节等。因此，在旅游形象宣传和市场开拓方面，宁波可以适当拓展梁祝旅游线路，与杭州、上虞、宜兴等地联合开发优势互补的梁祝旅游产品群，联手打造具有国际竞争力的以"东方罗密欧与朱丽叶——梁祝爱情之路"为旅游整体形象的梁祝传说精品旅游线路，使其成为提高长三角地区梁祝传说国际化旅游程度的重要突破口。

2. 加强教育，增设梁祝传说非遗项目体验课程

梁祝传说等非遗的传承与创新任重而道远。提高当代青年对于非遗文化的认识水平，教育是必不可少的环节。可以利用现有的梁祝文化资源——中国梁祝文化博物馆，发挥其学术研究功能与科普功能，联合高校、社团等相关专业机构和人士挂牌参与，开发梁祝传说系列体验项目，或举办梁祝传说非遗文化艺术展览，形成国内权威的梁祝文化研究中心和宁波市青少年体验教学基地。

还可利用梁祝文化园内的各个艺术展馆设计研学体验课程。其一，打造风筝非遗课堂。风筝发明于中国东周春秋时期，至今已有 2000 余年历史，既是一项传统民间工艺，又是一项有利于国民身心健康的娱乐性体育项目。梁祝

文化园内的风筝非遗课堂已被宁波市教育局评为社会实践大课堂优秀课程，从相关教师讲解风筝的起源，到让不同学段的学生动手制作风筝，精心的课程设计不仅开拓了学生的创造性思维，而且弘扬了宁波的非遗文化。其二，开设赵大有传统糕点制作体验课。赵大有是宁波当地传统糕点的代表性品牌，距今已有100多年历史。可以在景区内引进赵大有传统糕点，讲解宁波传统糕点的故事并让学生亲身体验糕点制作，使学生切身感受宁波传统糕点的魅力，增强动手能力。其三，开设剪纸非遗文化课堂。剪纸艺术是最古老的中国民间艺术之一，也是国家级非物质文化遗产。在梁祝文化园内设有剪纸吉尼斯世界纪录获得者、剪纸艺术传承人谢才华老师的剪纸艺术馆，可以以该馆为依托，向学生讲解中国剪纸艺术的历史文化，让学生直观地感受国家非物质文化遗产的魅力。

3. 创新机制，深度开发梁祝传说文化旅游节庆

梁山伯庙建成1000多年来，吸引了众多游客前来进香朝拜，构成了梁山伯庙婚俗文化空间。近年来，宁波文旅局已经利用梁祝婚俗文化举办了多届中国梁祝婚俗节，取得了一定的社会效益和经济效益，但其吸引力还不够，影响力有待进一步扩大。

梁祝传说文化旅游节庆应遵循活态原则，避免把旅游节庆单纯办成政府的节庆活动，可以恢复并打造特色节庆活动，如复兴庙会等传统民俗活动。拓展梁祝爱情节、梁祝相亲会等现代节庆活动，以梁祝爱情为核心，通过对文化的内拓和外延，举办诸如中国/国际梁祝婚俗节等爱情文化类活动、爱情电影节等休闲文化活动、国际婚庆用品博览会、时尚婚纱秀等商业文化活动以及系列节庆活动。同时，利用自媒体平台加强网络宣传，如可以在抖音等短视频平台进行集体婚礼直播，全面展示梁祝传说文化底蕴。

4. 多元创作，打磨梁祝传说非遗文化精品

早在晋朝时期，"梁山伯与祝英台"就以中国古代民间爱情故事的形式传遍大江南北以及海内外。到了现代社会，钱天真、洪彩莲的戏曲作品《梁祝》以越剧的形式出现在大众面前；1958年，何占豪、陈钢从民间传说中取材，吸取越剧曲调为素材，创作了小提琴协奏曲《梁山伯与祝英台》，一时风靡全国；1972年，杨丽花创作的《梁山伯与祝英台》以歌仔戏的形式问世；1994年，徐克执导，吴奇隆、杨采妮领衔主演的电影《梁祝》荣获第14届香港电

影金像奖"最佳电影配乐奖"。以"梁祝传说"为主题的电视剧、舞台剧、芭蕾舞剧、动画片、绘本图书等作品更是层出不穷。但近些年，文艺界却没有创作出一部以梁祝传说为主题的具有世界影响力的作品。究其原因，主要是创作队伍投入不够。为此，应组建一支文化底蕴深、创作能力佳的高水准团队，精心打磨，从挖掘梁祝传说历史文化基因的原生态、原素材角度入手，创作既彰显梁祝文化内涵又有可观的经济效益的影视精品，使梁祝传说的文化形象更立体。

5. 拓宽思路，推动梁祝品牌产业化运作

梁祝文创产业需要打造强大的IP制造与输出模式，主要概括为"动画影视—媒体网络—文化园区—创意消费品"，其核心竞争力在于产业链的完整性和IP的消费吸引力。可以结合时代发展的特点和人们向往美好爱情的心理，制作一批技艺精湛、价格合理的"爱情纪念品"，并在产品形象设计上突出文化内涵。还可开发一批新颖独特、地方特色浓郁、艺术气息浓厚的梁祝文创产品。亦可顺应年轻人的消费心理，推出梁祝传说系列"爱情盲盒"，每个盲盒中都含有一个梁祝故事中的经典人物，如梁山伯、祝英台、银心、四九等。同时，盲盒Q版人物的塑造，也能使这个悠久的传说融入现代生活。还可以面向梁山伯庙的游客推出"梁祝御守"（守护香囊）系列产品，可以是"爱情御守""学业御守""事业御守"等。与国内知名彩妆品牌联名，合作设计梁祝传说系列婚庆彩妆产品等，在梁祝爱情节同步推出。

参考文献

1.陈勤建、尹笑非：《梁祝传说的现代解读》，《江西社会科学》2006年第3期。

2.王萍：《梁祝故事文化精神的审美价值》，《今日科苑》2013年第11期。

3.伍鹏：《梁祝文化保护与梁祝旅游开发》，《北京第二外国语学院学报》2008年第7期。

月湖畔黄宗羲塑像

三、浙东史学派

浙东史学派是中国历史上一个承前启后的史学学术派别，是儒家学术派别之一。浙东史学派起源于明末，余姚大贤黄宗羲为开山鼻祖；兴盛于清朝前中期，代表人物有万斯同、章学诚、全祖望、邵廷采、邵晋涵等，其中"二邵"为余姚籍，邵晋涵更是浙东史学派中兴的关键人物。

浙东史学派研究领域广泛，成果丰硕，其中以明代历史研究为代表。黄宗羲撰有《弘光实录钞》《行朝录》，编选卷帙浩繁的《明史案》《明文案》及增益《明文案》而成《明文海》。《四库全书总目提要》高度评价《明文海》："其搜罗极富，所阅明人文集几至二千余家"，"其他散失零落，赖此以传者，尚复不少，亦可谓一代文章之渊薮。考明人之著作，当必以是篇为极备矣"。万斯同一人编撰《明史稿》500卷，被誉为"（司马）迁、（班）固以后，一人而已"。此外，如邵廷采的《东南纪事》《西南纪事》等，也都是有关明代历史的重要学术专著。

浙东史学派开创了经史相通的治学方法，主张以经发史、以史明经，认为"六经"等经典是一种特殊形态的历史记录，是将历史转化为特定的理论和方法，因此可以根据经典来探求其背后的历史意义，借古鉴今；历史研究可以进一步明确经典的时代背景和价值内涵，展现经典原貌。经史相通的治学方法是对中国传统史学研究的突破和创新，深刻影响了中国近现代的历史学研究。

（一）浙东史学派核心文化基因解析

1. 物质要素

（1）黄宗羲墓

黄宗羲墓位于余姚城东南 10 千米化安山下的龙山东南麓，现属陆埠镇十五岙村。1981 年，黄宗羲墓被浙江省人民政府列为省级文物保护单位；2006 年，被国务院列为第六批全国重点文物保护单位。

康熙二十七年（1688），黄宗羲在化安山下的龙山东南麓自觅墓地，营筑生圹，并作《梨洲末命》《葬制或问》告诫儿孙。黄宗羲逝世后，清初著名史学家全祖望撰写神道碑文，萧山毛奇龄撰写墓志铭，原墓毁于动乱时期。1981 年，文物部门在原址基础上根据原貌修复。墓坐西朝东南，正面形似荷叶山墙，用条石错缝叠砌。中间直竖石刻墓碑，上镌隶书"黄公梨洲先生墓"七个大字。碑前置有石祭桌，两侧各置一条石凳。20 世纪 90 年代，遵照黄宗羲遗愿，在墓左侧开辟梅园，植梅 200 多株；在墓的拜坛下开掘三个荷花池，种植荷花；在墓道上建石亭一座。

（2）万斯同墓

万斯同墓位于奉化莼湖镇乌鸦冠山南麓，坐北朝南，三面环山，剩余一面朝向象山港。墓前有华表，上书"万乡贤墓"四字。华表后有牌坊一座，正面的墓坊题额"万季野先生墓道"，联语"史笔殿千军先生不死，布衣终一世后进群瞻"，背面墓坊题额"高风亮节"四字。牌坊后为拜坛，形状为方形，边长 17.7 米，上有一张祭桌，两条石凳。墓葬前的墓碣和两侧联句为清代遗物，墓碣"鄞儒理学季野万先生暨配庄氏傅氏墓"为大学士王顼龄所题，两边的"班马三椽笔，乾坤一布衣"对联为翰林裘琏所题。

1982 年，奉化县人民政府将万斯同墓列入第一批县级重点文物保护单位。2005 年，浙江省人民政府将万斯同墓列入第五批省级文物保护单位。2006 年，国务院将万斯同墓列入第六批全国重点文物保护单位。

（3）全祖望墓

全祖望墓位于宁波市南郊王家桥苗圃南端，为清代建筑，是浙江省级重点文物保护单位、第六批全国重点文物保护单位。

该墓地原为全氏墓地，是祖关山墓葬群的一个组成部分。墓坐东朝西，坐落在一片绿草丛。墓地平面呈长方形，四周以条形石块堆砌，墓碑是原物，上书"谢山全太史墓"，祭台两侧竖有两方"全祖望先生传"的碑刻和两根方形石柱，柱上刻有两只形态可掬的狮子，此为镇墓兽。

（4）朱舜水纪念堂

朱舜水纪念堂位于余姚市龙泉山南麓，毗邻龙泉寺，原为姚江朱氏"老三房"宗祠，为清代建筑。头门向西，门前悬挂"朱舜水纪念堂"匾额。纪念堂整体为前后三进建筑，分别为门厅、正厅、后厅，坐北朝南，依山势依次抬高。门厅为两层五开间楼房。

明间楼下为正门，门前高悬"崇孝祠"匾额，即原朱氏老三房宗祠堂名。正厅为五开间平房，抬头可见"胜国宾师"四字巨匾，乃日本学人对朱舜水的尊称。正厅原是祭祖正堂，现辟为相关史迹陈列，展示朱舜水相关文献资料，如在余姚与日本两地的遗迹图录、照片，日本友人回赠的有关图像、墨迹、书籍等文物。后厅原为"奉先楼"，是供奉祖先牌位的地方。整座祠堂结构简洁，排列有序，气势较大，体现出清代浙东祠堂建筑的典型风格。

（5）白云庄

白云庄位于海曙区前丰村管江岸，占地面积约 4000 平方米，建筑面积约 650 平方米，素有"城内天一阁，城外白云庄"之美称，属全国重点文物保护单位。白云庄原为明末户部主事万泰的祠园，因其子万斯选著有文集《白云集》，世称"白云先生"，故名白云庄。明末清初著名思想家、文学家、史学家黄宗羲曾在此讲学，创"证人书院"，后其弟子全祖望冠以"甬上"，故白云庄又称"甬上证人书院"。

白云庄主体建筑坐西朝东，前后两进，均为砖木结构的平屋，古朴庄丽。白云庄正前方立有明代石牌坊一座，南侧为万氏故居，西北侧为万邦孚和万斯选之墓，庄内有黄宗羲生平事迹陈列室和浙东学派主要人物及其影响陈列室，是浙东文化的重要遗址。

2. 精神要素

（1）崇实求真、经世致用的价值观念

历史研究的核心是回溯历史原点，探求历史的真相，揭露历史事件背后的意义。浙东史学派秉持历史研究的原则和理念，致力于中国历史研究，力图向世人展现历史的原貌及真理，表现出崇实求真的价值观念。如黄宗羲编选的

《明文海》，是一部收罗极为丰富、卷帙浩繁的断代文总集。《四库全书总目提要》称赞："考明人之著作，当必以是篇为极备矣。"此外，黄宗羲认为前人对明代学术思想史的整理过于驳杂，多有虚妄失真，其秉持"一本万殊"的精神取向，搜集各家文集语录，客观评价明朝一代儒学的各家各派，写成中国思想文化史巨著——《明儒学案》。

浙东史学派兴起于明末清初的动荡时代，黄宗羲等学人面对乱世景象，深感过往学说的空洞虚浮，无益于民族和国家，因此在总结前人经验教训的基础上，主张学术研究要经世致用，强调从历史中发现经世之真理，并将其转化为现实方法，学以致用。在社会经济领域，浙东史学派以"切于民用"为标准，反对"重农抑商"，强调"工商皆本"的合理性和重要性。黄宗羲认为："世儒不察，以工商为末，妄议抑之；夫工固圣王之所欲来，商又使其愿出于途者，盖皆本也。"同时，黄宗羲主张禁止为奢侈迷信服务的商业，认为"有为佛而货者，有为巫而货者，有为倡优而货者，有为奇技淫巧而货者，皆不切于民用，一概痛绝之"。黄宗羲以"切于民用"为标准，对关乎国计民生的"本"和"末"作出新界定，在理论上阐述"工商皆本"经济观念的合理性。

（2）笃信好学、坚贞守义的精神品格

笃信好学的精神品格是浙东史学派取得辉煌成就的重要因素。浙东史学派的杰出代表人物一心向学，勤勉踏实，秉持对学问真理的热忱与追求，在求学之路上竭力探索，推陈出新，造就浙东史学的百年辉煌。如浙东史学中兴的关键人物邵晋涵，虽然体弱多病，但是依旧潜心学问，刻苦钻研。据光绪《余姚县志·邵晋涵传》记载，邵晋涵"左目微眚，清羸如不胜衣"，"独善读书，数行俱下，寒暑舟车未尝顷刻辍业，于学无所不窥"。除参与纂修《续三通》《八旗通志》外，邵晋涵还利用任职史馆的有利条件，主持补辑《旧五代史》。

浙东史学派不仅取得了丰硕的学术研究成果，其所蕴含的坚贞守义的精神品格，更是激励了一代又一代的学子孜孜探索。如黄宗羲在抗清失败之后归乡著书讲学，终生不仕于清朝；全祖望面对清初残酷的文字狱，毅然编撰《鲒埼亭集》，通过谱、传、碑铭等各种体裁的文章，表彰了一大批明末忠节之士，翔实记述了很多地方文献与掌故遗闻。

3. 规范要素

(1)经史相通的治学方法

在治学方法方面,浙东史学派主张"经史相通",以经发史,以史明经,认为"六经"等经典是一种特殊形态的历史记录,是将历史转化为特定的理论和方法,因此可以根据经典来探求其背后的历史意义,借古鉴今,历史研究可以进一步明确经典的时代背景和价值内涵,展现经典原貌。

经史相通的治学方法不仅是对中国传统史学研究的一大突破和创新,而且深刻影响了中国近现代的历史学研究。

(2)兼容并包的学术传统

兼容并包的学术传统是浙东史学派取得丰硕学术成果的关键原因。在漫长的历史发展过程中,浙东史学派秉持兼容并蓄、广采博取的学术原则,反对固守一家、党同伐异的恶劣学风。学派鼻祖黄宗羲曾明确指出:"学术之不同,正以见道体之无尽也。"其大力提倡学术交流、取长补短,追求集大成,开创了浙东史学派兼容并包、博采众长的优良传统。

在著述方面,浙东史学派研究内容丰富,涉猎广泛,视角多样,不仅包括传统的正史研究,而且涉及学术史、思想史、地方史等众多领域。同时,浙东史学派在行文用词上力求言简意赅,扫除前代虚浮之气,深刻体现出史学研究的博约精神。

(二)浙东史学派核心文化基因的提取与评价

浙东史学派作为中国史学研究承先启后的流派,其核心文化基因主要提取为:首先,浙东史学派秉持历史研究的根本原则,表现出一种崇实求真的价值取向。其次,浙东史学派主张经世致用,强调从历史中发现经世之真理,并将其转化为现实方法,学以致用。最后,浙东史学派蕴含了笃信好学、坚贞守义的精神品格。

1. 生命力评价

浙东史学派作为中国历史上具有开创性意义的学派,其蕴含的价值观念和精神品格不仅为当时低迷沉寂的思想文化界注入了巨大活力,而且深刻影响了后世,流传至今,不曾断绝。一方面,浙东史学派遵从崇实求真、经世致用的价值观念,为清代乃至近代中国的史学研究奠定了基调;另一方面,浙东史学派彰显的经世致用、勇于学术创新、甘为天下先的精神品格是浙东人民自古以来的传统美德，深深地融入浙东人民的血脉，激励着一代又一代的浙东人民不断开拓进取，向前发展。

2. 凝聚力评价

在历史上，浙东史学派曾广泛凝聚起浙东区域的群体力量从而推动社会经济发展、文化繁荣。最初，以黄宗羲为核心和源头，浙东史学派内部形成了浓厚的私淑文化，聚集了一大批浙东的士人学子投身史学研究，培植了崇实求真、经世致用的学风，推动浙东文化发展。随着浙东史学派的不断发展，受其影响的群体也在持续扩大，其所提倡的"实用""富民"等理念逐渐深入人心，转化为现实力量推动浙东社会经济不断向前发展。

3. 影响力评价

就影响范围而言，浙东史学派是清代显学之一，具有全国性的影响力，在海外（特别是朝鲜半岛和日本）学界亦颇具影响。浙东学派的主要代表人物，如黄宗羲、万斯同、邵晋涵等，在当时都是天下闻名的贤才，且为朝廷所看重，直接或间接地参与了全国性的文史编纂工作，在全国范围内树立起了浙东史学派的名望。更为重要的是，浙东史学派在学术研究方面独具创造力，硕果累累，许多成果都是开创性的，影响巨大。

4. 发展力评价

浙东史学派作为中国史学研究承先启后的流派，发展潜力巨大。浙东史学派在历史发展过程中体现的崇实求真、经世致用的价值观念以及笃信好学、坚贞守义的精神品格彰显了中华民族优良的传统美德，与社会主义核心价值观高度契合，能够转化为推动时代发展的精神力量，助力新时代中国特色社会主义精神文明建设。同时，宁波拥有深厚的浙东史学派文化底蕴和丰富的遗址，可以系统规划开发"史学"特色旅游线路及结合时代潮流设计文创产品。

（三）浙东史学派核心文化基因的转化利用

浙东史学派作为中国史学研究承先启后的流派，其核心文化基因主要提取为：坚持历史研究原则，表现出崇实求真的价值取向；学术研究主张经世致用，秉持笃信好学的优良品格；蕴含坚贞守义的精神品格，激励学子奋勇向前。浙东史学派核心文化基因的转化利用思路主要如下：一是重视浙东史学派的文化价值，多渠道、多方式转化利用；二是依托浙东史学派遗产，规划特色旅游项目；三是挖掘浙东史学派文化内涵，打造系列文创产品。

1. 重视浙东史学派的文化价值，多渠道、多方式转化利用

首先，筹建浙东史学派纪念馆。浙东史学派纪念馆将以弘扬和传承浙东史学文化为主要目标，配备多样化的功能设施，以不同形式和多种视角向参观者全景式地呈现浙东史学派的发展演变历史及其蕴含的文化价值、文化内涵、当代意义。浙东史学派纪念馆将主要分为"源起""崛起""传承"三大板块，分别剖析浙东史学派在不同历史阶段的发展历程，结合每个阶段的代表人物，透视浙东史学派的精神内涵。在"源起"板块，将主要以浙东史学派的开山鼻祖黄宗羲为核心人物，围绕黄宗羲的史学思想，通过文字、影像等资料，完整呈现黄宗羲为浙东史学派所做的奠基性工作，让参观者领悟浙东史学派的原初精神。在"崛起"板块，将以邵晋涵作为关键人物，联系浙东史学派的前后发展历史，串联浙东史学派发展历程的各个重要节点，使浙东史学派的崛起之路能够完整、清晰地呈现在参观者眼前。在"传承"板块，将主要展示浙东史学派对于中国近现代社会发展所产生的深刻影响，传承浙东史学文化内涵，弘扬浙东史学蕴含的时代精神。

其次，举办浙东史学文化论坛。目前，国内对浙东史学派的研究相对较少，多数专家、学者独自开展浙东史学研究，不成规模和体系，缺乏整体性。因此，定期举办浙东史学文化论坛，邀请全国各地浙东史学文化研究的专家学者共同参与十分必要。浙东史学文化论坛将为学界的专家和学者构建一个深入交流的专业性平台，并为专家和学者提供开展团队合作的契机，形成整体性、体系化研究，唤起学界对浙东史学派的关注和重视。在甬高校要重视浙东史学派的学科建设，定期开展学科论坛和学术交流，引导研究生进行相关研究和论文撰写。除了专业性的学术研讨活动，浙东史学文化论坛还可以聚焦教育、经济等社会性、时代性话题，从浙东史学派视角切入，进行相应阐释，大力弘扬浙东史学文化的时代价值。

再次，开展浙东史学派典籍整理工作。浙东史学派源远流长，前后传承逾三百年，不曾中断。在漫长的历史发展过程中，浙东史学派名士贤才辈出，逐步建立起极具规模的思想文化体系，更诞生了众多经典著作。因此，必须围绕浙东史学派展开系统性的典籍整理工作，明确浙东史学派的代表人物、流派传

承、思想内涵等，整理、校点、编辑浙东史学派的代表著作，出版相应的研究专著，为浙东史学派的文化研究、文化宣传等工作提供充实、可靠的资源。

最后，举办浙东史学文化周活动。宁波作为浙东史学派的代表城市，在全市范围内定期开展浙东史学文化周活动，带动全市市民参与浙东史学文化活动，有利于弘扬浙东史学文化中伟大的精神品格和价值理念，推动浙东史学文化在民众中传播，更好地实现传承发展。

2. 依托浙东史学派遗产，规划特色旅游项目

浙东史学派在中国学术史上具有特殊地位，应大力梳理浙东史学的发展脉络，以此作为策划文旅产品的范本，通过不同的载体与表现形式将浙东史学派的价值观念和精神品格融入文旅产品，赋予浙东史学文化以时代活力，打造有内涵、有新意的旅游项目。

一方面，聚焦浙东史学派传承史，串联浙东史学派遗址，规划浙东史学派特色旅游线路。宁波拥有丰富的浙东史学遗址，可串联白云庄、黄宗羲墓、万斯同墓、全祖望墓以及朱舜水纪念堂等浙东史学遗址，规划旅游线路，聚焦历史人文特色，打造浙东史学派特色旅游线路。此外，可以依托浙东史学派遗存的古建筑遗产，打造浙东史学派历史文化街区。如余姚拥有丰富的浙东史学古建筑遗产，可以以浙东史学派为主题，选择代表性的浙东史学遗址，围绕浙东史学文化，打造历史文化街区，吸引外来游客前来旅游参观。

另一方面，宁波作为浙东史学学术传统的重要发源地，具有丰富的优秀传统文化资源，可以细挖精选，对接中小学、社会组织机构，开展国学教育，承担文化传承的使命，增强文化自信，助力社会主义文化强国建设。主动对接教育局、文化和广电旅游体育局等政府部门，加强与学校和社会机构等的合作，推动浙东史学派特色旅游线路纳入中小学研学计划，推动浙东史学遗址成为中小学生研学实践教育基地和营地，利用周末、节假日和寒暑假，开展国学教育、研学活动，融文化溯源、传承发展为一体，以优秀浙东史学文化塑造青年一代，培育热爱优秀传统文化，奉行经世致用、知行合一理念的新青年。

3. 挖掘浙东史学文化内涵，打造系列文创产品

围绕浙东史学派崇实求真、经世致用的价值观念以及笃信好学、坚贞守义的精神品格，通过资源整合、合理规划、营销包装等方式，充分挖掘浙东史学派的内在文化，发挥价值引领作用，打造"浙东史学"系列文创产品，对文化

基因进行传承和开发利用。

　　一方面，围绕浙东史学文化，开展系列文创产品转化开发。加强与社会力量合作，设计以浙东史学文化为主题的明信片；制作一系列带有浙东史学派文化特色的文具用品，如文具盒印刷浙东史学文化元素；制作带有浙东史学派形象标识的挂饰，如手机壳、手环等。开展"浙东史学"标识设计大赛，广泛调动社会各界力量参与，征集独具特色、彰显浙东史学文化内涵的文化标识，在城市地标等空间场所展示浙东史学标识，不断提升浙东史学的知名度及影响力；在主流网络平台征集有关浙东史学派代表人物的形象设计方案，以具象化的形式展现浙东史学，创新性传播浙东史学文化。

　　另一方面，宁波作为浙东史学学术传统的重要发源地，具有丰富的优秀浙东史学文化资源，可以围绕"源起""崛起""传承"拍摄《浙东史学派》纪录片。"源起"一集聚焦开山鼻祖黄宗羲，围绕黄宗羲的生平经历阐释其史学思想的形成、演变及对后世的影响，完整呈现作为鼻祖的黄宗羲对浙东史学派的贡献。"崛起"一集先呈现浙东史学派的衰落演变历史，串联浙东史学派发展历程的各个重要节点，再以邵晋涵作为关键人物，展现其作为浙东史学派中兴人物对浙东史学派的贡献，使浙东史学派的崛起之路能够完整、清晰地呈现给观众。"传承"一集主要展示浙东史学派对于中国近现代社会转型、发展所产生的深刻影响，挖掘浙东史学文化蕴含的时代精神和时代意义，促使浙东史学文化精髓与新时代社会主义精神文明建设相结合，推动社会经济文化发展。《浙东史学派》以纪录片形式全景式地展现了浙东史学派的历史演变、传承发展、思想内涵、文化价值、时代意义。

参考文献

　　1.钱茂伟：《论浙学、浙东学术、浙东史学、浙东学派的概念嬗变》，《浙江社会科学》2008年第11期。

　　2.肖季文：《谈谈中国史学经世致用传统》，《历史教学》1997年第6期。

　　3.徐定宝：《浙东学派的思辨精神和当代价值》，《宁波经济（三江论坛）》2005年第8期。

　　4.杨太辛：《浙东学派的涵义及浙东学术精神》，《浙江社会科学》1996年第1期。

十洲潋滟·月湖（吴维春摄）

四、月湖文化

月湖位于宁波市城区西南，是宁波古城内现存唯一的大面积水域，享有"浙东邹鲁"美誉。月湖开凿于唐贞观年间，宋元祐年间建成月湖十洲。宋元以来，月湖士大夫文化繁荣，书院林立，藏书楼荟萃，成为浙东学术中心。唐代大诗人贺知章、北宋名臣王安石、南宋宰相史浩、宋代著名学者杨简、清初史学家万斯同与全祖望等风流人物，或主持学院，或传道讲学，或隐居于此，或著书传世，都在月湖留下了不可磨灭的印迹。同时，月湖也是宁波的文化交流中心，存有见证古代中国与高丽友好往来的高丽使馆、作为日本家喻户晓的《牡丹灯记》素材的月湖湖心寺等，在中外交流史上写下重要篇章。

在千百年的历史潮流中，月湖作为浙东学术中心，以及宁波乃至浙东的对外文化交流中心，见证了众多学术思想、异域文化的一次又一次碰撞。在不同思想碰撞，新的火花不断迸发的过程中，月湖作为宁波千年府城文化中心的地位也逐步奠定。

（一）月湖文化核心文化基因解析

1. 物质要素

月湖，位于宁波市城区西南，开凿于唐贞观年间，是宁波市区著名的风景名胜区。月湖呈狭长形，面积约 0.2 平方千米。南宋时期，皇室南迁，明州人才辈出，逐渐登上政治舞台并开始拥有举足轻重的影响力，明州的经济也随之蒸蒸日上。紧靠宁波最繁华地带三江口的月湖也因此广筑亭台楼阁，遍植四时花树，形成月湖十洲胜景，分别是湖东的竹屿、月岛和菊花洲，湖中的花屿、竹洲、柳汀和芳草洲，湖西的烟屿、雪汀和芙蓉洲，此外还有三堤七桥交相辉映。千余年来，闻人贤达、世家大族环湖而居，府邸、书院、藏书楼林立。月湖公园景色宜人，有银台第、水则碑、佛教居士林、月湖桥、高丽使馆等著名建筑。自宋以来，月湖十洲为官宦居住、讲学首选之地。月湖大宅有三处，分别是童宅、林宅和袁宅。此外，月湖景区的寺庙和小楼不少，有湖心寺、清真寺、烟屿楼、灵应庙、花果园庙等，月湖景区被绿树修竹环抱，碧绿的湖水流淌在月湖建筑底下，时不时传来一两声鸟鸣。

优越的地理位置和优美的生态环境为月湖吸引众多文人墨客前来观赏创造了客观条件。同时，月湖水域面积虽小，但长达 2430 多米的湖岸线，也为文人墨客的活动提供了宽广的活动空间。

2. 精神要素

（1）崇文尚学的学术文化

宋庆历年间，年仅 27 岁的王安石担任鄞县知县，开启书香月湖的篇章。来到鄞县后，王安石决心改变当地文风不盛的状况，营造崇文尚学的社会风气。在宋仁宗支持下，鄞县县学在月湖畔应运而生，官办教育机构的兴办带动了整个宁波民间私人书院的发展，月湖畔以及明州地界内一时书院林立。

也正得益于书院林立、文化勃兴，诸多名士大儒闻名而来，在书香月湖的历史篇章中留下浓墨重彩的一笔。南宋期间，明州出现了以杨简、沈焕、舒璘、袁燮四学者为核心的"四明学派"，宁波人称为"淳熙四先生"。徐季子先生在《月湖的学术——记四明学派》一文中写道："四明学派是南宋时期以传陆九渊心学为宗旨，以尊德性为目的的学术派别，其主要代表人物为杨简、袁燮、舒璘、沈焕，人们尊称他们为'甬上淳熙四先生'……四人都是明州人，同时入太学，先后中进士，又都拜陆九渊（象山先生）为师，既是同乡、同学，又属同门。杨、袁、沈三人晚年又同在宁波月湖讲学……后来学者将四先生学术称为四明学派。"作为南宋期间两大哲学派别之一的代表人物，陆九渊提出"宇宙便是吾心，吾心即是宇宙"，同时也认为"心"和"理"是永久不变的。陆九渊公开宣示"学苟知本，六经皆我注脚"。"淳熙四先生"继承陆九渊的心学思想，在月湖进行讲学。宋元之交的大儒王应麟，在月湖畔建有藏书楼汲古堂。王应麟幼时受到陆氏心学影响，后吸收朱熹理学、吕祖谦吕学、永嘉学派功利学等学术思想，形成博洽多闻的深宁学派。其一生著述计有20余种、600多卷，以《困学纪闻》《玉海》等对后世影响较大。王应麟的学生袁桷集书万卷，编有《袁氏新旧书目》等10余种，亦对后世产生了一定的影响。明代中期，四明学者阳明先生王守仁（1472—1529）初习程朱理学和佛学，后转研陆九渊心学，发展成为陆王心学的"姚江学派"，或称"阳明学派""王学"。王守仁除了继承象山心学外，还在理论上提出"致良知"学说，把封建伦理道德说成人生而具有的"良知"；倡导"知行合一"和"知行并进"，反对割裂知行关系的论点。明清之际，黄宗羲、万斯同、全祖望等浙东史学派代表人物也曾在月湖畔讲学。浙东史学派着重史学，强调"六经皆史""经世致用""先穷经而后求证于史"，不少地方还涉及政治方面，其学术思想源远流长，影响广泛。浙东史学派在坚持学术研究时提倡刻苦研读、考证有据、崇实黜浮、精益求精、坚持真理、不泥陈说，还主张通达古今、贯通经史、学融中西、经世致用、开拓创新。除此之外，还强调要坚持民族大义和民族气节，爱祖国、爱人民，敢于实话实说。随着社会历史的更迭，月湖畔逐渐成为名师大儒传道讲学、学术研究的中心，并最终发展成为享誉浙东的学术高地。

书院的兴起，吸引众多名家大儒先后来到月湖畔开展学术研究活动，同时也带来了另一大变化，即对知识的推崇——尤其体现为月湖藏书楼的发展。月湖藏书兴于北宋，如楼郁，自六经至百家传记，无所不读，家藏书万卷，手抄居半。此后月湖历代藏书楼中，藏书多者如：南宋楼钥的"东楼"、史守之的"碧注"、赵彦逾的"重楼"，元代袁桷的"清容居"，明代丰坊的"万卷楼"、范钦的"天一阁"，清代徐时栋的"烟屿楼"，民国时期朱鼎煦的"别宥斋"、冯贞群的"伏跗室"等。

藏书文化的盛行，体现的是当地社会对文化知识的执着追求，凸显了地域对文化价值的重视、对独立人格的追求以及对社会的责任感，折射出一种"上薄拜神教，下防拜物教"的理性人文精神。时至今日，月湖崇文尚学的学术文化仍然影响着一代又一代的宁波人。

（2）积极入世的士人文化

月湖浓厚的学术氛围使月湖学子得到了良好的学术熏陶。在"学而优则仕"观念的影响下，月湖出现了众多的名门望族，其以"为天地立心，为生民立命，为往圣继绝学，为万世开太平"为初衷，逐渐发展成为中国封建王朝一支举足轻重的力量。

月湖楼氏本是明州当地典型的财富型平民家族,"庆历五先生"之一的楼郁开启了楼氏步入历史政治舞台中央的序幕。楼郁之孙楼异是两宋之际负责监造大船的专家,在宋朝重视水军建设的社会背景下,因公务而心力交瘁,病逝于任上。楼氏后人楼钥则是活跃于南宋孝宗、光宗、宁宗三朝的重要政治人物,在绍熙内禅、庆元党争等一系列重大历史事件中都扮演着不可或缺的角色。从北宋仁宗至南宋理宗,楼氏进士及第者达 40 人,因荫补而仕者众多。楼氏一度成为两宋之交宁波第一大家族。

"一门三宰相,四世两封王"的月湖史氏是月湖士人家族的另一典型代表。史氏文脉自史诏进入太学开始,其曾孙史浩正式开启史氏家族兴盛的历史。史浩历仕三朝,在为相期间,老成持重、足智多谋,不仅在选拔人才、勤修内政等方面极有作为,还平反了岳飞冤案。史弥远是南宋两朝权臣,专政 26 年,虽然在政治上颇受非议,但不可否认的是其在南宋王朝有强大的影响力。史嵩之为相 8 年,同样也因独断专行而受后世非议。除此"三相"外,史氏还有"五尚书,七十二进士",这些都证明了史氏家族在南宋王朝的政治舞台上占据着不可或缺的地位。

(3)雅俗共赏的生活文化

月湖的绝美风景为来此学习、生活、工作的人们提供了良好的生态环境,而士人在此的日常学习生活也推动了月湖畔各方面精致典雅生活文化的形成与不断发展。

宋元祐至绍圣年间,月湖进行疏通,月湖十洲也正式形成,成为宁波当地的一座大型公共园林。月湖内景物数量并不多,多栽植竹、松、柳等具有象征意味的植物,建筑物多是庐、亭、堂,力求园林与月湖自然环境的契合,园林设计与建造的写意化,追求净而不浊、恬淡自然、意境悠远。

中国有着发达的酒文化和茶文化传统,酒在一定场合还代表着长幼尊卑的礼仪秩序。士人与酒是中国古代文学长久不衰的话题,诸多传世名篇是由士人酒后而作,月湖亦有关于士人与酒的故事。史浩《画堂春·茶词》云"小槽春酿香红。良辰飞盖相从。主人着意在金钟。茗碗作先容。　欲到醉乡深处,应须仗、两腋香风。献酬高兴渺无穷。归骑莫匆匆",描写了士人生活中的饮茶文化。

诗社也是月湖文化家族的重要活动载体。得益于江南地区便利的交通和充裕的物质条件，很多文人墨客聚集于此，吟诗作对，寻求生活之乐、精神之乐。月湖诗社创作的诗歌至今仍有不少传世。

（二）月湖文化核心文化基因的提取与评价

月湖作为宁波的母亲湖，孕育了一代又一代的宁波人，也孕育出灿烂辉煌的浙东学术文化。基于对相关资料的全面、深入分析，将月湖文化核心文化基因主要提取为"宁波人民的母亲湖、浙东文化的学术中心地"。

1. 生命力评价

月湖开凿已有将近 1400 年历史，其依托良好的自然地理条件与人文底蕴，逐渐发展成为宁波千年府城的文化中心。王安石在月湖周围创办县学，开启月湖文脉，后月湖畔书院林立，名家大儒众多，诸多学术流派在此发生激烈碰撞，思想火花不断迸发，士人家族或由此发家步入政坛，或在此隐居，在享受田园山水的同时进行文学创作。时至今日，月湖书香文脉仍然流传不衰。1999 年，月湖畔始建院士林，一棵银杏树代表一位甬籍两院院士，月湖书香文脉以当代化的方式传承下来。

2. 凝聚力评价

月湖是一片有着深厚文化底蕴的水域，同时也凭借优越的地理位置和发达的经济条件，吸引了众多文人世家来此生活学习，也吸引了周遭寻常百姓在此定居。在长期的生活中，月湖在月湖子弟心目中的文化认同感不断增强，"以天下为己任"的爱国主义士人文化逐渐转化为对家乡的热爱。由此走出的月湖子弟在各地发展后，又献出自己的一份力，帮助月湖和宁波的经济建设。这种互相帮扶的循环，体现出强大的凝聚力，历史悠久的月湖也因此愈发活力十足。

3. 影响力评价

月湖享有"宁波西湖"美誉，对于宁波来说，月湖地处宁波市老城区中心，见证了宁波的发展，月湖畔的历史建筑林立，为研究浙东历史以及建筑史提供了实例。同时，月湖也是四明学派、浙东史学派等学派讲学布道的学术中心。近年来，国家大力提倡文化自信，强调要树立对传统文化、传统思想价值体系的认同与尊崇感。与月湖有着千丝万缕联系的阳明心学是中国传统文化的精华，也是增强中国人文化自信的重要切入点。月湖作为浙东学术的中心，见证了无数次的学术思想碰撞，也培养了一批又一批的学术精英，由此走出的学术精英对浙江省乃至全国都产生了跨时空的深远影响。

4. 发展力评价

2018 年，国务院办公厅印发《关于促进全域旅游发展的指导意见》，明确指出要"加大旅游产业融合开放力度，提升科技水平、文化内涵、绿色含量"。文旅融合发展成为推动旅游地焕发活力的新发展模式。自 2010 年始，月湖积极与周边景区融合开放，与天一阁景区合作共建的宁波天一阁·月湖景区于 2018 年成为文化和旅游部成立以来首批公布的 9 个 5A 级旅游景区之一，也是宁波第二个 5A 级旅游景区。2021 年，经由宁波市第十五届人民代表大会第六次会议批准的《宁波市国民经济和社会发展第十四个五年规划和二〇三五年远景目标纲要》明确提出，"打造天一阁·月湖等具有宁波辨识度的标志性文化地标"，"全力打造天一阁·月湖等全国一流景区"。在政府支持和众多月湖子弟的共同努力下，月湖有望重新散发昔日的光辉。

（三）月湖文化核心文化基因的转化利用

1. 立足历史，打造"千年明州"旅游品牌

首先，整合月湖景区文化资源。月湖景区内现有的文化展览资源与月湖深厚的文化底蕴并不匹配。现有茶文化博物馆、银台第官宅博物馆等小规模博物馆，受限于规模，知名度低，分别加大资金投入所产生的社会文化效益比较有限。应在月湖周围选址，建立月湖博物馆，将现在的茶文化博物馆、银台第官宅博物馆等进行资源整合，并在此基础上新增专门的月湖历史、月湖学术文化等相关展览，展现月湖作为宁波千年府城文化中心的地位。同时，可在月湖博物馆平台增设"月湖历史讲坛"，邀请月湖世家后代讲述月湖历史；开展"月湖故事大赛"，面向社会征集"我与月湖"系列故事；开展"月湖摄影摄像大赛"，面向社会收集月湖相关影像作品；开展"书香月湖大赛"，分别设立成人组、学生组，面向社会征集文学作品；等等。

其次，开设"宁波中外文化交流旅游专线"，将月湖周围的雪舟纪念馆、高丽使馆等见证中外友好交流的历史建筑景点，甚至月湖周围的宁波著名景点如鼓楼、天一阁等融入其中。政府相关部门也应做好保障工作，积极开设专门

旅游路线公共交通，在相关路口增设旅游地图或路标，为外地游客游览当地相关景点提供便利。此外，"宁波中外文化交流旅游专线"的开通不仅能够为外地游客提供一条了解宁波历史文化的捷径，也可以作为宁波市中小学生了解家乡文化建设的研学路线。月湖主管部门可与宁波市教育局等相关单位开展合作，邀请组织宁波市中小学生假期参与"宁波中外文化交流旅游专线"，使宁波市中小学生加强对家乡的认识，深化爱国爱乡之情。

最后，充分利用月湖水域资源，增设水上观光旅游项目。可在现有的月湖游船项目的基础上，更改游船外观，对现有的"小黄鸭"游船进行改造，选用仿古设计，凸显月湖千年历史文化底蕴；充分利用月湖周围园林资源，在夏季打造公共露天影院，播放热门影视作品，吸引周围群众饭后到此乘凉休息。

2. 古今结合，进行月湖文化文艺创作

"一部宁波史，半部在月湖。"月湖对宁波的重要性不言而喻。月湖拥有将近1400年的历史，是宁波这座城市在历史洪流中砥砺前行的最好见证者。因此，月湖也是讲述月湖故事和宁波故事的不二地点。在进行文化旅游资源开发的过程中，应充分挖掘月湖深厚的文化底蕴，以跨时空视角进行大型文艺作品创作，让游客在月湖畔听到穿越时空的王安石讲述如何修钱湖、兴庠序，开启宁波千年府城文脉；听到穿越时空的王阳明阐述为何要致良知、知行合一，冲破封建思想的禁锢，追求个性解放；听到范钦述说"天一生水，地六成之"，体会其建立天一阁的喜不自胜……通过大型文艺作品，引领外地游客以及宁波本地市民更好地了解月湖历史，弘扬宁波文化。

一方面，由相关部门牵头，设立文化专项资金，聘请业界著名导演，组建拍摄团队，选取国内影视圈具有实力的演员，以"庆历五先生"办学事件、月湖书院建设等相关故事内容为基础，改编或创作剧本，拍摄电影、电视剧等。同时，聘请宁波当地高校科研机构，如宁波大学浙东文化研究中心等作为学术顾问，对拍摄过程中应当注意的细节问题进行讲解，以保证影视作品质量，真正反映宁波月湖悠久的历史文化。

另一方面，同样由相关部门牵头，结合宁波当地特色剧种甬剧，邀请甬剧界专家，以月湖故事为基础，创作剧本，形成月湖戏剧，并定期在月湖畔公共露天影院以及宁波大剧院等地点进行展演，弘扬月湖文化。

3. 推陈出新，开发月湖品牌文创产品

月湖有着丰富的文化遗产，如茶文化、篆刻文化等。但这类文化的受众群体往往具有局限性，青年人对其往往不甚了解。应利用年轻群体对于新奇事物的好奇心，组建专门的文化创意产品设计团队，将月湖深厚的文化底蕴与实体产品结合起来，进行文化创意产品的创作设计。通过公开招标形式确定生产厂商，规模化生产文化创意产品。在销售的过程中，可以结合如今在年轻群体中盛行的"盲盒经济"，提高月湖文化创意产品的销量。在设计的过程中，应注重美观性与实用性的结合。

同时，近年来"汉服热"方兴未艾，其背后反映的是年轻人对中国传统文化的热爱。月湖有着典雅精致的宋韵文化底蕴，强调"风雅处处是平常"的生活方式与生活美学。可设立专项基金，由相关部门牵头建立宋韵文化展览馆，通过数字化的形式重现南宋居民的生活日常，再现南宋宫廷礼仪、饮食。还可在宋韵文化展览馆内建立宋韵文化体验馆，设立点茶、挂画、插花等文化项目，供游客深度体验。

月湖优美的生态环境也应加大利用。可与宁波当地高校合作，举行月湖写生活动，对来月湖写生的学生予以补贴；开展月湖风景画征集工作，选出优秀作品，在支付稿费取得使用权后，将之用于文化创意产品的生产中。

参考文献

1. 黄文杰：《书香世家：月湖丛楼中的丰氏、范氏》，《宁波通讯》2015 年第 1 期。

2. 黄文杰：《书香月湖：江南士人的精神构建与历史流变》，宁波出版社 2016 年版。

3. 罗曼丽：《大型旅游演艺产品品牌建设研究——以〈宋城千古情〉和〈印象·西湖〉为例》，《长春师范学院学报》2013 年第 6 期。

4. 徐季子：《月湖的学术——记四明学派》，见宁波市海曙区政协文史委：《璀璨明珠——月湖》，中央文献出版社 2002 年版，第 3—8 页。

雪窦山布袋弥勒佛像

五、弥勒文化

宁波弥勒文化底蕴深厚，既流传有弥勒化身的"布袋和尚传说"，也保存有弥勒文化物质载体的五山十刹之第五刹——雪窦寺。深厚的弥勒文化底蕴是宁波人文内涵的重要体现，加重了宁波在中国佛教发展史上的特殊地位。

布袋和尚，名契此，唐末五代著名僧人，是一位真实的历史人物。布袋和尚生长于奉化长汀村，出家圆寂于奉化岳林寺，曾在雪窦寺讲经弘法，肉身葬于奉化市区封山之腹。布袋和尚传说，孕育于布袋和尚死后不久的五代，在宋代开始流传，经元、明、清、民国以至中华人民共和国不断发展丰富，成为家喻户晓、人人皆知的民间文学精品。宋代以来，汉传佛教将其作为弥勒化身，当成弥勒供奉。因此，源自印度庄严神圣的弥勒佛，演化成亲切可爱、乐观豁达的中国布袋和尚形象，既增添了布袋和尚传说的影响力，也使传说内容带上了种种神奇色彩，更具新颖性。

（一）弥勒文化核心文化基因解析

1. 物质要素

（1）雪窦寺

雪窦寺，全称为雪窦资圣禅寺，坐落在"秀甲四明"的雪窦山山心。雪窦寺开创于晋代，兴起于大唐，鼎盛于两宋，南宋时被敕为"五山十刹"之一，明代被列为"天下禅宗十刹五院"之一，民国时期一度跻身"五大佛教名山"之列。

雪窦寺寺院分为中、东、西三条轴线，由六大功能区组成，即大佛核心区、礼佛朝拜区、弥勒群雕区、文物展示区、休闲养生区、旅游购物区。其中大佛核心区的建设体现了弥勒法门的修行次第，向世人展示了"笑迎天下，包容大千"的弥勒精神。

雪窦寺具有悠久的历史，深厚的弥勒底蕴，早已成为奉化溪口乃至宁波的一个重要文化符号，闻名海内外。

（2）弥勒佛像

雪窦寺乃至雪窦山最基本、最主要的特色是弥勒文化，弥勒佛像是弥勒文化的物质载体。弥勒佛像坐落在雪窦寺后山海拔369米的高山坡上，大佛高33米，端坐在高9米的莲花座上。座莲下是三层天坛形建筑，高度为56.74米，直径为上层33米，下层86米。整座弥勒佛像是用500多吨锡青铜铸造的，内部由重达400多吨的钢骨架支撑。

弥勒佛像和岩体相连，稳固坚实，宏伟壮观，气势非凡，是目前全球最高的坐姿铜制弥勒大佛造像，也是弥勒文化的重要象征。

2. 精神要素

（1）欢喜和乐

布袋和尚生相特异，性情温和。因其"心宽体胖、笑态可掬"的外在形象，百姓一改称呼出家人为"某某师父"的习惯，称呼其为"笑和尚""欢喜和尚""咪咪菩萨"。

古往今来，文人墨客都在颂扬弥勒佛，如楹联"开口便笑，笑古笑今，凡事付之一笑""年年坐冷山门，接张待李，总见他欢天喜地"，可看出弥勒佛欢喜和乐精神内涵的深入人心。弥勒文化一改佛教着重讲"苦"的固有印象，劝诫世人以积极进取的态度应对困难，向世人展示出乐观向上的弥勒佛形象。

（2）慈悲包容

布袋和尚的慈悲包容，主要体现在其倡导的处世态度——"大肚能容，容天下难容之事"，同时也在于其广取兼蓄的品格。传说弥勒化身布袋和尚常身负一个布袋，见物就乞，入之污秽，出之美食。布袋和尚在一首偈子中写道："是非憎爱世偏多，仔细思量奈我何。宽却肚皮常忍辱，放开笑口暗消磨。若逢知己须依份，纵遇冤家也共和。能使此心无挂碍，自然证得六波罗。"这种包容兼蓄的慈悲达观精神，影响深远。

（3）聪敏睿智

在民间流传的布袋和尚传说中，布袋和尚常常通过点化、教化，或是通俗易懂的偈语等方式劝诫世人要知足谦让、慈悲包容。如"我有一布袋，虚空无挂碍。展开遍十方，入时观自在""六根清净方为道，退后原来是向前""金银积如山，难买无常限"等，颇具哲理和智慧。

3. 语言与符号要素

（1）"笑口常开""大肚能容"的形象

弥勒形象在定型为笑口常开的布袋和尚前，曾有过以在家居士傅大士为原型的"白衣弥勒"等形象，然而最终得到民众认可的是布袋僧形象，因为布袋僧形象是弥勒"施乐"性格的生动体现。布袋和尚"笑口常开""大肚能容"的形象既同中国人的国民性和乐观向上的精神追求相一致，也是佛教慈悲、宽容、乐观、向善等理念的形象化展现。

（2）布袋僧人形象

布袋和尚常用杖挑着一个布袋入市，见物就乞，将别人供养的东西放进布袋，从来没有人见他将东西倒出来，但布袋总是空的。假若有人向布袋和尚请教佛法，他便将布袋放下。如若还不理解布袋和尚的意思，继续再请教，布袋和尚便立刻提起布袋，头也不回地离去。若仍不理解其佛法内涵，布袋和尚便会捧腹大笑。

（3）雪窦山弥勒大佛造型

雪窦山弥勒大佛坐北朝南，为铜质坐姿，左手提布袋，右手握佛珠，慈眉善目，笑容可掬，袒胸露腹。大佛以奉化布袋和尚基本形态为造型，是中国化的弥勒佛像，宽大的额头表示智慧无量，慈悲的佛眼表示慈心无尽，双耳垂肩寓意长命富贵，笑容可掬表示施乐人间，袒腹露背表示真诚宽厚，大腹便便表示海量包容，左手握布袋寓意提起责任、放下烦恼，右手提佛珠表示把握未来乾坤，右腿曲立表示行动就在当下，左脚横放，脚趾上有"慈悲智愿行"，登上莲台，恭抱佛脚，即为亲近佛身，寓意"知足常乐"。

4. 规范要素

（1）固定的佛事活动

围绕布袋弥勒，雪窦寺每年都有固定的佛事活动，如"三月三龙华会朝圣

礼佛祈福法会"。农历四月初八释迦牟尼佛诞辰日，雪窦寺举办传灯浴佛法会，同时举行"佛诞慈善一日捐"，所得款项全部用于救助社会弱势群体。

（2）雪窦山弥勒文化节

中国（奉化）雪窦山弥勒文化节由中国佛教协会指导、浙江省佛教协会主办，以"慈行天下·和乐人间"为主题，现已升格为宁波市级节庆活动。

雪窦山弥勒文化节通过学术研讨、群众活动、影视文艺等多种形式，深入挖掘、弘扬弥勒文化内涵，成为一年一度的宁波全民共享文化盛会。同时，积极策划活动，参与国际交流，已与亚洲、欧洲、美洲的50多个国家和地区开展弥勒文化互访，不断扩大弥勒文化和"中国佛教名山——宁波奉化雪窦山"的海外影响力，传播与弘扬优秀中华文化。

近年来，雪窦寺深入阐释弘扬弥勒文化的和谐、和乐精神，积极参与"一带一路"对话交流，推动佛教文化的传承发展和文明之间的互鉴交流。

（二）弥勒文化核心文化基因的提取与评价

宁波弥勒文化的精神内涵是平和、慈悲、宽容、快乐与智慧，在现实生活中体现出简易、朴素、无欲无求的亲切感，以及既混迹于世俗又不为世俗所束缚的解脱感。宁波弥勒文化深层的文化基因在于其数千年来的文化积淀，植根于奉化水乡千百年来民众的生产活动与日常生活。基于对相关资料的全面、深入分析，将弥勒文化核心文化基因主要提取为"清净超越的出世精神以及慈悲、包容、欢喜、和乐的弥勒文化"。

1. 生命力评价

从存续时间上来看，宁波弥勒文化自出现起延续至今，未曾明显中断。布袋和尚的事迹始见于北宋初年，在赞宁所著的《宋高僧传》卷二十一的《唐明州奉化县契此传》中出现。记载弥勒言行的经典从东汉开始传入中国，一直延续到唐代，持续影响着中国化弥勒信俗的演变。自唐末五代开始，民间流传奉化布袋和尚契此为弥勒佛化身的说法，并逐渐得到佛教界的认可。

历史悠久的雪窦寺是弥勒道场所在地，晋代开山时称"瀑布院"，至今已有1700余年历史。北宋时，宋真宗敕赐"雪窦资圣禅寺"寺额；南宋宁宗评定天下寺院等级，雪窦寺列为"五山十刹"之一；宋理宗赵昀御书"应梦名山"，遂有"应梦道场"的盛誉；明代时，雪窦寺被列入"天下禅宗十刹五院"。

目前流传的弥勒文化涵盖了中国社会和中国化佛教主张的凡圣平等、容忍大度、乐观处世的精神内涵，"慈悲、包容、欢喜、和乐"的弥勒文化不断得到充实、丰富，深受民间百姓的喜爱和认同。

2. 凝聚力评价

弥勒文化影响深远，广泛凝聚起区域集体力量，推动地区经济发展、文化繁荣、社会和谐。雪窦寺及布袋和尚传说是宁波弥勒文化核心文化基因的集中代表，是其凝聚力的体现。雪窦寺秉承布袋和尚慈悲济世的精神，在每年的农历四月初八举行"佛诞慈善一日捐"活动，将释迦牟尼佛诞辰之日传灯浴佛法会上所得善款全部用于救助社会弱势群体。2012 年，雪窦寺发起成立了浙江省第一家由佛教界创办的省级慈善基金会——浙江雪窦慈光慈善基金会，迈出寺院慈善事业规范化的步伐，凝聚起爱心人士力量，促进社会和谐稳定。

3. 影响力评价

"慈悲、包容、欢喜、和乐"的弥勒文化具有全国性、世界性的影响力。雪窦寺位于雪窦山心，创于晋、兴于唐、盛于宋，至今已有 1700 余年历史。千百年来，香火旺盛，高僧辈出，是弥勒佛的道场。

2008 年开始，以奉化雪窦山为主要基地，弥勒文化的弘扬传播收获良好效果。雪窦山与亚洲、欧洲、美洲的 50 多个国家和地区开展文化互访交流活动，雪窦山中华弥勒文化"入驻"尼泊尔、柬埔寨等国家。2013 年，尼泊尔中华寺为雪窦寺捐赠的人间弥勒佛像举办供奉开光法会。2015 年，在"中华弥勒，南极慈行"活动中，雪窦寺监院惟祥法师与专家学者一起，历时 24 昼夜，数万里行程，将一尊中国人形象的布袋弥勒与具有中国传统文化和地域特色的文化作品送到南极。

以布袋和尚传说为基础形成的中国特色弥勒文化，是在中印文化长期、全面、复杂的交流互鉴中形成的文化结晶。北宋哲宗元符元年（1098），皇帝颁诏赐布袋和尚号为"定应大师"，使布袋和尚声名显赫。布袋和尚的形象漂洋过海，流传到日本以及东南亚、朝鲜半岛等。今天，在日本、韩国以及东南亚的寺庙都供奉有"中国弥勒佛"布袋和尚。

4. 发展力评价

"慈悲、包容、欢喜、和乐"的弥勒文化与当代精神追求和价值理念相契合。2011年，"布袋和尚传说"被列为第三批国家级非物质文化遗产名录；2015年，奉化被认定为"中华弥勒之乡"。雪窦山成为海内外弥勒文化信俗中心，为弘扬弥勒文化起到了积极作用，弥勒形象被越来越多的外国友人认同与喜爱。弥勒化身被称为"欢喜佛""快乐的中国人"，弥勒笑脸被称作东方的"慈悲之笑"，弥勒文化已经跃升为中国的"文化符号"之一。

以布袋和尚传说和雪窦寺为代表的弥勒文化，其文化基因经过创造性转化、创新性发展，具有推动文化繁荣发展、维系社会和谐稳定的作用。

（三）弥勒文化核心文化基因的转化利用

一方面，加强雪窦寺名山顶层设计。雪窦寺坐落在雪窦山风景名胜区，它是国家森林公园、国家5A级旅游景区，被誉为"四明第一山"。雪窦山景区规划面积52公顷，由中、东、西三条轴线和六大功能区组成。中轴线为大佛主景区，东轴线为大佛副景区，西轴线为原雪窦寺建筑。六大功能区布局动静结合，分别是：大佛核心区、礼佛朝拜区、弥勒群雕区、文物展示区、休闲修身区、旅游购物区。雪窦山坐拥名刹，可以充分利用寺院的优越地理位置，将寺院作为景区的重要组成部分，坚持巩固弥勒根本道场地位，推动旅游开发，促进经济发展。

另一方面，基于雪窦山丰富的生物资源及自然景观，开发生态游线路，串联雪窦山代表性景点，展现雪窦山核心文化底蕴。充分挖掘弥勒文化的正能量内涵，不断增强佛教传统文化精神对社会和谐的贡献力。

参考文献

1.李璇：《弥勒文化晕染下的山水与人文——国家AAAAA旅游景区溪口—滕头创建纪实》，《宁波通讯》2009年第1期。

2.宋达军：《弥勒文化的当代价值》，《宁波通讯》2013年第21期。

3.魏道儒：《弥勒文化及其全球共享价值》，《世界宗教文化》2018年第6期。

4.徐爱：《雪窦山风景名胜区文化景观历史变迁研究》，浙江农林大学2019年硕士学位论文。

5.怡藏：《宁波奉化雪窦山　大慈佛国　弥勒圣境》，《中国宗教》2016年第3期。

六、青瓷文化

　　宁波作为我国最早烧制陶瓷的地区之一，自东汉晚期以来，便以其精湛优良的制瓷技艺逐渐成为中国陶瓷生产的主要城市。以慈溪上林湖窑产品为代表的越窑青瓷，不仅为国人所广泛使用，更是我国古代海上丝绸之路的珍贵货品，东亚、南亚、西亚乃至北非诸国均有越窑青瓷的倩影。宁波越窑青瓷技艺及其背后所突显的中华文明符号话语体系，对于世界文明发展产生过深远的影响。青瓷文化既代表了高超绝妙的制瓷技艺，也蕴含着敢为人先、开拓进取、精益求精、多元共处、和平交往的区域性格。

　　其中秘色瓷是高端青瓷的代表，具有"青如天，明如镜，薄如纸，声如磬"的特质，曾作为贡瓷进奉官廷皇室，成为"御用青瓷"。上林湖畔的慈溪先人经过反复试验总结出了瓷质匣钵这一关键制瓷技艺，从此开创了以天青色为特征的秘色瓷产品。这不仅是制瓷史上的一大飞跃，代表了这一时期的最高制瓷水平，也成了此后高等级青瓷的代名词，影响了后世包括汝窑、南宋官窑、龙泉窑等一大批名窑以及整个社会的审美取向。目前，慈溪正在打造秘色瓷文化区域性品牌，"秘色瓷都，智造慈溪"成为慈溪的城市口号，"慈溪秘色瓷"国家地理标志证明商标成功注册，"中国陶瓷历史文化名城"这一国字号招牌也落户慈溪，秘色瓷将在新的时代迎来新的发展。

青瓷（宁波博物馆馆藏）

青瓷堆塑罐

154

（一）青瓷文化核心文化基因解析

1. 物质要素

（1）越窑遗址

目前，宁波境内经考古发掘的主要越窑遗址为慈溪上林湖窑及鄞州东钱湖窑，其中上林湖越窑是越窑青瓷的中心烧造区，历史沿用年代约为2—12世纪（东汉至宋）。上林湖越窑遗址是目前发现的烧造年代久远、规模最大、窑场分布最集中的青瓷窑址群，是中国古代制瓷工业最重要的遗址之一，被誉为"露天青瓷博物馆"。以上林湖水库为中心，包括周边的古银锭湖旧址（现已淤为农田）、白洋湖水库、杜湖水库、里杜湖水库边缘的丘陵与平原交界地带，有瓷窑遗址近200处，已编号窑址179处，遗存分布区面积总计232公顷。其中，核心的上林湖片区共有编号窑址115处，包括荷花芯窑址、后司岙窑址等，遗存分布区面积达180公顷。其中后司岙窑址就是秘色瓷的烧造地。上林湖越窑遗址总体保留了从东汉至南宋的历史信息，具有较好的真实性和完整性。不仅遗址的本体保存完好，上林湖越窑烧造时期与其选址、建造、置备原料、瓷器运输密切相关的山林地带地形和历史水系也基本保存完整。可以说，正是上林湖的山清水秀孕育了秘色瓷的独特神韵。

上林湖越窑遗址的考古调查和发掘工作至今已有80余年历史，其中，寺龙口窑址考古发掘项目入选"1998年度全国十大考古新发现"，为后续对荷花芯、后司岙等窑址进行的考古发掘打下基础。其中，后司岙唐五代秘色瓷窑址考古发掘项目入选"2016年度全国十大考古新发现"。

鄞州东钱湖窑也是宁波越窑的重要组成部分，是我国青瓷的发源地之一。东钱湖沿岸早在东汉时已烧制青瓷，五代两宋时期是东钱湖沿岸瓷器生产的鼎盛阶段，东钱湖周边崛起为仅次于慈溪上林湖的中国第二大越窑青瓷产地。东钱湖窑场由上水岙窑址、郭童岙窑址、刀子山窑址等组成，其中以上水岙窑址为典型。上水岙窑址位于东钱湖镇上水村。窑址面积约1.35万平方米，堆积层厚度1.0—1.8米，并列有晋和五代至北宋两个时期窑址。

此外，宁波各地还散布有大小不等的青瓷窑址数十处，如余姚市马步龙窑址，镇海区小洞峤窑址，江北区郭塘岙窑址，鄞州区屋后山窑址、古坟潭窑址、河头湾窑址、明堂岙窑址、瓶窑窑址、东庵古窑址，象山县陈岙窑址，等等。这些青瓷窑址最早建于东汉，大多繁盛于唐宋，与越窑青瓷业发展轨迹一致。

（2）秘色瓷原料

优质瓷土：慈溪上林湖及其周边的区域盛产的优质瓷土，尤其是高硅低铝质瓷土，是烧制秘色瓷不可或缺的原料。由于瓷土中含有金红石和铁矿等杂质，制瓷过程中需要对瓷土原料进行淘洗处理以除去杂质。与普通越窑青瓷相比，慈溪秘色瓷所采用的瓷土需要经过更加繁杂的筛选和淘洗，去除更多的杂质，而在练泥之时，也比一般瓷器要耗时耗力更多，以排出更多的空气，使瓷坯更加紧致。

充足的水源：对瓷石、瓷土等制瓷原料进行粉碎、淘洗、捣拌、陈腐等前期工序，以及后期的制器成型，都需要大量的生产用水。慈溪上林湖越窑及其周边诸窑场所在区域，有上林湖、古银锭湖、白洋湖、里杜湖，以及栲栳溪、东横河、游泾江等众多水系，可为制瓷业提供充足的水源。其中，慈溪的上林湖是一级水源保护区，水质洁净，是秘色瓷这类高品质瓷器生产的先决条件。充足的水系也为秘色瓷后续的外销提供了条件。

配釉原料：釉是瓷器的重要组成部分。慈溪秘色瓷釉层薄，釉面光洁，玻璃质感强，釉色清亮莹润、饱和度偏低，世人以"如冰似玉""无中生水"赞誉釉的美感，与北方以邢窑为代表的白瓷形成了"南青北白"的格局。其在釉料的选取和制备方面有着极高的要求，从而使得慈溪秘色瓷的胎和釉更为纯洁细腻。釉料主要由瓷土、石灰石、草木灰等原料组合而成，慈溪上林湖盛产优质瓷土和石灰石，且周边山林和田地拥有大量的松树、稻草、小毛竹、狼鸡草等草木灰原材料，可为秘色瓷釉的配备提供必要的基础材料。

充足的燃料：慈溪上林湖窑场烧制秘色瓷所用窑炉为龙窑，装烧量大，烧窑时间长，因此燃料的需求量也就格外庞大。慈溪上林湖及其周边窑区所在的翠屏山脉为四明山余脉，有着连绵的丘陵；温暖湿润的亚热带气候提供了充足的水热条件，使得草木繁盛，植被茂密。尤其是马尾松，数量颇多，而松木因油脂含量高，是烧窑较为理想的木材。

（3）秘色瓷制作

器型：秘色瓷的器型依赖于拉坯、捏塑等成型步骤。秘色瓷的器型既继承了魏晋南北朝的青瓷特点，又吸收了唐代金银器的风格，在追求高雅的同时，讲究线条的简约含蓄，不失自然的情趣韵味。秘色瓷将造型艺术与时代背景、人文历史相结合，形成了独特的造型艺术和时代特点。秘色瓷主要包括饮食器具、生活用具、文房用品等。饮食器具数量最多，以碗、盘为主，另有碟、海棠杯、小钵、盏、盏托、执壶等；生活用具主要包括钵、盒、熏炉、罐、灯盏、瓷枕、盆、唾壶等；文房用品在造型类别和数量上均比较少，仅见砚滴、水盂、砚台。秘色瓷中最为著名的代表作八棱净瓶，瓶身以小口、圆唇、长细颈为特征，以腹部突起的八条凸棱为造型主体，大气简洁、端庄典雅。

纹饰：秘色瓷以灰胎薄釉著称，虽然多是素面，但依然有着先进的装饰技法，器物的纹饰也极具特色。秘色瓷表面的装饰纹样是社会审美取向的直接表现，有着强烈的地域风格和时代烙印。具体来说，主要包括刻括、划花、印花、雕塑、戳印、镂空、彩绘、贴饰等多种装饰技法，并运用了多种刻划工具，使得秘色瓷在外形上呈现造型各异、纹饰不一的特征。不同时期的纹饰有着不同的特点，比如中晚唐时期以荷花、荷叶等花卉题材为主；晚唐时期在此基础上新增了小鸟、云鹤、鱼纹等样式；到了北宋早期，转而追求繁复的装饰纹样，出现了四朵缠枝花、四交枝花、莲瓣纹等花样。

烧造：作为高等级瓷器，慈溪秘色瓷在烧造时所使用的匣钵和垫具、支烧具材质同样为瓷土，使得在入窑烧造时，匣内瓷坯与匣钵、垫具、支烧具保持相同的收缩率，从而提高了秘色瓷的成品率。同时，匣钵与匣钵盖之间往往涂釉密封，以隔绝空气进入，制造烧成时的强还原气氛，使得釉色更加清润。匣钵的使用不仅大大提升了瓷坯在龙窑内的装烧量，也使得器物不再受明火烧烤、受热更加均匀，免受落砂之伤。此外，与普通越窑青瓷相比，慈溪秘色瓷一般是一器一匣、单件装烧、一次性使用，以提高秘色瓷的品质。因此，慈溪秘色瓷的烧造成本较高，但这也造就了它的高品质。

（4）对外交流

从公元8世纪后半叶到9世纪初，青瓷开始作为大宗贸易商品通过海上丝绸之路外销。当时，明州港迅速发展成为东南沿海最为主要的外销港口之一，开辟了宁波至朝鲜半岛以及日本的两条新航线，以及宁波经广州再至东南亚等地区的跨板块航线等。从青瓷的海外遗存看，青瓷沿着东横河到达明州港，不但作为大宗商品被运往朝鲜半岛和日本，还被运往南亚、西亚乃至东非等地。近年来，在菲律宾、印度尼西亚、泰国、巴基斯坦、伊朗、埃及、肯尼亚等地都有青瓷出土或被发现。从青瓷烧造技术的交流传播看，受越窑的影响，各地均有仿制品出现，特别是高丽青瓷达到了很高的水平，并返销到我国。正是青瓷的烧制为古代海港的稳定繁荣提供了经济基础和物质保障，进而促进了以海洋贸易为主线的一系列基础设施建设，以及伴随着贸易发生的人群迁移和文化交流。

2. 精神要素

（1）敢为人先、开拓进取的精神

宁波自古以来便是科技高地，无论是余姚井头山遗址出土的世界最早漆器（约8300年前），抑或是鄞州石秃山出土的战国时期羽人竞渡纹铜钺，还是慈溪上林湖产越窑青瓷，都体现了宁波先民技术开创与工艺传承创新的魄力。瓷器，作为最为典型的中国艺术，熔铸与彰显着中华文明的审美高度与匠心精神。瓷本为土，经练泥、拉坯、印坯、利坯、晒坯、刻花、施釉、烧窑而成瓷。青瓷作为一种施有青色釉的瓷器，端庄淑丽、温润纯洁，为瓷中极品。青瓷发明于东汉，其时社会普遍流行的生活用具为陶器，而浙东地区窑场工匠于生产过程中发现了釉的存在与价值。瓷器釉的原料即釉灰，为石灰石煅烧后加水消解，并与狼萁草叠加煨烧而成，釉料中含氧化钙达15%以上。陶器经施釉而成为瓷器，一方面使色泽愈加温润，显得美观大方；另一方面提高了使用价值，拓展了销售市场。于是，浙东窑场工匠便在原制陶流程中增创施釉环节，上釉采用刷釉法。同时，对浙东窑炉进行结构改进，加长加高，增加坯件装烧量，使流动的火焰延长了在窑内停驻的时间，烧成温度约在1300℃左右的青瓷得以烧成。釉在浙东的发现与升级利用，以及浙东工匠对窑炉结构的改进，使青瓷得以出现在人们的生活中。

（2）精益求精、不断创新的工匠精神

从陶到瓷，是一次神奇的跨越。因为瓷器的烧制，离不开原料、工艺、温度等多个技术关卡的突破；而从原始瓷到秘色瓷，制作技艺的精进是关键。这背后正是慈溪先人在科技落后的时代，利用手头有限的原料和工具，凭借精益求精、不断创新的工匠精神创造出的时代奇迹。在繁杂精细的制作工艺中，瓷质匣钵的使用充分体现了工匠的智慧。瓷质匣钵不仅有利于瓷器烧成青绿的釉色，还有利于瓷器与匣钵保持相对稳定，避免瓷器与匣钵互相粘连。但这样一来也加大了烧成后取出瓷器的难度，手艺精巧的工匠绝妙地把握了其中的技术

要点，从而制作出了堪称当时"最高国家标准"的秘色瓷。

（3）高雅柔和、宁静致远的审美品格

青瓷不仅是古人智慧的结晶，还是时人审美趣味和社会生活的一种反映。青瓷整体造型简洁高雅，线条简约含蓄，釉色沉稳内敛，质感温润如玉，深得皇室和贵族的青睐。这首先是因为安史之乱后，经历浓艳繁华的大唐产生了远离迷乱的向往，青瓷以其清浅淡雅的安宁平和，迎合了这种向往宁静的心理需求。其次，当时社会盛行饮茶的风尚，世人格外重视茶具的颜色和质地，青瓷如冰似玉的质感正与清亮的茶汤相得益彰。最后，在儒家思想中，玉代表着美好的品德，以玉比喻君子的品德比比皆是，如"言念君子，温其如玉"。用"如冰似玉"来形容青瓷，将玉的特质赋予青瓷，也表达了世人对美好事物的向往。

（4）多元共处、和平交往的理念

海上丝绸之路是古代中国与世界其他地区交通贸易和文化交往的海上通道，体现了中国历史上在国与国之间关系处理方面奉行的经济互利、政治互信、文明互鉴的友好原则。青瓷作为海上丝绸之路上重要的大宗商品之一，全面见证了古典风帆航海时期中国沿海区域"向海而生、多元共处"的海洋文化传统，也见证了不同地域、不同种族之间历史悠久的跨海贸易、人员往来，更展现了古代人民在海上丝绸之路上不畏艰险、勇于开拓的精神以及多元共处、和平交往的理念。

3. 语言与符号要素

（1）越窑青瓷各时期代表纹样

纹样，一称纹饰，指器物表面的花纹图案。不同国家不同时代，其器物图案有所区别，隐藏着丰富的历史信息。越窑烧制的青瓷，纹样与特征历时代而有所不同。如三国时期，越窑青瓷纹样有水波纹、弦纹、叶脉纹等，晚期装饰趋向繁复，出现斜方格纹。西晋时，越窑青瓷纹样包括连珠网纹带、禽兽纹带等，装饰进一步精致繁复。东晋中期至南朝末，受当时社会审美转型影响，越窑青瓷造型趋向简朴，纹样趋于简练。东晋晚期出现的莲瓣纹，在南朝时成为越窑青瓷的主流纹样。唐代，越窑青瓷纹样多为植物花卉，图案简洁洗练，题材与六朝器物迥然有别。五代时，越窑青瓷更加注重器物造型之美。五代初期，越窑青瓷装饰以素面为主，纤细的划花次之；五代后期，堆贴尤其是刻花大为盛行，纹样有龙凤、鹦鹉、游鱼、荷花、莲瓣、牡丹、海棠等，图案生动活泼，反映出五代陶瓷装饰艺术的较高水平。入宋后，越窑青瓷风格则颇显繁缛，但总体不失庄重典雅的意蕴。

（2）与越窑青瓷有关的古典诗词

越窑青瓷作为我国古代著名瓷器品类，广为时人所青睐。越窑青瓷流泻在唐宋众多文人墨客笔下，这些诗词以其人文意境而独具魅力，成为宁波青瓷文化重要的语言与符号要素。唐宋时期，越窑青瓷多被文人雅士用作茶具，在诗中雅称"越瓯"。越瓯是唐宋诸多茶具中的珍品，以造型典雅、色泽温润著称。唐诗人孟郊《凭周况先辈于朝贤乞茶》称"蒙茗玉花尽，越瓯荷叶空"，即以浙东越窑青瓷茶具与四川蒙顶山茶并称。唐诗人李涉《春山三朅来》称"越瓯遥见裂鼻香，欲觉身轻骑白鹤"，唐诗人韩偓《横塘》称"蜀纸麝煤沾笔兴，越瓯犀液发茶香"，唐诗人郑谷《题兴善寺》称"藓侵隋画暗，茶助越瓯深"，又郑谷《送吏部曹郎中免官南归》称"箧重藏吴画，茶新换越瓯"，都表达了越窑青瓷作为茶道具的雅致，所谓好茶配好具，相得益彰。又，北宋诗人杨亿《建溪十咏·北苑焙》称"越瓯犹借渌，蒙顶敢争新"，北宋诗人余靖《和伯恭自造新茶》称"江水对煎萍仿佛，越瓯新试雪交加"，北宋诗僧智圆《代书寄奉蟾上人》称"蛮香爇古篆，山茶分越瓯"，从越窑青瓷的使用来看，北宋时人依然承袭了唐五代以来以"越瓯"为贵具的饮茶之风。越窑青瓷诸多品种中以"秘色瓷"为最珍贵，因烧制成品难度较大，成为贵族专属品。晚唐大诗人陆龟蒙《秘色越器》称："九秋风露越窑开，夺得千峰翠色来。好向中宵盛沆瀣，共嵇中散斗遗杯。"作为书写越窑青瓷最著名的诗歌，陆龟蒙再现了秘色瓷烧制完成开窑时的情景，使得秘色瓷以超越"千峰翠色"的清丽闻名于诗史、瓷史。

4. 规范要素

（1）高超绝妙的制瓷技艺

宁波越窑青瓷的创制，是浙东工匠在大量烧陶活动中对釉的发现与合理运用的结果。东汉越窑青瓷相比汉前原始瓷器，更有光泽、更加透明，胎釉结合紧密且牢固。东汉以来，越窑青瓷技艺屡经变更与升级，成为同时期瓷器中颇富竞争优势者。越窑青瓷技术发展至晚唐五代，作为青瓷极品的"秘色瓷"横空出世，震烁人间。秘色瓷作为越窑中最优质瓷器，制瓷工匠无论在选择瓷土原料，还是配制特定釉料时都极尽用心。选择瓷土原料时，须反复精心粉碎、淘洗、腐化、捏练，从而使瓷胎达到较高的致密化程度。配制特定釉料时，须除去釉料中的杂质，并改良施釉法，通体施釉，施釉后又支钉架器。烧制过程则采用匣钵法，即将秘色瓷瓷胎装入瓷质匣钵，一器一匣，并以釉水来密封匣与盖之间的缝隙，再进行烧造。最后入窑烧制时，对窑内温度、气氛与时间的精准控制决定了秘色瓷最终的成功。2011 年，越窑青瓷烧制技艺列入第三批国家级非物质文化遗产名录，至今仍然有效传承。

（2）江海联运的港城交通

宁波自境内最早城邑句章城（位于今江北区王家坝）建立以来，便以通江达海的港城著称于世。特别是唐开元二十六年（738），分越州鄮县置明州，并设州城于今宁波三江口一带，更是开启了宁波港城城市发展史及海洋性对外贸易史的新征程。此后，作为唐宋越窑青瓷生产中心的上林湖窑，以及晚唐五代越窑青瓷生产次中心的东钱湖窑，得以经由浙东运河，过望海镇而达于东海，或向北沿着海岸而上运抵朝鲜半岛，或向东跨海而运抵日本博多，或径向南航，经泉州、广州而运抵室利佛逝（今印度尼西亚巨港）再输送天下。海上交通的开发与实际运行维护，海陆联运衔接的有效性与时效性，以及主政者对外贸易的思维与诉求，决定了不同历史时期宁波越窑青瓷的外销特征与情形。以越窑青瓷出口极盛时期的五代吴越国为例，吴越国王钱镠一方面限于海疆地域，一方面为了向北贡物，选择了大力拓展海外贸易的国策。吴越国时期，越窑青瓷外向性生产特征愈发明显，大量青瓷精品经浙东运河进入大海，越窑一跃成为中国外销陶瓷的主打产品，越窑青瓷成为海上丝绸之路的瑰宝。如在东南亚考古发掘的 10 世纪印坦沉船中，越窑瓷器占出水陶瓷器的 20%—30%，井里汶沉船中越窑青瓷器数量超过了 30 万件。因此说，江海联运的港城交通是宁波青瓷文化核心文化基因的重要规范要素。

（二）青瓷文化核心文化基因的提取与评价

青瓷有着悠久的发展历史和厚实的文化积淀。上林湖越窑遗址入选全国重点文物保护单位，2005 年入选全国百大遗址，2006 年、2012 年两次被列入《中国世界文化遗产预备名单》，被誉为"露天青瓷博物馆"。青瓷尤其是秘色瓷自身因其繁复精巧的制作工艺、高雅柔和的审美特点，在历史上被广为赞誉。

特别是作为海上丝绸之路上重要的大宗商品之一，作为中国对外经济文化交流的重要使者，青瓷也发挥着独特的作用。基于对相关资料的全面、深入分析，将青瓷文化核心文化基因主要提取为"精耕细作、善于创新、乐于交流且精益求精的文化精神"。

1. 生命力评价

虽然历经 800 多年的断烧，但青瓷文化基因形态依旧保持稳定。上林湖越窑遗址是我国现存青瓷遗址中规模最大、保存最完整、烧造沿用时间最长的窑址，自创烧以来一直引领着国内外制瓷技术的发展。2001 年，秘色瓷在慈溪复烧成功，复兴秘色瓷的道路从此越走越宽。特别是在上林湖国家考古遗址公园的建设过程中，为了加强对青瓷烧造地的环境保护，慈溪对周边 8800 余座坟墓开展迁移安置，并同步启动了平坟复绿工作，使得上林湖周边山体白化现象得到了有效控制，守护住了这一片绿水青山。而在文旅融合、市场化运作的背景下，青瓷的创作更加与时俱进，既守正又创新，在传承古意的基础上作出适应现代生活的创新，迸发出了强大的生命力。

2. 凝聚力评价

秘色瓷能够广泛凝聚起慈溪的城市自豪感，推动社会经济文化的发展。慈溪将秘色瓷写入城市口号"秘色瓷都，智造慈溪"，城市标识也运用了八棱净瓶的造型，可以说是用秘色瓷这一独特的文化符号凝聚起了全城人民的城市自豪感。与此同时，秘色瓷文化的发展也带动着慈溪全市经济社会的发展。秘色瓷文化与工业相结合，秘色瓷符号被融入慈溪小家电的制造中，为工业产品增添文化底蕴；与旅游相结合，秘色瓷文化串起中国最美越窑乡野风景道这一全国唯一的秘色瓷文旅线路。有着深刻的慈溪文化印记的秘色瓷，也成为政府对外推介慈溪、市民馈赠亲友的重要礼品。

3. 影响力评价

青瓷具有全国性乃至世界性的影响力。无论是陆龟蒙吟咏"九秋风露越窑开，夺得千峰翠色来"，还是国家文物局副局长宋新潮称赞"有着百里挑一、千里挑一的冲击力和影响力"，青瓷古往今来都广受赞誉，它所独具的特质与中国传统的审美理念和美好寄托相融合，成为表达风雅、寄托情怀、象征人品的载体。

宁波越窑青瓷外输贸易始于两晋时期。8 世纪末以后，随着明州港城地位的进一步确立，宁波成为越窑的主要输出港口。特别是晚唐、五代时期，凭借着吴越国对海外贸易的倚重，海上丝绸之路呈现出繁荣的景象，宁波青瓷文化的影响力也于此时达于鼎盛。到目前为止，海外考古发现越窑青瓷的国家主要有日本、韩国、菲律宾、泰国、马来西亚、印度尼西亚、斯里兰卡、印度、巴基斯坦、阿曼、伊朗、伊拉克、埃及、坦桑尼亚、赞比亚等。越窑青瓷的大量出口，在丰富海外人民生活的同时，逐步改变了他们的生活习惯。此外，青瓷艺术也为西欧的绘画、建筑和工艺美术等诸多领域的发展提供了灵感。至今，世界各国纷纷热衷于收藏越窑青瓷文物，如美国纽约大都会艺术博物馆、英国大英博物馆、日本京都国立博物馆与出光美术馆等。

青瓷的烧造地上林湖越窑遗址在国际上也颇有影响力，成为专家学者和陶瓷爱好者感受青瓷之美的首选地。2017年5月23日，120件出土自上林湖后司岙唐五代秘色瓷窑址的珍品，包括瓷器、装烧窑具等，进入故宫博物院展出。这场展览吸引了国内外的古陶瓷专家和陶瓷爱好者前来参观，他们还展开了深入的研讨。"慈溪秘色瓷"国家地理标志证明商标成功注册，"中国陶瓷历史文化名城"这一国字号招牌也落户慈溪。

4. 发展力评价

在历经辉煌之后，上林湖畔的龙窑窑火渐渐熄灭，经历了人去窑空的没落，秘色瓷也成为史料中神秘的名词，秘色瓷是否真的存在也成为一个谜团。1987年，陕西扶风法门寺地宫发现秘色瓷，第一次以实物资料向世人揭开了秘色瓷的神秘面纱，这也激起了人们想要复烧秘色瓷的决心。2001年，孙迈华举家从龙泉迁往慈溪，埋头研究秘色瓷的复烧，终于在该年年底试验成功。如今他的儿子孙威也加入了他的制瓷队伍。慈溪本地人闻长庆也醉心于秘色瓷的复烧，投入大量时间与金钱，与儿子闻果立一起沉浸在泥与火的世界里。施珍创立上越瓷艺研究所，对照法门寺秘色瓷的颜色，一遍遍尝试与探索。在慈溪，这样的青瓷匠人还有很多。正是有这些青瓷匠人的上下求索，慈溪的秘色瓷才从断烧的状态中涅槃重生，并且日渐壮大。慈溪市秘色瓷文化促进会的成立，也进一步推动着秘色瓷的传承与发展。

目前，慈溪共有青瓷领域的省级非遗传承人2位、省级非遗传承基地1个，宁波市级非遗传承人5位、非遗传承基地3个，国家级青瓷技能大师2位、省级大师2位、宁波市级大师5位，使青瓷尤其是秘色瓷烧制技艺的延续得到了传承。当下慈溪达到一定规模的秘色瓷器具生产企业共 10 家，秘色瓷制作体验和研究所 8 家，秘色瓷主题综合创意园区 1 座，秘色瓷及相关产业年主营业务收入突破 4000 万元，相关产业从业人员达 1500 多人。秘色瓷一改昔日的"阳春白雪"形象，逐渐以更加亲民和日常的形象"飞入寻常百姓家"。

（三）青瓷文化核心文化基因的转化利用

对青瓷这一核心文化基因，可以围绕"秘色瓷都"城市形象品牌，创新形式，丰富载体，完善产业链，做强平台，打响文化品牌，着力建构体现慈溪青瓷文化内涵的特色文旅发展体系，形成"以瓷为媒"的演艺、旅游、文创等文化产业。

1. 推动青瓷产业转型升级

一方面，坚持青瓷文化产业特色发展，重点围绕"生活瓷艺术化、艺术瓷生活化"，扩大青瓷日用品和艺术品消费市场。强化青瓷产业创意设计及研发，加大与高校、品牌设计机构等的合作，以秘色瓷研究为重点，推进现代科技设备在青瓷生产领域的应用，加强青瓷生产的技术改良研究，降低生产成本，提升产品标准化水平。加强与陶瓷产业发达地区的合作，突出差异化发展。创新青瓷产业营销模式，通过众筹、直播、拍卖等方式，扩大秘色瓷复、仿制品与文创产品开发规模，提升青瓷产业附加值。开辟网络交易新业态，建设线上交易平台，在慈溪家电馆等平台增设越窑青瓷拍卖交易板块，将线下企业和产品引入线上平台，挖掘潜在的青瓷消费市场。

另一方面，推动越窑青瓷文化与各产业、各领域深度融合，培育发展"青瓷＋"特色产业链，深度开发新产品、新技术、新业态。一是"青瓷＋工业"融合发展。深度融入工业领域，鼓励企业在产品设计中呈现秘色瓷文化元素，积极推动地方主要工业产品包装统一采用相关标识，提升慈溪青瓷产品的知名度。二是"青瓷＋演艺"融合发展。以青瓷瓯乐入选浙江省第一批文旅融合IP和百张金名片为契机，打造以"青瓷瓯乐"为品牌的演艺产业，谋划一批具有慈溪地域特色的精品演艺节目，实现青瓷瓯乐团和瓯乐剧目提档升级。利用上林湖越窑博物馆和上林湖青瓷文化传承园等场地，编创青瓷文化主题演出系列剧目，支持民营资本参与建设和运营。三是"青瓷＋旅游"融合发展。打造以青瓷元素为亮点的旅游业，开发青瓷旅游线路，讲好青瓷藏品背后的故事，鼓励酒店以青瓷文化为主题，设立青瓷艺术品销售专柜；在沿山精品线景区、博物馆、青瓷企业等场所开设青瓷体验式旅游项目，增强青瓷特色旅游吸引力。

2. 做强青瓷市场平台主体

一方面，做大做强青瓷市场主体。培育青瓷龙头企业，做强一批骨干企业，壮大中小微企业，吸引外地产瓷企业落户。建立以企业为主体、产学研用结合的协同创新机制。制定青瓷企业激励政策，加大对市场主体围绕越窑青瓷开展刊物出版、纪录片制作、展览举办、讲座等活动的资助，提高市场参与积极性。

另一方面，推进青瓷多元平台建设。提升青瓷传承园建设运营水平，整合上下游平台资源，加强青瓷企业招引和产品研发，为入驻企业提供创意研发、生产实践、交流培训、收藏展示、资源交易、信息共享等综合性服务，打造青瓷产业创业创新平台，搭建越窑青瓷藏品展示、推介和销售平台。

3. 打响"秘色瓷都"文化品牌

首先，加强"秘色瓷都"品牌打造。创新青瓷文化传承，打造青瓷IP，推广应用"慈溪秘色瓷"国家地理标志证明商标，塑造具有浓厚慈溪特色的秘色瓷品牌，"秘色瓷都"城市形象广泛显现。将青瓷元素融入城市建设，增设青瓷主题城市雕塑，将青瓷元素融入街道、广场、交通枢纽等场所。以上林湖周边村落为基础，打造青瓷文化主题村落，建设集餐饮、民宿、景观、旅游、休闲于一体的青瓷文化主题度假区。

其次，加强青瓷文化保护传承。推动上林湖越窑遗址群的保护和展示，围绕上林湖越窑国家考古遗址公园二期工程建设，保护性利用周边窑址，进一步扩大展示规模，做好文物本体及相关设施维护管理，强化遗址保护、考古发掘、学术研究等工作，组织开展文物保护宣传展示、环境整治以及设施建设，促进遗址价值具象化、可视化。深挖秘色瓷产品文化内涵，推动秘色瓷学术研究，整理青瓷文化元素史料，编写越窑秘色瓷普及读本。顺应"互联网＋"趋势，探索建设青瓷文化数字博物馆、开发手机App及手机游戏等。

最后，加大秘色瓷品牌推广。发挥慈溪越窑秘色瓷文化研究会和青瓷文化传承园等平台引人育人、研究宣传等功能，加强秘色瓷品牌培育和拓展。加大力度引进青瓷烧制技艺大师、传承人、优秀研究学者等人才，设立秘色瓷大师工作室，规划建设青瓷大师园、陶艺名家艺术馆等。创新青瓷文化节内容，邀请国内外行业专家走进上林湖，推广越窑青瓷文化。充分借力宁波文旅博览会、深圳文博会、长三角文博会等重要博览平台，通过应用数字技术、制作影视作品及文化创意产品等多种方式，大力推介慈溪秘色瓷。加强秘色瓷文化的大众化传播，将秘色瓷文化融入中小学课程。

参考文献

1.慈溪市博物馆：《上林湖越窑》，科学出版社 2002 年版。

2.慈溪市文化和广电旅游体育局：《秘色瓷文化基因解码报告》，2021 年。

3.徐定宝：《越窑青瓷文化史》，人民出版社 2001 年版。

七、海洋渔文化

　　宁波位于我国大陆海岸线中段，枕山臂江临海的独特地理环境，孕育了丰富多彩的海洋渔文化。

　　"开洋节"是渔船出海时，渔民祈求平安、丰收的民俗活动。这些活动的原始意义是希望神灵保佑渔民出海能一帆风顺，满载而归。作为表达渔民内心祈望的一种精神性活动，"开洋节"以祭祀为核心，以民间文艺表演为主轴，含有多种文化内容，同时表现出娱神和娱人的特点。根据《象山东门岛志略》，早在1000多年前就有开洋活动记载，清朝雍正年间至民国时期达到鼎盛，后来逐渐衰弱。改革开放后，部分地方又开始复苏，象山东门岛渔村尤为兴盛。在每年的捕大黄鱼季节开始时，当地人民都要在天妃宫或娘娘庙等庙宇举行"开洋节"祭祀仪式，时间一般在三月十五至三月二十三，同时必须选择在每天涨潮时分，寓意财源随潮滚滚而来。三月二十三趁良辰吉日，顺风顺水，渔船出海。船埠上人头攒动，锣鼓声、鞭炮声震耳欲聋。1998年，为进一步弘扬宁波海洋渔文化，在宁波市政府的大力支持下，象山县首次设立了"中国（象山）开渔节"。作为宁波市海洋渔文化的集中体现，"中国（象山）开渔节"展现了宁波悠久的海洋渔文化历史。

中国（象山）开渔节（张亚娟摄）

中国（象山）开渔节（张亚娟摄）

（一）海洋渔文化核心文化基因解析

1. 物质要素

（1）得天独厚的海洋环境

宁波地处中国海岸线中段，长江三角洲南翼，位于东经120°55'—122°16'，北纬28°51'—30°33'，东有舟山群岛为天然屏障，北濒杭州湾。宁波海岸线漫长，港湾曲折，岛屿星罗棋布。全市海域总面积为8355.8平方千米，海岸线总长为1594.4千米，约占全省海岸线的24%。全市共有大小岛屿611个，面积277平方千米。宁波境内有两港一湾，即杭州湾、北仑港和象山港。作为宁波市境内的海洋大县，象山县海洋资源极其丰富，是全省乃至全国少有的兼具山、海、港、滩、涂、岛资源的地区，县内海域面积6618平方千米、海岸线925千米、海岛505个。海岸线构成曲折，岬湾相间，水道纵横，多优良港湾。境内北部的象山港，是全国著名的深水良港，长年不冻不淤，多处可建万吨级以上泊位；南部的石浦港长18千米，是六大国家级中心渔港之一，国家二类开放口岸，可泊万艘渔船。另有高椅港、爵溪、龙洞等几处小渔港。得天独厚的自然海洋环境，为宁波悠久的海洋渔文化的孕育提供了物质环境基础。

（2）丰富多样的渔业资源

优越的海洋地理条件给宁波带来了丰富多样的渔业资源。近海寒暖流交汇，既带来大量的鱼类，也带来丰富的营养物质，鱼类开始在此聚集，促使宁波沿海地区形成渔业资源丰富的天然渔场。仅象山县一地，主要渔场就有大目洋、猫头洋、渔山等。

此外，随着现代捕捞工具、技术的进步，宁波渔民的作业渔场也逐渐由近海向远洋拓展，作业区北起济州岛、对马海峡、五岛群岛，南至钓鱼岛、海南岛及北部湾，并开辟南北太平洋、印度洋等国际渔场。宽阔的渔业作业范围为宁波带来了丰富的渔业资源，也为海洋渔文化的发展奠定了物质基础。

（3）源远流长的渔业历史

宁波海洋渔文化发展历史源远流长，塔山文化遗址发现有石网坠和青铜鱼钩等器物，揭示宁波先民耕海牧渔历史，最早可上溯至6000年前的新石器时代。同时，在历朝的文献中都有关于宁波渔民进行渔业作业的记载。源远流长的渔业历史为宁波海洋渔文化的发展提供了人文基础。

2. 精神要素

（1）敬畏自然的理念

渔民"开洋节""谢洋节"从1000多年前传承至今，"感恩"和"敬畏"一直被宁波渔民视为与大海相处的主要原则。早在远古时期，中华民族在观察总结自然现象和规律时，就形成了"生生不息"的发展观念。尽管海洋看似浩瀚无边、取之不竭，但渔民依然朴素地认为：倡导绿色、低碳、循环、可持续的生产生活方式，才能不断开拓生产发展、生活富裕、生态良好的文明发展道路。诞生于改革开放时期的"中国（象山）开渔节"继承了先辈的传统，在20世纪90年代创立之初就喊出了"保护海洋就是保护人类自己"的口号。增殖放流、青年志愿者蓝色护海行动等活动鲜明地传达了这一理念。

（2）人海和谐的观念

在文明发展的道路上，中华民族一直遵循着天人合一、道法自然的传统哲学思想。中国哲学的核心观点是"生"，其中最高智慧在于天人合一。"生"是自然的最高存在方式，是自然存在的意义与自然发展的动力。人与自然是休戚相关的，是生死与共的。当宁波渔民意识到自身的生计没了着落时，并没有通过易海而渔这种便捷快速的方式去解决问题，而是从根本上反思人与海之间的关系，人海和谐发展的观念也随之而生。

（3）慰藉心灵的情感

古人云："靠山吃山，靠海吃海。"千百年来，宁波渔家人以大海为生，以海洋捕捞为主业，搏击在天海之间，收获在风浪之中。但同时，一年中渔民要面对的恶劣天气"暴期"有40余种，还有台风、暗礁、撞击等危险，渔家人是在用生命交换全家人的生计。为了契合渔民内心对安全和丰收的渴求，祭海和开船仪式成为"中国（象山）开渔节"的核心活动，不仅活动场面盛大，而且活动规格高。即使是在2020年发生新冠疫情时，在其他活动内容和流程大幅缩减的情况下，祭海和开船仪式两大主题活动依旧以"云开渔"等形式如期举行。"中国（象山）开渔节"不再是地方政府一力推行的节庆活动，而成为象山渔民在新时代的心灵慰藉和寄托。

3. 规范要素

（1）海洋祭祀仪礼民俗

"中国（象山）开渔节"是海洋文化的一场盛宴，举办期从半个月到一个月不等，安排有10余项系列活动，活动内容每年有所变化，但体现节庆宗旨的主体活动主要有以下几项：祭海仪式、开船仪式、渔区民俗文化展演、妈祖巡安、如意妈祖省亲迎亲活动、中国海洋论坛、志愿者蓝色护海活动等。其中，祭海仪式、开船仪式、妈祖巡安、如意妈祖省亲迎亲活动等有严格的仪轨流程。主体活动的举办时间较为固定，一般安排在9月14—16日。

渔民出海，"一只脚踏在棺材里，一只脚踏在棺材外"，"三寸板里是娘房，三寸板外见阎王"。海上捕鱼的渔民经常遭遇狂风巨浪，落海身亡，有时甚至找不到尸体。家里的亲人为了让逝者的亡魂能返回故乡，会在出殡之前举行招魂仪式。这种招魂仪式，叫作"潮魂"，一般都有一套特殊的祭奠习俗。

（2）海洋人生仪礼民俗

宁波渔民的人生仪礼民俗主要包括寿诞仪礼、婚姻仪礼、丧葬仪礼等。宁波渔民的人生仪礼民俗活动是海岛的重要民俗事象，海岛人之所以重视人生仪礼，是因为生育、家庭以及海岛宗族等社会制度对渔民进行了地位规定和角色认可，同时也用一定的文化规范对渔民进行了人格塑造。而这些海洋人生仪礼规范也带有浓厚的海洋渔文化色彩。

以诞生礼俗为例，程序大致包括求子、孕期习俗和诞生庆典三个阶段。首先在求子环节，未孕者要求子，已孕者也要求子。究其原因主要有三点：一是海岛环境险恶，渔民生命朝不保夕，需有男子来支撑门户；二是传统观念对海岛妇女有着严格的禁忌，认为妇女不能下海，因此男性成为主要出海劳动力；三是与内陆的传统宗族观念相似，认为生子可以"繁衍子嗣，光宗耀祖"。海岛妇女怀孕俗称"有喜"，在怀孕期间要多吃鸡鸭鱼肉、蔬菜、水果等含有丰富营养的食物以滋养身体，使胎儿健壮，俗称"补胎"。在孕妇临产月，娘家要送催生担，里面有婴儿所需的衣饰、尿布等用品，也有红糖、鸡蛋、长面、桂圆等食品。诞生庆典则是海岛诞生礼的高潮。从婴儿诞生之日起要经历临盆祝福报喜、开口奶、洗床、满月、百日、抓阄等程序。在洗床礼仪中，相谅盏颇具特色，就是用两个杯子盛糯米，糯米中有龙眼或红枣，蒸熟后连同红蛋一起分给邻居的孩子们吃。之所以叫"相谅盏"，是因为长辈希望婴儿长大后能与邻居们相商相谅，和睦相处。

（二）海洋渔文化核心文化基因的提取与评价

宁波海洋渔文化历史悠久，深植于数千年来宁波渔民的海洋作业实践中，发展至近现代，"中国（象山）开渔节"的设立更是对宁波海洋渔文化的现代化传承。基于对相关资料的全面、深入分析，将宁波海洋渔文化核心文化基因主要提取为"勤劳勇敢的奋斗精神、天人合一的和谐观念"。

1. 生命力评价

宁波海洋渔文化植根于宁波渔民1000多年的海洋作业传统，在不断发展中融入现代元素，开设了"中国（象山）开渔节"等节日。广大群众特别是渔区的渔民群众，不仅成为节日活动的观赏者、参与者，更是现代渔文化的创造者和传承者。每年参与文艺表演的群众达数千人，志愿者队伍超过千人。以人民为主体的办节理念推动了"中国（象山）开渔节"以及宁波渔文化的长盛不衰。

2. 凝聚力评价

宁波市政府积极支持地方发展海洋渔文化，在其支持下，象山县依托"中国（象山）开渔节"这一节日IP，提炼出以海鲜为主的象山渔食文化。通过举办海鲜烹饪比赛、海鲜美食节等活动，打造"象山海鲜十六碗"这一地域特色鲜明的文化标识，打响象山海鲜餐饮品牌，促进海鲜餐饮业跨越式发展。随着"中国（象山）开渔节"品牌效应的不断开发，越来越多的人流、信息流、资金流汇集象山，"吹海风、观海景、吃海鲜"成为象山的一大旅游特色。宁波海洋渔文化的发展，不仅汇聚了资金、技术，更凝聚了渔民的人心。

3. 影响力评价

"中国（象山）开渔节"每年邀请并吸引主流媒体进行报道。从第一届至今，相关报道达上万篇，进一步提升了"中国（象山）开渔节"的知名度和影响力。"中国（象山）开渔节"寄托了象山人民以及宁波渔民把开渔祭祀庆典仪式打造成为全国独具特色的海洋文明盛宴的期待；同时，象山人民也有能力将"中国（象山）开渔节"推向世界。

4. 发展力评价

宁波海洋渔文化发展至今，已不仅是渔民文化、渔村文化、渔业文化，更是海的文化。在创建共同富裕示范区的背景下，在宁波市政府的支持下，象山县对"中国（象山）开渔节"提出了新的发展要求。聚焦象山万象山海的自然风光、千年渔乡的民俗风情、百里岸线的天然场馆、十分海鲜的美味诱惑和一曲渔光的文化景观，创新网红直播、抖音短视频等旅游宣传营销模式，全力打造与营销"北纬30度最美海岸线"这一硬核资源和新IP，发现、创造一个独具海洋特色的美好目的地。

（三）海洋渔文化核心文化基因的转化利用

1. 利用互联网，创新传播方式

立足于各大中心城市，开展以象山县宣传、开渔节推广为核心的数字会展活动，充分运用数字沙盘、全息、互动触摸、虚实视觉影像等多媒体展项呈现象山海洋渔业发展史、渔业科普知识，并用弧屏巨幕实时同步播放象山的开渔节活动；应按照严格标准，遴选优质的象山本地渔业企业、食品加工品牌入驻直播客厅，直供本地优质渔业产品；引进国内短视频制作团队，专题拍摄象山优质渔业产品，分条介绍海洋渔产品，并在短视频结尾处附上销售联系方式，积极投放到短视频平台。

2. 立足本地，组织文艺创作

开展"中国（象山）开渔节"摄像摄影大赛，邀请摄影爱好者在"中国（象山）开渔节"举办期间来象山参观考察，捕捉精彩瞬间。设立专项奖金，聘请业内专家、专业单位负责人担任大赛评委，选出优秀作品，作为"中国（象山）开渔节"以及象山县对外宣传的名片。

开展"中国（象山）开渔节"文学创作大赛，设立诗歌组、散文组等，面向社会征集文稿。邀请文学界专家担任评委，选出优秀作品。邀请象山本地著名播音主持人，录制诗歌朗诵视频或散文精彩片段阅读视频，将其放在互联网平台进行传播。

成立象山渔文化舞台剧组织委员会，设立专项基金，聘请业内著名导演、编剧，编排大型夜景舞台剧《渔歌象山》，再现一代又一代象山儿女勇闯深海、搏击商海、逐梦蓝海的恢宏史诗以及象山海洋渔业发展的沧桑经历。

2. 统筹规划，大力发展文旅产业

象山拥有丰富的海洋资源、文化资源，应当大力发展文化旅游产业。

设立"象山渔文化"旅游专线，在每年"中国（象山）开渔节"举办期间，面向国内旅游市场提供定制路线，组织外来游客参与开渔节仪式、参观中国海洋渔文化馆等相关场所，并提供最地道的象山海鲜，营造良好的渔文化氛围。充分利用象山县非遗馆、"非遗百工坊"等文化场所，设立"象山渔文化研学路线"，与当地中小学合作，定期组织中小学生参观学习，增强他们的文化认同感。引进国内专业团队，提炼形象化、辨识度高的象山渔文化符号。将象山渔业海鲜产品作为旅游文化纪念品，进行组合开发，在包装袋的设计中融入象山渔文化符号；还可在象山县公共设施的建设中以及"中国（象山）开渔节"的仪式策划中，融入渔文化符号，形成品牌效应。

参考文献

1.毕旭玲：《象山开渔节祭海、开船仪式的传承发展》，《赣南师范大学学报》2020年第1期。

2.丁华、陈光曙：《中国开渔节：大海文化的盛宴》，《文化交流》2011年第9期。

3.励东升、朱小敏：《传统渔文化资源的现代化转型——中国开渔节对传统渔文化的传承和发展研究》，《海洋经济》2012年第6期。

4.毛海莹：《东海问俗——话说浙江海洋民俗文化》，浙江大学出版社2018年版。

5.毛海莹：《文化生态学视角下的海洋民俗传承与保护——以浙江宁波象山县石浦渔港为例》，《文化遗产》2011年第2期。

威远城（镇海区文物保护管理所供图）

镇海口海防历史纪念馆
（镇海区文旅服务中心供图）

安远炮台（吴维春摄）

八、海防文化

宁波地处中国长三角大陆最东部，三面环海，海岸线漫长，自古以来为军事必争之地。襟山控海的宁波，进可主动沟通文贸，退可据城防御外敌，对促进江南地区对外文贸交往以及守护长三角内陆人民安全起着重大作用，素有"两浙门户""海天雄镇""东南屏翰"等雅称。因此，宁波自建城以来，海防问题即成为与城市发展、国家安全息息相关的重大议题。千年以来，宁波儿女的奋斗史为我们遗留下了巡检司城、卫城、所城、营垒、烽火台、炮台、碉堡等类型丰富、数量较多的古近代海防遗存，这些遗存彰显了爱国主义精神、传统工匠精神，构成了海防文化的核心。宁波海防文化是宁波历史核心文脉之一，在宁波文化中具有鲜明的坐标性价值，其背后的海洋文化体系深具世界级意义，对于全面推进爱国主义教育更具有重大作用。

（一）海防文化核心文化基因解析

1. 物质要素

类型丰富、数量较多的古近代海防遗存是宁波海防文化核心文化基因的重要物质要素。宁波地处长三角大陆最东方，海岸线漫长，易受海敌滋扰。宁波最早的海防设施，应是宁波市境内最早城邑句章港城。句章港创建于公元前472年，在战国时期是全国五大港口之一，既起到经贸作用，也是越国的海防要塞。也是从句章港城开始，历代政府均视宁波为军事要地。东汉顺帝阳嘉元年（132），在浙东沿海屯兵设戍。宋室南渡建都临安（今杭州）后，宁波更成为国家首都的大门。南宋绍兴二年（1132），镇海口置水军约4000人，防扼海道。自宋至民国，宁波建设的海防设施有巡检司城、卫城、所城、烽火台、兵器库、寨城、营垒、瞭望台、营房、石堡、炮台、碉堡等，达十余种类型。数量方面，以明代沿海卫所防御体系而言，今宁波境内就有临山卫、观海卫、定海卫、宁波卫、昌国卫等卫城，以及三山所、龙山所、郭巨所、穿山所、大嵩所、石浦前所、石浦后所、爵溪所、钱仓所等所城。又以清末北仑海防设施炮台为例，自道光二十年（1840）至光绪十三年（1887），为抵御英法等帝国主义国家，北仑新建的大型炮台就多达8座，分别为：南拦江炮台，道光二十年建于江南泥湾；靖远炮台，光绪六年（1880）建于金鸡山东沙湾头；镇远炮台，光绪六年建于小浃江口；天然炮台，光绪九年（1883）建于金鸡山东北；自然炮台，光绪九年建于金鸡山西北；绥远炮台，光绪十三年建于小金鸡山；平远炮台，光绪十三年建于金鸡山腰；宏远炮台，光绪十三年建于小港笠山。由此可以窥知，历史上宁波地区修造的海防设施数量极多。经漫长的历史变迁，距今为止，宁波境内尚保存有大量海防遗存，典型者如南宋白峰巡检司城遗址，明临山卫、观海卫、定海卫、威远城、后海塘城、昌国卫、三山所、郭巨所、穿山所、大嵩所遗址。其中，威远城遗址保存有较为丰富的物质遗存，与招宝山、金鸡山、戚家山等海防设施遗存构成"镇海口海防遗址"，1996年被国务院公布为全国重点文物保护单位。宁波清代海防设施相对宋明而言保存较多，如戚家山营垒、金鸡山瞭望台、宏远炮台等，遗存状况较好。民国海防设施方面，穿山半岛北侧沿海抗日碉堡群保存状况较好。正是这一系列跨越千年、类型丰富且数量众多的海防遗存，向人们述说着抗敌往事，永久沉淀着宁波海防文化的核心文化基因。

2. 精神要素

（1）保家卫国、英勇抗敌的爱国主义精神

宁波海防文化核心文化基因首要精神要素，定然是保家卫国、英勇抗敌的爱国主义精神。自古以来，在面对海敌侵入时，依山滨海居住的宁波儿女便纷纷团结起来，果敢抗击敌人，从不畏惧退缩。譬如明朝时期，浙东倭患严峻，明朝政府在宁波府修筑宁波卫、定海卫、昌国卫、郭巨所、穿山所等海防设施。永乐二年（1404），倭船18艘扰穿山所，百户马兴战死，后总兵王友出海讨捕。嘉靖二十七年（1548）四月，浙江巡抚朱纨命都指挥卢镗等进攻

郭巨所六横洋对面之双屿港，败李光头、许栋于九洋山，俘倭人稽天，擒李光头；六月又追俘许栋，将海寇贼窟双屿港堵塞。嘉靖四十年（1561）四月，倭寇侵犯郭巨所及附近州县，胡宗宪督军击破；五月，倭船3艘200多人突入梅山岛，为指挥艾升等击溃。晚清中英第一次鸦片战争爆发后，清政府加强了镇海口海防工事的修建。道光二十一年（1841）英军自镇海口入侵宁波，遭到了以两江总督裕谦为首的中国军民的抵抗，最终因军事力量悬殊等，裕谦战败殉节。宁波沦陷后，地方纷纷组织义民游击抗敌。光绪十一年（1885），法国海军从镇海口入侵宁波，被驻扎于戚家山营垒的浙江提督欧阳利见组织击退，取得中法镇海海战的胜利。全面抗战爆发前之1936年，国民党宁波防守司令部在穿山半岛北侧修筑了20多座碉堡，又在戚家山沙头村造镇远炮台，1937年在戚家山青峙村清凉山巅建探照灯阵地。全面抗战爆发后，宁波儿女一方面采取毁公路、拆铁路、掘大道、抽桥梁、沉船堵江等措施，阻击日军从陆路入侵，另一方面利用新建各类海防设施，阻击海上敌寇。1940年7月17日，日本海军陆战队第三联队登陆北仑青峙，镇海县城沦陷。此时，国民党194师师长陈德法命令所属部队死守各阵地阻敌，在镇海口戚家山与日军血战五天，肉搏冲锋十多次，阵地七易其手，最终击毙日军近400人，伤近700人，我军阵亡600多人，伤580人。戚家山战役是中国人民抗战史上海防战役中第一次战胜日军，被誉为"浙东台儿庄战役"。总之，宁波海防"四抗"（抗倭、抗英、抗法、抗日）史，谱写了宁波军民自强不屈、同仇敌忾的英勇赞歌，是宁波人民爱国主义精神的高度浓缩与体现。

（2）因地设险、匠心独运的传统工匠精神

宁波海防文化核心文化基因还体现了浙东儿女因地设险、匠心独运的传统工匠精神。宁波人民自古以来崇尚和平，但由于地濒大海，且海岸线漫长，海湾及海岛数量众多，在特定历史环境下，敌寇及海盗极易滋生。因此，加强宁波滨海区域的防卫就成为必要之举。所谓"海防"，一方面指出设施位置在滨海区域，一方面强调军事防卫而非进攻。宁波虽然滨海，但海隅多山，于是，充分运用山海之间有利形胜，造设机关巧妙、防备合理的海防设施成了全体军民的共同举措。以北仑现存两座明代所城为例，北仑郭巨所城，明洪武二十年（1387），朱元璋令信国公汤和拓建定海卫，构筑千户所城于此，该城三面环山，分别是东方东山岩，西方河边山冈，北面总台山，一面靠海，即六横洋，进可入海抵御倭寇，退可依山防守阵地；穿山所城，明洪武二十七年（1394），安陆侯吴杰奉汤和令督建，该城凭借睡龙山、瞭台山形胜建成，易守难攻。此外，北仑太平岙巡检司城，明正统十三年（1448）建，该城背山面海，西北有连绵的狮子山、狮后坑山、瓜子岩山，最高点海拔313.4米，系海湾要冲，易守难攻；北仑戚家山营垒，清光绪七年（1881）由镇总杨春和创建，充分利用了戚家山在镇海口的重要军事价值，该营垒周长600米，墙高1—2米，墙厚2—2.5米，光绪十一年（1885），坐镇戚家山营垒的浙江提督欧阳利见组织击退入犯宁波的法国海军，取得中法战争中唯一一次胜利，表明了此处确有军事战略意义。

3. 语言与符号要素

（1）滨海特色浓郁的浙东军事防卫设施

在宁波海防文化中，海防遗存作为滨海特色浓郁的浙东军事防卫设施，也是宁波海防文化核心文化基因重要的语言与符号要素。以烽火台为例，明代宁波府郭巨千户所（前所）辖烽火台6座，分别为：高山、三塔、土泽、观山、梅山、虾腊。其中，三塔山烽火台海拔最高，因设总台。明代宁波府穿山千户所（后所）烽火台10座，分别为：跳头、西山、锅盖、嵩子、神堂、撩畏埠、碶头、白峰、渡头、庙山。此外，大榭岛等处也设有烽火台若干。明代宁波滨海烽火台的建设地，均为滨海高山之巅，远眺大海，视野辽阔。在遭遇敌人入侵之际，连串一体的烽火台预警系统就会及时发挥作用，城镇、乡村居民收到信号，或组织守卫，或组织疏散，关系生命安危尤重。留存至今的宁波古代烽火台中，以总台山（即三塔山）烽火台保存最为完整。总台山为北仑穿山半岛最高峰，南北均可纵览海景。以今日视野来看，总台山北有壮观的北仑港四期码头，南有郭巨古镇和郭巨码头，是北仑中南诸岛生产、生活物资对外交通运输的重要门户。那么，古时总台山的重要性就不言而喻了，而其烽火台的滨海特色更是异常突出。目前，总台山烽火台既是爱国主义教育基地，也是穿山半岛的最美观景台。

（2）保存至今、述说往事的海防老地名

保存至今、述说往事的宁波海防设施老地名是宁波海防文化核心文化基因重要的语言与符号要素。如明宁波府象山县爵溪所城，今为宁波市象山县爵溪街道，创始于明洪武三十一年（1398），历经600多年风霜，仍存城门、城墙

等海防遗迹，城内布局依然为爵溪所建城之初的十字街结构。爵溪十字街心为街心戏亭，以此为中心，东有东街，西有西街，南为南街，北为北街，街街相连，巷巷相通，至今多为旧地名。又如明宁波府定海县郭巨所城，今为宁波市北仑区郭巨街道，当地人仍习惯说"城里""城外"的老话。郭巨古所城内四个村，仍以北门、南门、东门、西门为村名。含"城"的地名有城下路、瓮城弄等。校场弄、校场路、校场底，无疑是与古所、古校场有关。官池弄因古时弄内有官池（公用池塘）而得名，官路巷因地处官路（主要通道）而得名，大井跟因旧时村内有大饮水井而得名。吊桥边、教堂弄、北城子墩弄、西城子登弄、北城下弄、南城下弄、北城内，旧时都为所城的一部分。至于汪家弄、汪家后弄、姚家后弄、陈家弄、蔡家弄等，均为同姓居民聚居区，尚留存不少各历史时期住宅。协和弄、云新弄等，均因旧时弄内开设的商号而得名。大斗门因原地旧有泄洪碶闸而得名。南河塘路、东河塘路、北门外路、南门外路、北门桥头路、北城下弄、南城下弄、北城门外路，因处于古城护城河、城门、城墙的不同位置而一一得名。

（3）中华传统国际秩序创生的东亚海洋坐标

宁波海防文化中保存至今的海防遗存还是中华传统国际秩序创生的东亚海洋坐标。宁波自古以来为浙江东大门，是东北亚经贸文化交流的枢纽港城。在南宋时，宁波为东北亚第一大港，明代则为中国唯一接待日本遣明使的港口。日本京都东福寺塔头栗棘庵藏南宋《舆地图》清晰刻明了自庆元府（今宁波）至日本的"大洋路"，这是图上唯一一条中日交通航道，可知宁波在东亚海交史上的重要性。除去贸易文化交流机制外，倘若没有得当的军事防卫保障措施，港城很难顺利发展。也就是说，宁波港城发挥作用很大程度上依赖于滨海一线的海防设施。正是在此种情况下，历经千年的宁波海防遗存在整个东北亚的海洋视域中显得格外独特。无论是南宋入宋日本学僧明庵荣西、希玄道元，还是明代来华的日本画僧雪舟等人，他们进入中国，经过舟山后，首先看到的便是宁波镇海口的雄阔海岸，这些海岸上除去佛塔寺院，就数烽火台等海防设施最为显眼。而所谓的明代国际自由贸易港双屿港，居然设立于明代郭巨千户所外六横洋上，一方面表明六横洋及其附近区域能作为优良港口，另一方面也说明东亚海洋体系内部是相克相生的奥妙关系。无论是舟山双屿港遗迹，还是北仑郭巨所古城，抑或是宁波海岸一线密密麻麻的海防遗存，都是东北亚典型的由中华传统国际秩序创生的东亚海洋坐标。

4. 规范要素

海陆协调、不断完善的海防设施体系是宁波海防文化核心文化基因的重要规范要素。宁波最著名的海防重地镇海口，现存 30 多处海防遗迹，主要分布在以甬江北岸招宝山为轴心的 2 平方千米范围内。镇海口北面现存的主要海防遗迹有浙江军民抗倭重要史迹威远城、月城、安远炮台、烽堠、明清碑刻以及后海塘城遗址等；在镇海口南面，现存的主要海防遗迹有金鸡山瞭望台、靖远炮台、宏远炮台、戚家山营垒等。这一系列范围大、遗迹多、类型广、保存好的海防遗址，呈现了一个科学合理的海防设施体系，而这正是在宁波海防千年发展历程中不断完善的。又以北仑地区为例，自南宋嘉定七年（1214）海西巡检司创立于司城岙以来，北仑地区随时代迁移和国际战和需要，构建着一个海陆协调、不断完善的海防设施体系。世传南宋高宗曾亲登司城岙乌崎山，巡察海情，这也奠定了司城岙在未来时代的重要性。海西巡检司建立时，周长 301米，占地面积达 6825 平方米。元至正二十七年（1367）重修，城周长 140 丈（1 丈 ≈ 3.33 米）。明清时，附近郭巨、峙南等处通过之船只必须到司城报关。此外，宋代还在海西巡检司附近修筑白峰巡检司，互为犄角。明初，适应时代需要的以卫所制度为主体的滨海新型军事防御体系逐渐在浙东地区建立。洪武二十年（1387），郭巨所城建立于穿山半岛，城高 1 丈，址宽 1 丈，周围长488 丈，战楼 9 处，警铺 13 处，雉堞 923 垛；洪武二十七年（1394），穿山所城建立于郭巨所城西部，城高 2.1 丈，址宽 1 丈，周长 742 丈，战楼 6 处，警铺 12 处，雉堞 1640 垛。此外，郭巨所北部于洪武初年即修筑霞峙巡检司城，正统十三年（1448）改建，城周长 140 丈，南开一门，上建谯楼。郭巨所城、穿山所城、霞峙巡检司城以及始建于南宋的海西巡检司城分别位于北仑穿山半岛南、西、北、东四向，互为犄角。此外，洪武二十年汤和建甬东巡检司城于北仑北部滨海北段，周长 141 丈，南开一门，上建谯楼，下有濠河；洪武二十七年，在北仑北部滨海中段建有长山巡检司城，南开一门，上建谯楼。可以说，明代北仑自镇海口迄穿山半岛，建立起了宁波大陆东部完整的海防体系，在保障宁波乃至广大内陆安全上起到了重要作用。清代，北仑修造的海防设施有要塞炮台、营垒（房）、关汛、寨城等，其中尤以炮台、营垒为重点，而建设地址主要集中在宁波海防重心镇海口。如戚家山营垒，光绪七年

（1881）造于戚家山巅；金鸡山营房，光绪十年（1884）造于金鸡山麓；葫芦
峤石垒，光绪十年（1884）造于小港口龙首山西垄；另有靖远、镇远、天然、
自然、绥远、平远等镇海口北仑岸炮台。总之，宁波海防设施发展到清代，应
近代海战所需，构筑了以炮台、营垒（房）为主体的新型防御体系。

（二）海防文化核心文化基因的提取与评价

宁波海防文化作为我国东南沿海军事文化重要组成部分，不仅构成了探求
我国古代海洋战略、海洋文化的重要因素和灵感，更是发展我国自古迄今海洋
战略、海洋文化的历史契机。无论是海岸线上一座座炮台，抑或是互为犄角的
滨海卫所古城，它们不仅仅在述说往事，更重要的是给后人以启迪。宁波海防
文化中的海防遗存是滨海特色浓郁的浙东军事防卫设施，更是中华传统国际秩
序创生的东亚海洋坐标。基于对相关资料的全面、深入分析，将宁波海防文化
核心文化基因主要提取为"保家卫国、英勇抗敌的爱国主义精神，因地设险、
匠心独运的传统工匠精神"。

1. 生命力评价

宁波海防文化核心文化基因自出现起延续至今，从未中断。众所周知，宁
波是我国古代历史上开发海洋最早的地区，余姚井头山遗址是迄今发现的中国
沿海埋藏最深、年代最早的海岸贝丘遗址，揭示了8000年前的宁波先民利用
海洋进行生产生活的若干细节；而北仑大榭史前制盐遗址则是我国海盐生产的
最早证据，展现了4000多年前业已成熟的宁波制盐工艺。海防设施方面，自
春秋末年越国句章港城创建以来，宁波甬江出海口一带即为东南海防要塞。南
宋以后，多数时候国家虽建都北方，但依然重视我国海岸线中点宁波的海防问
题。因此，宋元至民国，宁波海防设施处于不断完善的发展过程中。宁波海防
文化蕴藏的爱国主义精神、传统工匠精神，是中华民族共同体的重要精神因子
和文化因子，在世界战和不定的今天及未来都不会过时。

2. 凝聚力评价

宁波海防文化核心文化基因在历史上曾广泛凝聚起区域群体的力量，显
著推动过社会经济文化的发展。战争就是命令，防守争取和平。历史上的宁波
海防设施及其遗存，就是宁波自古以来海战历史的缩影，更是宁波儿女一次次
凝聚一体抵抗外敌的物化再现。在宁波这片英雄的土地上，前赴后继的宁波儿

女，用自己的血肉，凝聚成薪火相继的爱国主义精神，激励着一代又一代宁波人继承先志，不断地朝着新的目标奋勇前进。

3. 影响力评价

宁波海防文化核心文化基因具有全国性、世界性的影响力。以宁波海防文化中最重要的海防遗址"镇海口海防遗址"言之，该遗址 1996 年被国务院公布为全国重点文物保护单位。在镇海口海防遗址基础上建立的镇海口海防历史纪念馆得到了中央和省委、省政府的高度重视，江泽民题写馆名，乔石、胡绳、杨汝岱、张震等先后为镇海口海防历史纪念馆题词。须知，宁波不仅是浙江的宁波，更是中国海岸线中点最东方，发挥着中国东方桥头堡的作用。宁波海防文化核心文化基因不仅是对宁波历史的述说，还从侧面彰显了宁波昔日的繁华，与今日宁波可谓无缝对接。宁波海防文化核心文化基因还彰显着宁波作为世界宁波的重要影响，构成了环太平洋海洋文化的重要一环。

4. 发展力评价

宁波海防文化核心文化基因与当代中国特色社会主义核心价值观高度契合，是中华民族共同体的重要文化基因，非常有必要进行创造性转化、创新性发展。当今世界，一极多强，局部冲突此起彼伏。大的方面，中国要全面实现社会主义现代化的宏伟目标，小的方面，宁波要建成社会主义现代化滨海大都市，都需要继承与转化宁波海防文化核心文化基因。宁波海防文化核心文化基因蕴含的不断完善的滨海防御体系，在今日中国人民解放军现代化滨海多兵种联合作战体系建设中已经被选择性继承。宁波海防文化所遗存下来的大量古代海防设施，则蕴含着丰富的历史信息，是十分难得的教育资源。无论是开展国防教育、海洋教育还是忧患教育，宁波大量古代海防设施均可作为有力的资源支撑，其包含的爱国主义精神则将永远传续。

（三）海防文化核心文化基因的转化利用

宁波各历史时期海防设施的兴建、变迁沿革、体系特征、风物遗存，都体现了宁波作为中国东海海防要塞，其海防体系形成、演变与国家战略、地方社会逐渐融合一体的历史文化形态。宁波海防文化作为中国海洋文化的活标本，如何创造性转化、创新性发展，成为传承中华优秀传统文化并为当代社会主义现代化强国建设服务的关键。

1. 整合宁波海防文化资源，建设海防遗址国家文化公园

当前，宁波海防文化呈现出研究较为充足、转化较为不足的缺点。应当有效整合并合理利用镇海、北仑、象山、慈溪、余姚等市属区县海防遗存，打造长三角湾区首个以海防为主题的国家文化公园——宁波海防遗址国家文化公园。宁波海防遗址国家文化公园第一期重点打造以镇海口两岸为中心的核心区，包含镇海区招宝山海防遗存（威远城、安远炮台等）、镇海中学海防遗存（镇海孔庙泮池、俞大猷生祠碑、林则徐纪念堂、吴公纪功碑亭、陈德法勒石遗墨等）、后海塘海防遗存（后海塘、巾子山、望海楼、定海县建城碑亭等），北仑区金鸡山海防遗存（金鸡山瞭望台、金鸡山营房、靖远炮台等）、小港海防遗存（镇远炮台、戚家山营垒等），完善该核心区内道路、码头、公共服务等文旅基础设施建设。第二期打造形成完整版的宁波海防遗址国家文化公园，重点是协同推进核心区与北仑、象山、慈溪、余姚等宁波市属区县海防遗址资源的交通连接与文旅合作，建立起区域间的协同保护机制与文旅合作开发机制。

2. 构建一体化、智能化的宁波海防遗存保护与管理体系

目前，宁波海防遗存呈现出保护不力、管理不善的情况，其症结在于至今未能将各历史时期各类海防遗存进行一体化、智能化管理。一体化要求将宁波海防遗存视为文物整体，不论卫所城、碉堡，抑或炮台、寨城，都应该统一保护、规范管理。智能化则要求实现对宁波海防遗存的实时动态监控，坚决遏制文物地块违法用地。构建一体化、智能化的宁波海防遗存保护与管理体系，也是宁波申请"海上丝绸之路·中国史迹"（宁波段）世界文化遗产的重要基础工作。

3. 进一步打造宁波海防遗存文旅线路，推动保护性开发

宁波海防遗存应当串联一线，考虑以经济带动保护，进行保护性开发。一方面，在实现构建一体化、智能化的宁波海防遗存保护与管理体系后，开发一系列的宁波海防遗存文旅路线，如"镇海口海防历史纪念馆—招宝山—后海塘—镇海中学—金鸡山—戚家山—郭巨古所城"一线，一边进行爱国主义现场教学教育，一边将招宝山、小港、郭巨一线的海鲜市场带动起来。另一方面，保护性恢复建设郭巨、穿山等富有海洋文化特色的滨海军事小镇，特别是郭巨古所城，应予以重点打造，保护性恢复城墙等风貌。

参考文献

1.北仑区新四军历史研究会、中共北仑区委党史研究室、北仑区档案局：《北仑海洋、海岛与海防》，宁波出版社 2020 年版。

2.刘恒武：《宁波古代对外文化交流——以历史文化遗存为中心》，海洋出版社 2009 年版。

3.桑金伟：《宁波"卫所"遗迹知多少》，中国宁波网，http://news.cnnb.com.cn/system/2017/12/29/008713243.shtml，2017 年 12 月 29 日。

宁波裁缝

上海南京路宝大祥布庄

（摄自宁波帮博物馆）

188

九、红帮裁缝

19世纪中叶至20世纪初期，一批宁波裁缝率先掌握了制作西服的技术，给当时来中国的红头发外国人做西服，被称为"红帮裁缝"，流传的文化被称为红帮裁缝文化。此外，还有一种说法认为，红帮裁缝多来自奉化一带，"红""奉"发音相似，因而又常常叫作"奉帮裁缝"。

19世纪中叶，宁波裁缝陆续从宁波农村到上海、横滨等中外大城市创业，逐渐形成了一个以上海为根基的创业群体，并开创了中国服装史上五个"第一"——第一套西装、第一套中山装、第一家西服店、第一部西服理论著作、第一家西服工艺学校，涌现出王才运、顾天云等杰出人物。1997年8月，国务院经济发展研究中心将奉化命名为"中国服装之乡"。2005年，"红帮裁缝技艺"被列入浙江省首批非物质文化遗产名录。

（一）红帮裁缝核心文化基因解析

1. 物质要素

宁波是一座历史悠久、物产丰富、海上交通便捷的城市，是海上丝绸之路、瓷器之路的起航地，是中国近代服装的发祥地，红帮裁缝的故乡。近代，宁波被开辟为"五口通商"口岸后，人员交往频繁，许多宁波人纷纷离开家乡到外地、到海外去谋求发展。一衣带水的上海历来是宁波商人的聚集地，航运的开通更加快了宁波商人的步伐。宁波裁缝是最早进入上海的商帮之一。同时，奉化地处东海之滨，大海哺育了奉化人顽强的开拓力和探索力，他们思想

189

开明、思维敏捷，故而外出发展成为红帮裁缝的较多。改革开放后，宁波市作为对外贸易港口城市，与世界各国贸易更为频繁，促进了宁波服装业的国际化腾飞。

2. 精神要素

（1）四海为家，放眼世界

在红帮裁缝中，很多人是在人多地少的窘迫环境下，被迫外出谋生的。他们改变了农民固有的"穷家难舍，熟土难离"的传统观念，走向城市，学习技艺，开创事业。哪里有生意做，便到哪里去，以至于产生"天下无宁不成市"之说。从大上海到哈尔滨，从日本横滨到俄国小城，从天堂苏杭到风雪高原，都成为他们创业的热土。进入城市后，他们凭借勤俭的品格和精湛的技艺，找到立足之地。在站稳脚跟解决温饱问题后，仍努力谋发展，从夫妻小店的形式拓展为前店后作坊的形式，再发展为大公司。城市化是第一步，国际化是第二步，红帮裁缝的代表人物放眼世界，走向五湖四海，学习语言，考察行情，把握潮流，使红帮事业日益壮大。20 世纪后期，新一代红帮传人通过多种渠道、多种形式进行国际交流，提升宁波服装产业的国际化水平。

（2）勤奋敬业，诚信重诺

早期红帮人大多出身于贫苦农村，不得已而兼营裁缝手艺。现实生活的窘迫使他们确认了一条寻常的人生之道："积财万千，不如一技在身。"他们有的从缝补修改旧衣开始，带着剪刀、尺子走街串巷寻求生意；也有的从在裁缝店当学徒起步；还有的人乘着小舢板到外国轮船上兜揽生意。他们从饭中节约、在衣上省俭，有点积蓄后依然处处开源节流，时时斟酌花销，为了事业的拓展，兢兢业业、克勤克俭、开物成务、就事达理。红帮人崇本敬业，从业必精，始终以诚信重诺作为立身之本、立业之途，坚持货真价实的生财之道，对西装用料、款式设计、缝纫材料、制作工艺等全面把关。越是生意兴隆时，越是追求精益求精，信守承诺，绝不将次品交付到顾客手中。

（3）与时俱进，开拓创新

在孙中山先生领导的民主革命运动孕育时，红帮初创者摒弃封建传统之累，发扬时代潮流之新。在借鉴日本新制服的基础上，大胆革新，完成了中山装创制、推广的历史使命，从而使中山装成为地地道道的中国新式服装，不但中国人视之为"国服"，外国人也认同其为中国人创造的典型中国现代服装。

中山装设计完成后的不断改革，同样体现了红帮裁缝的开创精神。中山装不是一成不变的，而是不断推陈出新，从总体款式到纽扣配制，都在变化之中，从而使之更富有中华民族的文化内涵。红帮人敢为天下先，借鉴西服优长和先进的裁剪技法，从东方人的实际出发，把中国人"量体裁衣"的优良服饰传统和中国缝纫功夫的长处运用到西服缝制中，从而设计出中国人自己的西服。

旗袍的改革，同样体现出红帮与时俱进、开拓创新的精神，以及中装为体、西装为用的创新原则。改革开放后，新一代红帮传人则更是勇于在世界经济一体化的大潮中打造世界名牌、打造服装名城，在国际舞台上独树一帜。

3. 语言与符号要素

（1）近代名人名店符号

取店名有讲究。江良通兄弟的"和昌号"，意为有"和"才能业"昌"。此外，在号称中华第一街的上海南京路上，六家西服名店被称为"南六户"（荣昌祥、王兴昌、王荣康、王顺泰、裕昌祥、汇利），都来自奉化王溆浦村，店面取名寓意都是吉祥如意、繁荣昌盛，反映出"以和为本，和气生财"的愿望。当时的红帮服装代表人物，也成为服装业具有影响力的文化符号。

（2）中国气派的"海派服饰"

红帮人在长时期的经营服务中，逐步观察摸索，力图制作出符合上海人身材、体型、审美爱好的西服，体现中国人的气质、生活需求、审美习惯。久经试验，终于在20世纪三四十年代成功地制作出与海派文化融为一体的具有中国作风、中国气派的海派西服。海派西服的特点是肩薄、腰宽、轻松、挺拔、英俊，十分富有个性。海派西服量身定制，立体裁剪，重视试样，精工细作，并吸收了其他西服流派的长处。海派西服凝聚了红帮的智慧和才能，是一项成功的设计。它还根据中国人的消费水平和经济实力，在面料和制作工艺上，分高、中、低三个价位，选货订做，价格低廉，产品精美，有口皆碑，成为市场上的抢手货。被称为"Chinese dress"的旗袍也成为海派时尚的典型，很快从上海风靡各地。

（3）现代品牌符号和节庆符号

在红帮裁缝文化传统的影响下，奉化涌现出如罗蒙等服装品牌，其发展体现了"创世界名牌，走国际化"的经营理念。1997年创办的浙江宁波服装节，致力于联合打造国际性、专业化平台，举办服装展览、商贸洽谈、经贸论坛、时尚发布会等活动。2019年全新提升为宁波时尚节。

4. 规范要素

（1）红帮裁缝学艺

红帮学徒分"学店堂"和"学工场"两种，"学店堂"重在门市接客，"学工场"主要是缝纫、熨烫、整理。红帮学徒从十三四岁开始拜师学艺。拜师要有荐头人，荐头人一般是业主或师父的亲友、同乡，是徒弟的学徒期担保人。进店之前，要签订拜师协议。进师之日和满师之时，必须宴请送礼。出师后，有的要帮师一年。一年以后由本号引荐，他号方能录用。由于西服制作难度大，学徒必须苦练基本功，如在热水里捞针、牛皮上拔针，以提高速度和力度。三年满师后，逐步掌握量、算、裁、缝技艺。

（2）西服制作技艺

西服制作技艺过程包括量体、裁剪、定样、试样、缝制、检验6个环节，都需要严格把控。手工西服技艺在制作中讲究"四功"（刀功、车功、手功、烫功），通过"四功"使西服达到"九势"（胁势、胖势、窝势、戤势、凹势、翘势、剩势、圆势、弯势），由此形成了西服制作的"十六字标准"，即"平、服、顺、直、圆、登、挺、满、薄、松、匀、软、活、轻、窝、戤"。

（3）制作工艺流程

量身订制西服，先量体，选择面料，然后画样、裁剪、缝纫、扎壳。先出毛壳，请顾客试穿，成为光壳后，再次试穿。有的需试样3—4次，试一次，修改一次，边试边改，直到满意为止。最后进入整烫、锁眼、钉扣环节。西服从衣片上打线钉标志算起，到成衣，整个工序达130余道。这些工序中的缝纫，除直向缝合用缝纫机外，其余都得用手工缝制。

（二）红帮裁缝核心文化基因的提取与评价

红帮裁缝在中国近现代服装业中扮演着重要角色，不仅发起了中国服装史上最富有革命意义的一次改革，揭开了崭新的一页，而且积淀了"敢为人先、精于技艺、诚信重诺、勤奋敬业"的思想底蕴，成为"新红帮人"乃至整个中国服装业的文化灵魂。

1. 生命力评价

关于红帮裁缝的发展历程，说法不一。一种观点认为，红帮裁缝的发展可以上溯到清乾隆十九年（1754）。20世纪20年代的上海，不少红帮西服店从原来的多种经营转变为专业经营，质量提高，品种增加。抗战爆发后，闸北、虹口的商店和居民为避日寇轰炸，争先恐后迁到静安区，静安区很快出现繁荣局面，形成特色街区。1956年，上海21家红帮名店移师北京，重组合成"红都"，为国内外政府高层人士制衣。精湛的传统工艺，使红帮日益焕发光彩。党的十一届三中全会后，在红帮的故乡，勃发了服装工业的青春。新生代的红帮传人在传承的基础上大胆创新，融合传统工艺与现代技术、东方文化与西方文化，使红帮日益显示出强大的生命力。

2. 凝聚力评价

红帮初创阶段是以血缘、地缘为纽带，招收同乡同族人为职工或徒弟，互相提携。比如当时王才运的"荣昌祥呢绒西服号"，100余名职工中不少是奉化本地人。红帮人信守"独木不成林，店多就成市"的古训，建立了同乡会所、同业公会等行业机构。开创事业后的红帮人还积极回馈乡里，通过兴修水利、捐款救灾、义田助学、造桥铺路等形式参与社会公益事业。聚一方之力，开创红帮事业，形成强大的凝聚力。

如今，服装企业是宁波的闪亮名片，对外呈现宁波企业形象和地方形象，对内凝聚自豪感和向心力。

3. 影响力评价

红帮几乎是与中国民主革命同时孕育、发展的。革命运动为红帮提供了发展机遇，红帮也为民主革命作出了历史性贡献。红帮裁缝在中国服装史上创造了五个"第一"，辉煌的成绩直观地表明了红帮裁缝的贡献和作用。

改革开放以来，奉化的服装企业不断向高标准、高质量、高档次迈进，罗蒙、爱伊美等服装企业相继引进了世界一流的先进设备和成套智能化生产流水线，不断革新工艺。2000年，罗蒙成功研制"绿色环保型无粘合衬西服"，被法国科技质量监督评价委员会推荐为"高质量科技产品"，并被列入"欧盟市场销售目录"，打开了通向欧盟市场的大门。一个更高层次的集团型、系列化、多元化、信息化、品牌化、个性化、国际化格局正在奉化形成。

4. 发展力评价

红帮的传统始终在宁波人心中保存着。就在红帮裁缝逐渐从人们视野里淡出时，宁波的服装业却在改革开放大潮中迅猛发展。20世纪80年代，红帮裁缝又为中国服装产业特别是宁波服装业腾飞立下汗马功劳。改革开放后的雅戈尔、罗蒙、培罗成、杉杉、太平鸟等宁波服装企业昂首阔步，走向新的发展征程。从20世纪90年代开始，宁波就已成为国内最大的服装生产基地，服装业已逐渐成为宁波市的重要支柱产业。2004年，经浙江省人民政府批准，浙江轻纺职业技术学院和宁波服装职业技术学院合并，组建为浙江纺织服装职业技术学院——全省唯一一所以时尚纺织服装职业教育为特色的高职院校。学校秉持"修德、长技、求真、尚美"的校训，践行"敢为人先、精于技艺、诚信重诺、勤奋敬业"的红帮精神，依托和服务宁波乃至全省产业发展。以浙江纺织服装职业技术学院为培育基地，新一代红帮传人正逐渐走上社会。

（三）红帮裁缝核心文化基因的转化利用

红帮裁缝核心文化基因的转化利用，可以遵循以下思路：首先，服装要与"人"相连，为国家领导人或政要、名流等重要客户群体提供高端定制服务。高端定制服务除了价格高、用料贵外，还强调纯手工制作。其次，服装要与"技"相连，设立红帮裁缝技艺传承有关培训班或教育机构，着力培养服装设计师。例如，米兰国际时尚设计培训学院与"红帮裁缝技艺传承人"陈爱萍女士合作，开设西装手工定制工艺速成班。将中国非物质文化遗产——"红帮裁缝技艺"传承下去，吸引更多的年轻人加入，为红帮裁缝注入更多新鲜血液，更好地诠释西装定制，更好地发扬红帮精神。最后，服装要与"地"相连，凸显地方特色，做好城市形象传播。例如，在服装设计中融入奉化芋艿、水蜜桃、溪口古镇等地方元素，在节庆活动中融入红帮文化和服装元素。

1. 建立红帮文化长廊，传承大工匠精神

2021年，由海曙区民营企业协会红帮裁缝服装分会打造的全国首家红帮裁缝体验馆正式亮相。这意味着红帮裁缝非遗文化正式面向市场、走近消费者。体验馆分男装区、时尚女装区、旗袍定制区、传统服装区、床品区、技术体验区等，通过听红帮故事、览红帮文化、触匠心之美等方式，立体化呈现红帮文化，拉近红帮文化与大众之间的距离。红帮裁缝是为中国服装创立新纪元的功勋群体，享誉世界，是名副其实的国家工匠。季学源先生在《红帮裁缝的大工匠意识》一文中总结了红帮裁缝的大工匠精神：唯新唯大的主导意识；积微成著意识；精意如一的坚守意识；将产品做到达于化境的极致意识。文章还

指出，海派西服的主创者楼景康、被香港媒体誉为"裁神"的蒋家埕、"模范商人"王才运、红都服装公司两任名动京城的经理余元芳和王庭淼、攀登服装理论高峰的戴永甫、国际大裁缝戴祖贻等，都是拥有上述坚韧精神的服装工匠。红帮服装工匠在物质与精神方面的建树，值得后人永远铭记、赞颂和学习，建立红帮文化长廊，是传承大工匠精神的行动体现。红帮文化长廊可以陈列红帮服饰、图片物件，介绍红帮人物、重要事件，解读红帮文化、红帮技艺、红帮精神，展现红帮发展的历史进程，让市民更加深入地了解红帮渊源、接受人文教育。

2. 丰富文化活动，创办"红帮文化节"

开展"红帮文化进学校"活动，载体包括"挑战杯"中国大学生创业计划竞赛、创业实体评比、创新创业专题研讨、手工艺制作比赛、师生技能比武、"诚信非常体验"、时尚女性评比、红帮金点子大赛等。在浙江纺织服装职院，已经形成了"八个一"工程载体来传承和弘扬红帮文化："一所一店"，即红帮文化研究所和红帮洋服店；"一馆一廊"，即红帮文化展览馆和红帮文化长廊；"一课一节"，即红帮文化课程和"红帮文化节"；"一街一院"，即校内创业一条街和创业培训学院。

日本明治维新初期，宁波红帮裁缝来到日本发展。19世纪90年代到第二次世界大战爆发，红帮裁缝经历了诸多困难，但也逐渐在日本站稳脚跟，于第二次世界大战结束后迎来发展的繁荣期。遗憾的是，从20世纪90年代开始，日本的红帮裁缝逐渐出现后继无人的情况。在日本洋服业，特别是男士西服业的发展中，红帮裁缝作出了不可磨灭的功绩，他们不仅和西方人一起成为日本洋服业的先行者，还在西服的制作工艺、服饰的改良与创新等方面直接推动了日本洋服业的发展，并为日本培养了一批西服制作人才。目前，日本西服定制业面临困境，这对有着精湛技艺的红帮裁缝来说也是一个新的发展机遇。可以开展跨海联动，把"红帮文化节"办在日本，"与地相连"，开展"溯源"的展览和体验活动，吸引年轻一代参与。

3. 开发多种文创产品，打造红帮文化品牌

举办同人服装设计大赛，参与者选择自己喜欢的动漫角色或游戏角色，为他们设计西服。大赛产生的优秀作品可以开发成相关的文创产品，如挂饰、装饰画、明信片、画册等。还可以开发联动换装游戏，设计一系列具有红帮特色

的西服开展游戏联动，玩家可以通过游戏内的任务和活动，了解红帮裁缝的前世今生。

参考文献

1.季学源：《红帮裁缝的大工匠意识》，《浙江纺织服装职业技术学院学报》2017 年第 4 期。

2.李昭庆：《近代上海女式红帮裁缝时装制作源流考》，《艺术设计研究》2018 年第 1 期。

3.张淑珍：《红帮裁缝在日本的发展与现状》，《浙江纺织服装职业技术学院学报》2016 年第 4 期。

十、十里红妆

　　十里红妆婚俗是浙东地区特有的传统婚俗，是中国传统文化重要的组成部分。宁海是十里红妆的发源地。十里红妆婚俗承继汉族传统婚俗的"六礼"（纳彩、问名、纳吉、纳征、请期、亲迎），加入地方特色，包括定情、做媒、相亲、备嫁妆、迎嫁妆、花轿迎娶、拜天地、闹洞房、回门等结婚礼俗。每逢婚嫁之日，"千工床，万工轿，十里红嫁妆"构成浙东家喻户晓的婚嫁现象，嫁妆队伍绵延数里。因此，这一壮观场面被称为"十里红妆"，后逐渐在当地演变成婚嫁的代名词和明媒正娶的标志。十里红妆表达了父母对子女吉祥的美好祝愿，女方父母希望通过"厚嫁"奠定女儿在夫家的地位，同时也借此展现女方的财富实力。十里红妆集中体现了江南手工精湛的技艺，反映出江南人民的勤劳、乐观与智慧。十里红妆作为南宋末宁绍地区流传的婚嫁现象，在明清时期达到全盛阶段，并自宁绍而风靡整个江南地区，一直盛行于民间并恒久流传。随着现代生活方式的改变和外来文化的冲击，这一具有重要民俗学价值的婚俗的实用功能渐渐式微。

　　2008年，"宁海十里红妆婚俗"被列入第二批国家级非物质文化遗产名录，宁海境内的十里红妆文化园、十里红妆博物馆等单位保留有大量婚俗器物，宁波博物馆也建有宁波十里红妆专门展厅。

宁海十里红妆文化园（徐培良摄）

十里红妆（徐培良摄）

（一）十里红妆核心文化基因解析

1. 物质要素

（1）满含祝福的大红色调

十里红妆选用中国红作为婚嫁的主色调，无论是器具、服饰还是墙贴壁挂如红对联、红喜字、红灯笼、红蜡烛等，一律采用红色。十里红妆器物既是内房生活和女性文化的直接体现，也是女性审美情趣的展现。朱红家具、大红花袄、大红楹联传达了民众祈求祥和、宁静的美好愿望，是民族精神形态的一种体现。

（2）各式各样的红妆器具

十里红妆之"十里"排场皆因嫁资丰富多样，衣食住行用具应有尽有。大到床铺家具，小到针头线脑，从金银首饰、衣裳布匹、烛台灯火、床橱柜桌、铜盆器皿、瓷漆杯盘、枕箱被帐、冠巾鞋袜、梳洗用具到珠玉珍玩、文房四宝，林林总总，种类繁多，以木器为多，兼有其他，几乎涵盖了新娘进入夫家后日常生活中的所有用具。不夸张地说，从出生之用的子孙桶到死去入殓之用的棺材都一一备齐，因礼而生。如"互换庚帖"所用帖盒，"定亲"所用过书、回帖，"送嫁妆"所用扛箱，"迎亲"所用花轿，"拜堂"所用香案，"回门"所用提篮，婚后生产所用"子孙桶"，产后讨奶所用"讨奶桶"……各式各样，一应俱全。

十里红妆器具大致可分为以下四类：一是生活起居类，如各式床、橱、箱、柜、桌、椅、凳、桶等；二是日用器皿类，如各类果盘、烛台、棒槌等；三是女工用品类，如针线盒、织布机、绣花架等；四是婚嫁服饰类，如嫁衣、肚兜、荷包、香袋、绣鞋、绣花枕头、绸被等。每种类别又花样百出，单以桶为例就可窥见一斑。从功用上分，桶有十多种，如吊水桶、挑水桶、果桶、面桶、粉桶、马桶、子孙桶、洗澡桶、洗衣桶、饭桶、酒桶、茶壶桶、讨奶桶、茶道桶、梳头桶等。其种类之多、分工之细，较现代生活器具有过之而无不及。

2. 精神要素

（1）崇文尚礼、延续子嗣的儒家观念

宁海人遵循儒家正统思想，崇尚诗礼传家，这种价值取向在十里红妆器物中也时刻渗透。如嫁妆中多带有表现相夫教子、父爱母慈、夫妻恩爱、才子

佳人等画面的图案。很多家具上都有彩绘和雕刻，题材多取自中国古代故事传说，除了醉打金枝、西厢记等爱情故事外，更多的是木兰从军、穆桂英挂帅、苏武牧羊、桃园结义等表现忠孝节义的伦理故事，弘扬精忠报国的爱国主义精神，崇尚刚强不屈的民族气节。

（2）琴瑟和谐、相敬如宾的和合文化

民间以和合为掌管婚姻的喜神，和合二仙有"欢天喜地"的别称，千百年来作为"家庭和合，婚姻美满"的象征。和合二仙是两个蓬头、笑面、赤脚的孩童形象，一个持盛开的荷花，一个捧有盖的圆盒（或一如意、一宝珠，取"荷""盒"谐和合之意）。在民间，人们相信在器物上刻画有关的图饰，对愿望的达成有神奇效果。譬如在十里红妆中常有和合二仙、和合如意（荷花、盒子、灵芝）的图案。古人认为姻缘天定，婚前要合八字、合庚帖，选定日子后送日子的帖盒上彩绘着合和二仙，雕刻着福禄寿喜等吉祥纹饰，祝愿男女合和美满。

很多礼仪也表达了和合祝福。如入洞房，要请新郎新娘喝合卺酒，吃和气席（糯米制成的圆形麻糍），寓意夫妻患难相守，也寓意琴瑟和谐，共生共荣。新郎新娘喝交杯酒，各饮一口，再把两盏酒混合，又分为两盏，取"我中有你，你中有我"之意，希望新娘新郎和谐过一辈子。

（3）巧夺天工、精益求精的工匠精神

泥金彩漆和朱金木雕是宁波传统手工艺，这些传统技艺广泛应用在十里红妆中。十里红妆器具多用榫卯结构，以朱漆髹底，雕饰贴金，集雕刻、堆塑、绘画、贴金、泥金、罩漆等工艺于一身，古雅富丽。特别是泥金彩漆，除了红衣橱箱柜等少数品种光素朱髹外，多数都有局部雕刻装饰，雕刻的部位往往髹金漆，成为独特的地方风格。如梳妆镜台、各式提桶，局部施雕，透空灵活，雕饰华丽，造型雅致，色彩华美，富有生活情趣和奢华气息。泥金彩漆也因其工艺精美而成为国家级非遗。

千工床和万工轿是宁海工匠精神的集中体现，两者都是工匠耗费大量工时精工细雕的杰作。以朱金千工床为例，其豪华精致程度恐怕连帝王的御床也难以与之媲美。万工轿流传下来的少之又少，浙江省博物馆的万工轿为其镇馆之宝。2023年4月—7月，万工轿成功搬家至浙江省博物馆之江新馆。

千工床是由夫家打造的婚嫁品。一世做人，半生在床。床是男欢女爱、延续子嗣的场所。因此，人们不惜重金，极尽工艺之能事打造。千工床一般都分为前后两部分。前面部分称为"拔步"，又称踏步，是床沿前的小平台。拔步设雕花柱架、挂落、倚栏、飘檐花罩，上有卷篷顶，右边安放二斗二门小橱，上置钟、花瓶、镜箱、茶具、灯台等日常所需，左边放马桶箱一只。后面半部是床之主体，外设一道雕花门罩，床内有些还设有书架搁板、角橱、钱箱、点心盒、防身器等内房所需。考究的床外围还有走道。千工床除了在造型上煞费苦心外，在雕刻彩绘上更是巧夺天工。因其在生活中的重要性，人们将其打造得如同一座屋中之屋，精雕细刻的吉子花是雕花床装饰的主要特色。

万工轿，是清末民初宁式花轿，制造时耗费了一万多个工时，故称"万工轿"。精工细作的花轿多需八个人抬，又称"八抬大轿"。其精妙在于采用榫卯结构联结，没有一枚钉子，由几百片可拆卸的花板组成，浑然一体。花轿木质雕花，朱漆铺底饰以金箔贴花，金碧辉煌，犹如一座微型的宫殿。浙江省博物馆的万工轿雕有250个人物，花鸟虫兽无数。其工序之繁复，做工之精美奢豪，堪称极致。因费工时，耗巨资，嫁娶时候的万工轿大部分是租用的。花轿多选用香樟、银杏木制作，雕龙刻凤，富丽堂皇。雕刻内容有"天官赐福""魁星点元""麒麟送子""八仙过海""喜上梅梢""和合二仙"等。在表现上，多为朱金木雕工艺，采用浮雕、透雕工艺，装饰上有贴金、涂银、朱漆等表现手法，有些花轿还披上金银线盘绣的轿衣，谓金银彩绣花轿，一样喜庆吉祥。

（4）舐犊情深、以物寄情的骨肉之爱

十里红妆呈现出江南婚嫁嫁妆丰厚、送嫁队伍浩大的场景，是考验家境的婚俗，是娘家富庶的象征，也是女儿的体面所在，是女儿过门后在夫家确立地位的"筹码"。嫁妆中有很多是家庭主妇必用的东西，如洗面桶、饭桶、锅盖、豆腐桶、蒸桶、养蜂桶、线板、纺锤等。

为了表达爱女之情，父母在嫁妆的考虑上无微不至，除了器物的社会性功能和实用性功能，也关注到了器物的审美、怡情和教化功能。专供女儿使用的小姐椅、小姐床、镜箱、梳头桶、首饰盒、各式提桶、提篮，大多造型小巧，曲线玲珑。在装饰上则常采用凤凰、牡丹、卷草、莲花等具有女性色彩的自然形态纹样。装饰纹样表现了对美好婚姻生活的祝福，如红妆绣品中对于鸳鸯戏水、鱼儿戏莲、龙凤呈祥等图案的呈现。

虽说儿女婚姻的缔结不乏功利目的，但是身为父母，无疑希望女儿生活幸福美满，也希望女儿能睹物思人，以报父母养育之恩，节日里会提着父母为其定制的果桶去看望他们。

3. 语言与符号要素

（1）别具一格的艺术审美式样

宁海木雕是装饰性浮雕，以平面浮雕技法为主，其多层次浮雕、散点透视构图、保留平面的装饰，形成了独特的雕刻技法和艺术特色。其保留原木天然纹理色彩和刀工技法，使作品呈现构图饱满大气、层次丰富细腻、图像写实传神、做工精雕细刻、格调清秀淡雅、实用功能与欣赏功能完美结合的独特艺术风格。

（2）教化育人的雕刻图案题材

宁海红妆器具的木雕图案"有图必有意，意必吉祥"，常见的人物有济公、嫦娥、七仙女、竹林七贤等，动物有龙、凤、鹤、鹿、马、羊、虎、狗、蝙蝠等，植物有牡丹、水仙、荷花、梅、兰、竹、菊等，民间传说和历史故事有后羿射日、精卫填海、女娲补天、岳母刺字等。

4. 规范要素

（1）平面浮雕为主的制作技艺

平面浮雕是在适当保留平面的基础上，用线和面结合的方式雕刻图像的技术，是宁海木雕最广泛和最擅长的基本技术。根据雕刻的深浅，从平面浮雕里又可分出薄浮雕、浅浮雕、深浮雕、镂空雕、高浮雕、多层叠雕等技法。薄浮雕、浅浮雕是指通过线条雕刻来呈现立体感；深浮雕是用面的表现来刻画形象。

（2）"工""艺"并重的制作规范

十里红妆器具在制作上以工艺木雕为主，辅以朱金漆工艺。工艺木雕属于客体艺术，即雕刻艺术依附于其他功能主体上，比如家具雕饰，家具是主体，雕饰艺术依附于家具的功能部件上，起到锦上添花的美学作用，但一般不能改变家具的形状和使用功能。由于工艺木雕应用范围广，在长期的艺术实践中形成了一种相对固定的艺术形态，制作上也有成熟的工艺流程和技艺规范。工艺木雕"工"和"艺"并重，"工"是"艺"的表达方式和载体。"工"即"做工"（宁海人称"手艺"），就是工艺流程和技艺规范。宁海木雕艺术的客体性，既决定了其可塑性、依附性、适应性和传承性，也使其区别于纯艺术品，兼具实用价值与欣赏价值。

（3）体系完备的制作流程

宁海木雕从备料、设计开始，经选材、拼接、打粗坯、整细坯等一系列复杂的工艺流程。其中打坯是宁海木雕技艺的核心。老一代艺人学艺都是从简单的修光开始的，有了一定的基础后再学打坯。打坯要完成作品的立体造型，是作品关键性的工序，既要把设计图稿的平面线条变成立体图像，又要为修光完成基本造型，确定作品的概貌基调。对修光而言，不懂打坯，就难以为作品"锦上添花"。

（4）师徒相承的传授礼俗

宁海十里红妆婚俗木雕的传承与发展，以师徒制为主。民间流传的谚语如"初学三年，走遍天下；再学三年，寸步难行""三年学徒，四年半作，十年成师"等，讲的是漫长的手把手的技艺传承过程。掌握技艺需要师父言传身教，也就是需要时间的沉淀和经验的长期积累。初学的三年，不过是获得吃饭的本领，即做一些"式子活"（程式化的工作）；再学三年则不然，是对造物的创意构想，是修养的物化，要发挥自己的灵性和才智，"技近乎艺，艺近乎道"。

（二）十里红妆核心文化基因的提取与评价

宁海十里红妆婚俗与我国各地的传统婚俗大同小异，主要承继了儒家的"六礼"，虽名称或细节处有所区别，但问名、纳采、纳吉、纳征、请期、亲迎等程序基本相同。基于对相关资料的全面、深入分析，将十里红妆核心文化基因主要提取为"崇儒重礼、和合共生的婚俗文化"。

1. 生命力评价

十里红妆这一民俗现象发端于南宋，鼎盛于清代。现代已式微，主要原因是生活观念和方式的改变、家电和其他材料产品的增多等。尽管在现实生活中，很少有人再采用这种传统婚俗，但其文化基因形态保持稳定，实用功能减弱，欣赏功能强化。

2. 凝聚力评价

十里红妆婚俗曾广泛凝聚起区域群体的力量，特别是江南一带的家族和宗族对于婚嫁所体现出的凝聚力和向心力，在某种程度上推动过社会经济文化的发展。南宋起，宁海富庶之家有攀比之心也有实力之举，从而在客观上促进了

消费升级，促进了生产力的发展、手工艺的发展以及城市的繁荣。

3. 影响力评价

十里红妆有全国性乃至世界性的影响力，已经被古代文人士大夫和当代学者提炼为精神符号和理念理论。自南宋后，十里红妆就不仅是宁海的婚俗，而成为浙江东南沿海地区宁波、台州、温州、绍兴甚至江南各地区千百年来传承的婚俗。如今，宁海十里红妆婚俗已经是国家非物质文化遗产；十里红妆也成为婚嫁代名词，象征着吉祥喜庆。

4. 发展力评价

宁海十里红妆婚俗是中国婚俗文化的重要组成部分。时代变迁，大浪淘沙，那些曾经在婚礼上熠熠生辉的婚嫁品流传至今，成为稀有珍贵的民间艺术品。它们以特有的魅力蜚声中外，持续吸引收藏者和消费者。延续着中华传统的十里红妆，对于海外同胞来说既是"深情的中国红"，更是文化认同，增强了他们的民族自豪感。

（三）十里红妆核心文化基因的转化利用

1. 加大推广力度，运用多样化推广手段

非遗传承不能只靠政府投入，不能只是枯燥的文字宣讲。本着"让非遗活起来"的宗旨，既要重视十里红妆婚俗，也要让这一婚俗重新鲜活起来，走出展厅与玻璃柜，走到参观者的眼前，活跃在舞台上，走向市场，走进千家万户。可以成立十里红妆文化推广委员会，设立文化推广专项基金，引入专业摄影摄像团队，制作精美的影像作品，与宁波当地著名自媒体平台合作，推送相关作品，增加曝光度。

举办"十里红妆节"，邀请国内具有亲和力的影视明星担任代言人，在条件允许的情况下，邀请宁波当地适龄男女参加集体婚礼。在举办婚礼的过程中，应尽量还原十里红妆婚俗的全貌，由主办方帮助双方家长置办相关器物，在举办的同时还应做好视频拍摄记录，用于日后推广。在婚礼结束后，还可以推出蜜月旅行套餐，将宁波市内乃至浙江省内的婚俗文化相关景点纳入旅行线路。同时，还可与国内大型旅游公司合作，将该蜜月旅行套餐作为宁波对外交流名片面向全国推广，在增加宁波十里红妆曝光度的同时，促进宁波旅游业的发展。

以十里红妆博物馆等相关平台为依托，面向全社会开展丰富多彩的十里红妆知识竞赛活动，定期开设十里红妆婚俗知识答题竞赛、十里红妆器物辨识竞赛，对回答正确的游客给予一定的纪念品奖励，吸引更多的游客前往学习感受十里红妆婚俗，扩大十里红妆婚俗知名度。在宁波博物馆、十里红妆博物馆等场所，开设泥金彩漆、箍桶和刺绣等体验课程，吸引游客参与，寓教于乐，在潜移默化中扩大十里红妆的知名度。

2. 加大投资力度，开发文创产品及相关服务

加大招商引资，与国内著名文创产品设计团队合作，共同开发十里红妆IP，设计独具特色的十里红妆标识，将其融入文创产品中。设计新婚伴手礼，以当代婚礼传统伴手礼为依托，融入十里红妆标识。还可推出婚礼策划一条龙服务，成立婚庆品牌连锁公司，主打仿古主题婚礼，吸引当代年轻人感受传统文化。由相关主管部门牵头，成立专项资金，与宁波市歌舞团等文艺组织合作，编排与十里红妆相关的歌舞剧。

3. 加大关注力度，整理十里红妆相关资料

以宁波十里红妆博物馆等相关平台为依托，面向社会有偿征集十里红妆器物遗存，将收集到的十里红妆器物收入博物馆展览收藏空间，更好地传承十里红妆文化；开展"红妆文化讲座"，邀请宁波市内具有一定知名度的红妆文化研究专家，向民众普及相关知识；组织相关部门，成立十里红妆文化编委会，编写宁海各地十里红妆婚俗科普类读物。

参考文献

1.李媛媛：《"十里红妆"中蕴含的"礼"与"仁"》，《中国民族博览》2021 年第 12 期。

2.毛海莹：《构建生命之美：女性民俗与当代江南女性》，《民俗研究》2013 年第 2 期。

3.邵鋆南、金枝瑛：《宁波非遗"十里红妆"数字化保护与创新研究》，《今古文创》2022 年第 18 期。

4.赵福莲：《"十里红妆"初探》，社会科学文献出版社 2013 年版。

望京门（摄自望京门城墙遗址博物馆）

斗门升船机闸

全国重点文物保护单位

大 运 河

(浙东运河·虞余运河余姚段)

中华人民共和国国务院
二〇一三年三月公布
浙江省人民政府立

十一、大运河（宁波段）

中国大运河是中国古代劳动人民创造的一项伟大的水利奇迹，为世界上最长的运河，也是世界上开凿最早、规模最大的运河。中国大运河主要分为三部分：隋唐大运河部分、京杭运河部分、浙东运河部分。北至北京，南通杭州、西达洛阳、东抵宁波。大运河（宁波段）位于中国大运河最南端，是浙东大运河东段，西通绍兴，东连东海，是连接京杭大运河和海上丝绸之路的重要枢纽。

大运河（宁波段）正河 152 千米，支线 179 千米，合计 331 千米。其中浙东运河上虞—余姚段（余姚部分）、浙东运河宁波段和宁波三江口（含庆安会馆）于 2014 年 6 月被列入世界文化遗产名录。大运河（宁波段）真正实现了河海联运，是古代中国经济繁荣与对外开放的象征，是宁波千年港城的重要物质佐证与文化载体，对宁波而言无疑是鲜明的历史标记与文化基因。

（一）大运河（宁波段）核心文化基因解析

1. 物质要素

（1）河道遗产

大运河途经宁波，至余姚四明山河段山脉绵延起伏，形成了"千岩竞秀、万壑争流""舟行画图、人在镜中"的江南水乡画卷；至三江口沿岸河段，则需要海陆转换，凡是运河的船到了宁波三江口码头，都需要换海船；从海上过来的船，也需要换运河船。由此形成"千帆竞渡""车水马龙""市肆、舸舰纷

宁波市卷

集如云"的热闹的港湾城市场景。大运河（宁波段）还保留着历代营建的港口码头、闸堰工程、纤道石桥等古迹和众多的文化传说。历史文化名城、历史文化街区、特色水乡古镇等构成了一道道亮丽的风景。

在河道设计上，一方面，巧妙利用自然河道发挥航运作用，并加以人工改建。例如，慈江又名后江，本为自然河流，源出镇海小桃花岭，后于南宋年间经由人工疏通开拓，成为浙东运河辅道。另一方面，充分改造利用当地的湖泊沼泽，形成有利航运的条件。例如，虞余运河，西起上虞赵家村的曹娥江，经过五夫长坝进入余姚境内；余姚境内的虞余运河则由湖塘江、马渚中河构成，西起五夫长坝，向东汇入姚江。此外，考虑到内河船舶与海船抗风浪能力及通航性能的不同，大运河（宁波段）河道还设有大量闸门、堤坝碶、堰等水利航运设施，趋避潮汐对航行船只的影响。可以说，大运河（宁波段）河道本身就是一座丰富的文化遗产宝库。

（2）庆安会馆

庆安会馆作为宁波市列入大运河申遗正式文本的唯一遗产点，属于运河附属遗存。到达宁波的内河航船，一般在三江口直接换乘抗风浪性能较好的海船经甬江口出海。同样，那些从闽广等地甚至日本、朝鲜半岛驶来的海船，在宁波三江口停泊后，一般需换乘内河船只，经浙东运河进入内陆。依托宁波港优越的地理环境，在宁波逐渐形成了庞大的商业船帮。庆安会馆由甬埠行驶北洋的舶商组织修建，始建于清道光三十年（1850），作为漕粮及南北贸易河海联运的主要管理和服务设施，庆安会馆是联络船商乡情的公共场所，集娱乐、集会、议事等功能于一体；同时也是祀神的庙宇，供奉妈祖，因此又被称作"天后宫"，是我国"八大天后宫"之一和浙江省内现存规模最大的天后宫。

庆安会馆现保存完好，整体建筑规模宏大，气势雄伟，建筑构造独特，工艺精湛。馆内建筑装饰大多采用砖雕、石雕和朱金木雕等宁波传统工艺，堪称地方工艺的宝库，尤其是祭祀妈祖和行业聚会时演戏用的双戏台在国内更是罕见。庆安会馆现作为全国首家海事民俗博物馆——浙东海事民俗博物馆对外开放。

（3）大西坝

2013年，"大运河—姚江水利航运设施大西坝旧址"被列为全国重点文物保护单位。大西坝位于海曙区高桥镇大西坝村，是大运河（宁波段）的重要水利设施和重要渡口，是沟通西塘河和姚江的咽喉，也是浙东运河上的甬城门户。

大运河（宁波段）的一大特色就是河海交汇。在外江和内河、咸水与淡水的交汇口，多建有阻咸蓄淡的水利工程，大西坝就是其中的堰坝设施之一。大西坝是大运河（宁波段）连接世界的大通道，也是先人和历史馈赠给宁波的一份丰厚的遗产。

（4）水则碑

"水则"的"则"，意思是"准则"。水则，中国古代的水尺，又叫水志，起到衡量水位高低和水量大小的作用。宁波水则碑，位于海曙区镇明路西侧平桥街口（原是平桥河）。宋宝祐间（1253—1258）建，明清两代续修，现大部分石亭建筑为清道光时所建，保留了南宋的亭基和明代重修的"平"字碑。水则亭为水则碑而建，亭在四明桥下，取适中之地，测量水势，镌"平"字于石上，城外诸碶闸视"平"出没为启闭，水没"平"字当泄，出"平"字当蓄，启闭适宜，民无旱涝之忧。因此，把四明桥改称平桥。水则亭为保庄稼丰稔、州郡平安发挥了重要作用。水则碑利用平水的原理达到体察灾情民情、统一调度的目的，是我国城市古水利遗存中仅有的实例，是研究水利发展史、研究城市排涝防洪水利工程不可多得的实物例证，有着特殊的意义。

（5）三江口

三江口是大运河（宁波段）的终点，是宁波最早的"宁波港"港埠，也是中国历史上著名的海上丝绸之路的起点港。宁波自古以来就是对外开放的重要港口。特别是在唐朝，"海外杂国，时候风潮，贾船交至"，明州成为全国著名的对外贸易港，并与扬州、广州一起列为中国对外开埠的三大港口。宋代，明州又与广州、泉州并列为我国三大主要贸易港。鸦片战争以后，宁波被定为"五口通商"口岸之一。

（6）运河古桥

大运河（宁波段）的一大特色便是河道之上古桥众多。大运河（宁波段）是自京杭大运河驶往海路的必经之路，是极为重要的运输节点，水陆交通都很繁忙，因此连接运河两岸的桥梁符合水陆交通交汇的通行需求。桥梁形式多样，主要有半圆拱、七折边拱、马蹄形拱等。部分桥梁桥体高大，桥洞宽敞，方便各地船舶通行。

例如，大运河（余姚段）通济桥，连接余姚南北两城，为陡拱式三孔两墩石桥，桥长43.4米，主孔净跨14.2米，桥面中心宽5.61米，两侧有望柱24根，栏板22块，雕饰象、狮、莲花等图案。主孔两侧各镌有楹联，东侧题有"千里遥吞沧海月，万年独砥大江流"，西侧题有"一曲蕙兰飞彩鹢，双城烟雨卧长虹"。通济桥整体桥型稳重、雄伟，远远望去，长虹中跨，体势腾辉。据光绪《余姚县志》载，该桥始建于北宋庆历年间（1041—1048），原系竹木结构，初名德惠桥，后又改名为虹桥，屡建屡毁。元至顺三年（1332）改建成石砌三孔桥，连接姚江南北两岸，遂定名为通济桥。桥旁立有石碑，上题"海舶过而风帆不解"八字，显其高大雄伟之势。现存桥身乃系清雍正七年至九年（1729—1731）重建，耗费木桩2100根，动用人工约4万人，建成时全长约90米，共106级，为彼时浙东最大的圆拱石桥，被誉为"浙东第一桥"。

（7）沿河古镇

大运河（宁波段）连接京杭大运河与入海港口，交通便利，商贾往来形成很多重要的运输节点，形成商贸重镇。例如，大运河（宁波段）余姚江三江分流之地丈亭古镇，自古以来便是宁绍水运重镇。宋代余姚词人杨适曾有词写道："南山明，北山明，中有长亭号丈亭，沙边供送迎。　东江清，西江清，海上潮来两岸平，行人分棹行。"宋代陆游的《发丈亭》写道："姚江乘潮潮始生，长亭却趁落潮行。参差邻舫一时发，卧听满江柔橹声。"诗句生动形象地写出了丈亭位于三江岔口，水陆交通繁忙，市井繁华的情形。宋代南来北往的船舶均在此停泊、转运、交易，元代曾于丈亭设巡检司，清代又设丈亭关，现在的郑家古渡便是原来的丈亭渡。

沿着大运河布局的古老村镇与其他古镇不同，有其自身独特的运河文化气质。它们是典型的江南水乡古镇，人们依水而居，水乡意味浓厚；同时，这些村镇位于大运河之畔，自古在水道上有着显赫的位置，市场贸易尤为兴旺发达，是区域内著名的水陆码头，还有文人雅士留下的书画题咏诗词唱和，至今依然释放出独特的魅力。

2. 精神要素

（1）"向东是大海"的豪情壮志

大运河（宁波段）流域山多地少，耕地有限，但是河网密布，湖泊众多，海域广阔。先民为扩展生存空间，充分利用地处中国海岸线中段，海岸线纵长、咸水、淡水交汇的地形特点，发挥北临杭州湾、西接绍兴、南靠台州、东北与舟山隔海相望的交通优势，扩展大运河、发展三江口，充分利用大海的底色厚重，向梦想的方向奔腾不息。

海陆交汇造就大运河（宁波段）内河支流汇入甬江、姚江、奉化江，再由此汇入大海。大运河（宁波段）具有浓厚而鲜明的海洋文化属性，是中国先民适应海洋、利用海洋的最早例证，是中国海洋文化的重要源头区域，造就了长三角南翼经济中心和浙东交通枢纽，联通了沿海众多优良港口，促进了贸易运输、货物往来。大运河（宁波段）体现了宁波文化中探索海洋、开发海洋、利用海洋，不断追寻和拓展中华民族文明空间的豪情壮志。

（2）不屈不挠的实干精神

人与自然之间通过劳动实践不断地进行着物质转换，从而为人与自然的和谐发展提供源源不断的动力。人类在劳动实践中改造着自然，调节着与自然之间的物质交换。人类按照自己的意志来利用自然、改造自然，同时不断拓展与完善文化的物质基础和精神来源。大运河的修凿本身就代表了人类对于大自然的改造和利用，体现了中华民族为了生存与发展所作出的不懈努力。

大运河（宁波段）作为中国古代利用自然、改造自然的成就，有着十分重要的作用。中国开凿利用运河的历史非常悠久。春秋战国时期，楚、吴、齐、魏四国都有运河的修建，从这以后，运河发展不断成型。到了隋唐时期，沟通南北的大运河体系已经成熟，对区域经济政治都产生了显著的影响。大运河的开通，造就了沿河两岸一系列市镇的兴起，形成了诸多繁华的古代经济中心。大运河（宁波段）的开凿和利用，是数代宁波人民奋发实干、锲而不舍、辛勤付出的伟大成果，生动地诠释了中华民族利用自然、改造自然的大智慧，体现了宁波人民不屈不挠的实干精神。

（3）百川归海的包容气象

大运河（宁波段）是京杭大运河与海上丝绸之路最重要的连接通道，是内陆同海洋之间的经济和文化纽带，为中华文明从大海走向世界各地打下了坚实的基础。同时，大运河（宁波段）包容了南北交汇、中外交流，始终以一种开放的文化氛围吸收着全国乃至全世界各地不同的文化，博采众长，滋养和造就了运河文化中百川归海的包容精神。

大运河（宁波段）的文化河道千百年来敞开怀抱，迎接着南上北下的内河船舶与海外往来的海洋航船。这不仅是迎接着不同的人和不同的货物，更承载了不同的文化和思想。中华文明的优秀人文传统与漂洋而来的域外文化成果在这里交流、交融，形成了兼容并蓄的文化底蕴。

3. 语言与符号要素

（1）经贸之路

大运河流经全国经济发展、人口增长速度最快的江淮地区，对古代南北经济格局的调整、国内外经济文化的交流有着不可估量的贡献。正所谓"功在当代，惠及长远"。中国封建社会的一个个繁荣时期都与大运河的交通贸易有着相当密切的关系。大运河（宁波段）在运输各类物资、促进南北经济的发展以及沿岸商业城镇的繁荣等方面可谓功不可没。

（2）文化之河

在航运不发达的古代，宁波偏安于中华大地东南一隅，很难在波澜壮阔的中华文化历史舞台上有所作为，大运河的开通改变了这种困境。对于宁波而言，大运河并不只是一条交通道路，更是一条积累着深厚历史底蕴，饱含着多样人文精神的鲜活的文化之河，是宁波文化生命的空间化存在。在漫长的历史岁月中，大运河（宁波段）沟通了内陆与东海，为南北乃至中外的经济文化交流贡献着自己的力量，也使宁波人民养成了兼容并蓄、博采众长的开放精神，造就了宁波在不同历史时期丰富多彩的文化样态。

（3）诗歌之道

大运河促进了南北两地的沟通，使北人与南人之间的交往更加频繁，文化也互相影响。以运河作为文化沟通的途径，文人以及文人雅士所留下的书画、题咏、诗词等，至今依然释放出独特的魅力。大运河（宁波段）保留了众多人文诗迹，唐宋很多知名诗人都在这条文化之河上留下了良篇佳作。

4. 规范要素

2021年，《大运河（宁波段）文化保护传承利用实施规划》正式出台，该规划以大运河（宁波段）世界文化遗产为核心资源，规划范围涉及海曙、江北、镇海、北仑、鄞州、余姚等区（市）。规划实施期为2020—2035年，其中近期为2020—2025年，中远期为2026—2035年，规划展望到2050年。

根据规划内容，到2025年，实现大运河遗产监测全覆盖，完成市级以上运河遗产点的保护修复；联合海上丝绸之路保护和联合申报世界文化遗产联盟城市共同推进"海丝申遗"工作；沿线六区（市）文化及相关特色产业增加值达到 660 亿元。

（二）大运河（宁波段）核心文化基因的提取与评价

大运河（宁波段）作为大运河工程的重要组成部分，充分体现了运河文化中因循自然的科学精神、海纳百川的开放精神以及锲而不舍的拼搏精神，是世代水利工作者和劳动人民的心血结晶，生动地展现了中华民族利用自然、改造自然的大智慧，有力地推动了南北乃至中外的经济文化交流。

1. 生命力评价

大运河（宁波段）连通了陆上运河与海上丝绸之路，加强了南北乃至中外的经济文化交流，充分体现了海纳百川的开放精神。当前，宁波正擘画新蓝图：加快建设现代化滨海大都市、高质量发展建设共同富裕先行市。这与宁波人民长期秉持的博采众长、兼容并蓄的开放理念是分不开的。在宁波漫长的发展历程中，运河已成为宁波经济文化中不可分割的一部分，其中锲而不舍、久久为功的拼搏精神也早已流淌在了世代宁波人的血脉之中，激励着宁波人民不断奋勇向前，创造辉煌。

大运河（宁波段）自修凿完成以来，便充分发挥着交通、水利等实际作用。即使是在近代以来运河交通运输作用日益衰落的情况下，宁波依旧以巨大投入保护、修缮境内的运河河道，新建大量水利设施，进一步完善其水利功能，并重点开展环境整治，加强运河水生态文明建设。这让宁波境内的运河得以继续发挥自己的功用，造福一方。

2. 凝聚力评价

宁波境内的运河河道乃是宁波内陆水上交通要道，承担了宁波乃至全国的水路运输，其经济与文化价值不言而喻。历史上，尤其是在南宋，全国经济中心南移之后，宁波俨然成为大运河沿河商贸重镇之一，成为浙东运河的交通要冲。南来北往的船舶商人均在此转运、交易，极大地推动了当地的经济与文化发展。大运河（宁波段）的自然景观与人文景观相互辉映，保留有众多的人文遗迹。运河穿宁波而过，涉及海曙、江北、镇海、北仑、鄞州、余姚等区（市），留下丰富且重要的人文资源，成为当代人的精神财富。

3. 影响力评价

就宁波境内运河特殊的地理位置而言，大运河（宁波段）是各类船舶由宁波入海的门户所在，是浙东运河南北相连的关键节点，维系着浙东乃至长三角地区运河的正常运转。更为重要的是，大运河（宁波段）不仅是一条水路交通要道，还是一条文化传播与交流的重要通道，南北方乃至海内外的各种文化都经此传播，相互交流。而围绕着大运河（宁波段），也产生了诸多的文化成果，其中不乏陆游等大诗人的经典佳作。大运河（宁波段）经由诗人的浪漫演绎，俨然成为一个文化标识，象征着宁波自古以来经济与文化的双重繁荣，其文化意蕴进一步向外扩散，影响到整个浙东地区乃至长三角地区。

4. 发展力评价

由于交通技术的发展，运河作为水上交通方式的重要性有所减弱，许多河道都已不再通航运输，不复往日繁荣。大运河（宁波段）交通运输的功能逐渐为其他工程所取代，但其作为水利工程、生态工程，依旧发挥着不可取代的作用，在生态保持、农业灌溉、抗洪防涝等领域扮演着极为重要的角色。在整体保护完好的基础之上，大运河（宁波段）的各类水利建设都在持续、积极展开。比如，大运河（宁波段）斗门老闸修建于 20 世纪五六十年代，80 年代开建杭甬运河乙线拓宽工程，又修建了西横河闸和升船机、斗门新闸和升船机。这些水利航运设施同上虞的水闸构成一个系统，相互呼应，对航运基础设施起到保障作用。

（三）大运河（宁波段）核心文化基因的转化利用

大运河（宁波段）作为中国大运河的重要组成部分，连接大运河和海上丝绸之路的重要枢纽，促进了南北贸易、中外交流，是一条经贸之路、文化之河、诗歌之道，是宁波人民乃至全国人民宝贵的物质财富和精神财富。作为基础设施，大运河（宁波段）是地区经济和社会发展的关键交通资源；作为文化载体，大运河（宁波段）是宁波文化生命的空间化存在。对大运河（宁波段）核心文化基因进行转化利用，一是提升影响，大力宣传大运河（宁波段）；二是集零为整，整合大运河（宁波段）文化资源；三是推陈出新，开发大运河（宁波段）旅游品牌；四是活化古镇，打造大运河（宁波段）文化核心。

1. 提升影响，大力宣传大运河（宁波段）重要地位

充分动员社会力量宣传大运河（宁波段），设立大运河遗产保护与宣传机构，关注包括大运河（宁波段）在内的相关遗迹的保护、传承及相关文化产业的发展。加强文化旅游品牌的宣传，利用各类媒体和各种传播形式，介绍大运河（宁波段）遗产的历史价值和现实价值，讲好大运河（宁波段）故事，组织国际专家和地域专家开展大运河（宁波段）文化遗产研讨，不断提升大运河（宁波段）的知名度和影响力，推动大运河（宁波段）走向世界。

2. 集零为整，整合大运河（宁波段）文化资源

目前，大运河（宁波段）河道得到了有效的保护与管理，疏浚与修缮等工作都在定期、持续地展开，水利功能正常，生态环境良好。同时，众多新兴的水利工程与配套设施建设稳步推进，针对性的环保项目也逐步落实且成效较好。运河的保护与建设整体处于向好态势。但大运河（宁波段）的开发利用力度较小，区域内现有的文化展览资源与大运河深厚的文化底蕴并不匹配，资金投入所产生的社会效益与经济效益有限。

应加大保护力度，传承和展现大运河（宁波段）文化印迹。对现存的历史遗迹以及古闸、古坝、古堤、古码头等重要水利遗产进行全面修缮与修复，适时推动上林湖越窑遗址等大运河重要遗产的扩展连接，将大运河（宁波段）文化遗产线路的修复和扩容纳入城市文化带建设的总格局。在大运河（宁波段）周围选址，推进大运河（宁波段）博物馆建设，打造"大运河专题博物馆廊道"，优化上林湖越窑遗址连接大运河（宁波段）海丝文化。对现有的保护力量进行资源整合，新增大运河（宁波段）历史、大运河（宁波段）文化等专门展览，展现大运河（宁波段）的地位和影响力。

3. 推陈出新，开发大运河（宁波段）旅游品牌

首先，明确自身定位，依托现有资源和地方特色，加强考古研究，深入挖掘大运河（宁波段）文化内涵，努力发展属于宁波自己的运河文化，讲好宁波自己的运河故事。眼光不应局限于运河河段本身，而要拓展至受运河影响的周边地区，将不同类型、不同表现方式的运河文化都串联起来，形成一个整体性的运河文化区。通过资源的整合与规划，坚持保护与开发并重，打造"运河文化群"。

其次，对沿线跨湖桥文化、河姆渡文化、上山文化等重大考古发现进行深

入研究，揭示千年历史文化"密码"。加强对大运河（宁波段）发展史的系统研究，通过史料记载以及对现存遗址遗迹的考古研究，探寻大运河（宁波段）的历史渊源，发掘运河文化在区域发展中的重大价值。保护沿线民俗文化，传承"运河庙会"等具有地方特色的节庆、戏曲、文学、民间艺术、传统技艺等非遗文化。重视历史文化名人的研究，讲好大运河（宁波段）周边的梁祝爱情、孝女曹娥等美好传说。

最后，坚持合理利用，推进大运河（宁波段）特色文化旅游。加强大运河（宁波段）文化旅游带建设的顶层设计。加快推进大运河（宁波段）沿线基础设施建设和配套服务提升，打造融河湖、平原、山地、海洋为一体的文化旅游品牌。统筹谋划精品文化线路，通过沿线遗址公园建设，打造"大运河国家遗产线路"；推进大运河（宁波段）博物馆体系建设，打造"大运河专题博物馆廊道"；优化上林湖越窑遗址、保国寺等保护展示工程，打造"大运河（宁波段）海丝廊道"；加强沿线历史文化名镇名村保护整治，打造"大运河历史村镇精品旅游线路"；依托良好的自然环境资源和深厚的唐诗文化底蕴，打造"浙东唐诗之路旅游线路"等。推动运河文化融入社会、融入民众、融入生活，把大运河（宁波段）文化旅游带建成可玩、可赏、可消费的新空间。

4. 活化古镇，打造大运河（宁波段）文化核心

丈亭古镇是余姚境内乃至浙江省内为数不多的真正凭借运河而形成的古聚落，带有极为深刻的运河文化印记。但就目前而言，丈亭古镇的定位并不明确，其本身所具有的运河文化基因也未得到有效的转化与发展，尚未形成规模化的文旅产业。更紧要的是，丈亭古镇内众多的历史遗迹，如丈亭古渡等，虽然得到了有效的保护，但依旧没有得到充分的开发，无从体现自身的历史文化价值，而与之相伴随的运河文化也难以得到应有的展现。对此，应积极利用现有的历史文化资源，以丈亭古镇为基础，合理规划，科学开发，打造有特色的运河古镇，为运河文化提供一个综合性的转化利用平台。古镇将以运河古街为主体，建造一条吃、住、游、购一体的步行街；同时，分节点式地在古街各处设立运河文化体验小站（如航船生活体验），让游客在游玩的过程中能够深入感受运河文化。此外，运河古镇也可拓展自身文旅内涵，与本土特色文化联动，打造别样的运河景观。

参考文献

1.丁洁雯：《保护好"流动的文化带"——大运河（宁波段）文化遗产资源的重要意义》,《宁波通讯》2020年第6期。

2.丁洁雯：《大运河（宁波段）与海上丝绸之路的重要衔接——论庆安会馆的起源、价值与保护对策》,《宁波大学学报（人文科学版）》2016年第4期。

3.乐张丽、苏勇军：《保护好、传承好、利用好浙东大运河宁波段文化遗产》,《宁波日报》2020年8月6日。

4.李菁：《解读运河》,厦门大学2002年博士学位论文。

5.屠一帆：《线性文化遗产构成及其旅游价值评价研究——以大运河浙东段为例》,上海师范大学2016年硕士学位论文。

6.杨晓维：《大运河（宁波段）文化遗存保护利用和价值传承研究》,《中国港口》2018年第A1期。

7.杨晓维：《让千年运河历久弥新　宁波积极打造大运河文化带"地标"城市》,《宁波通讯》2021年第14期。

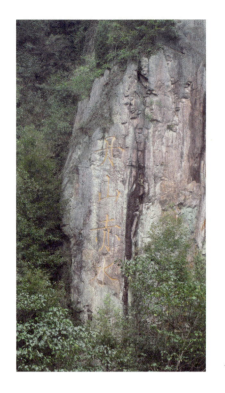

余姚大岚镇丹山赤水风景区

余姚梁弄四明山山门

十二、四明山

四明山，古称句余山，也称金钟山，是天台山脉的支脉，在宁波域内横跨余姚、鄞州、奉化，又向西延至绍兴的嵊州、新昌，向东南伸入台州之天台。四明山山峦起伏，蜿蜒连绵，危崖壁立，森林茂密，曾有"中国第二庐山"之称。四明山地处亚热带季风气候区，四季分明，光照充足，雨量充沛。整个山脉层峦叠嶂，山奇水秀，群峰斗妍，兼有众多历史人文景观，是人们领略山水风光、感受人文气韵、品味山乡风情的极佳生态旅游地。

（一）四明山核心文化基因解析

1. 物质要素

（1）山水胜景

四明山古名"句余山"，《山海经·南山经》记载：自瞿父山"又东四百里，曰句余之山，无草木，多金玉"。晋代郭璞注："（句余山）今在会稽余姚县南、句章县北，故此二县因此为名云。"根据《山海经》描述的山况以及郭注所言方位，《山海经》提及的"句余山"，或许只是四明山脉的某一特定山段，后人以其指代四明山整体山脉。

四明山地处浙东沿海、杭州湾南，云蒸霞蔚，群峰耸立，每面70峰，4面合计280峰。山体横亘延绵，谷地、河流分布其间，湖泊、潭瀑点缀其里。南宋高似孙《剡录·山水志》注引梅福《四明山记》曰："四明……东为惊浪之山，西拒奔牛之垄，南则驱羊之势，北起走蛇之峭。"四明山地四周地势

高低偃仰，上下叠嶂，谷壑纵横，此间峻峰矗立，彼处瀑布飞流，自古以来便是中国东南形胜之地。四明山著名景点有：四窗岩、丹山赤水洞天、白水冲瀑布、商量岗、羊额岭古道、皂荚坞等等。

四窗岩：现位于余姚市南 100 余千米华山乡东南大俞顶上。山顶有崖，崖腰有洞，内有四穴，以通日月之光，如楼有四窗，这处岩崖由此得名"四窗岩"。句余山之所以易名为四明山，正是因为山有四窗岩，"四望皆明"。从这个意义上讲，四窗岩可谓四明山的原点。四窗岩岩洞高约 2 米，深约 3 米，宽约 20 米。全洞中隔三石，分为四室。石室内石乳倒悬，奇形异状，五色缤纷。四窗岩俯瞰深谷碧潭，平望高瀑飞泻，环视险峰耸峙，四周岩壑奇秀，云雾氤氲。

丹山赤水洞天：丹山赤水洞天地处四明山腹地，主景区位于余姚大岚镇，是以绝壁、奇岩、溪流、飞瀑、古桥为看点的风景名胜区，景区有丹山赤水、鹰岩洞天、狮王悟道、淡瀑飞水、八卦仙台、仙人指路、秋水长滩、四明道观等"丹山八景"和 30 多处其他景点。"丹山"，是宽几百米、高几十米的大片石壁，石壁呈暗红色，故被称作丹山石壁。丹山石壁上有宋徽宗御笔"丹山赤水"四字题刻。其字体为辨识度很高的徽宗瘦金体，笔道瘦劲，字形卓隽，与周边挺立的丹壁十分匹配，故有"御笔揽胜"之说。丹山之下溪流汩汩，溪水以丹岩为枕、以红沙为床、以赤壁为镜，流波泛红，故曰"赤水"。顺赤水溪而下，依次有白虎潭、青龙潭、华盖潭、灵龙潭和秋水长滩，各潭高低不一，错落有致。丹山赤水相互映照，深潭长滩彼此偎依，形成了钟灵毓秀的山水景观。宋代诗人唐震有诗云："深崖瑞木金文润，绝顶灵槎铁色斑。"

白水冲瀑布：位于梁弄镇南白水山。白水山，又名白山，传说古时白公在此修炼得道，故山以"白"为名。山上有冶山、屏风、石屋、云根四峰，其中，后两峰最为奇绝。石屋峰怪石嶙峋，岩崖险峭；云根峰林木苍翠，溪泉流光。两峰夹一飞瀑，高 50 余米，如素练悬垂，又若白龙飞天，这条白水飞瀑即是白水冲。北宋谢景初诗云："飞泉悬峭壁，斗绝千万丈。奔流天上来，望若匹练广。"瀑布在四明山曰"冲"，在雁荡山名"湫"，在闽东山地则被称为"漈"。

商量岗：又名"相量岗"，位于奉化溪口镇，由雪窦寺西北行 7 千米即至。商量岗最高峰海拔 900 余米，比四明山主峰金钟山只低了 100 余米，山上丛林密布，广达 1.3 万亩，夏季气温 20 余摄氏度，是宁波的避暑胜地，当地民谚云："岗上无夏天，白天不用扇。夜来不离被，舒服如神仙。"到了冬季，商量岗气温在零下，又成为人气聚集的滑雪场地。20 世纪 30 年代，商量岗景区就已得到规划开发，迄今留存的旧式建筑、设施，给景区增添了人文意趣。

羊额岭古道：位于梁弄让贤。据传，羊额岭即是晋人王浮《神异记》所载余姚人虞洪入四明山采茶、邂逅牵羊道士之地。虞洪得道士指教采到大茗之后，便将与道士相逢之地称作羊额岭。南宋宁宗时，余姚梁弄人孙德玉告老还乡，与杖锡寺僧德云交好，苦于两地相隔甚远，又有险峰相阻，两人便商议开凿山路以方便两地交通，工竣路成，即所谓羊额古道。古道至今已有 780 余年历史，原长约 5 千米，连接梁弄与大岚两地，道以块石铺砌，两侧岩崖险峻，有"天梯"之称。古道有"太平""益家"两座平板石梁桥，其中，"益家桥"横跨溪涧，有南宋马远《踏歌图》画意。

皂荚坞：据康熙《余姚县志》记载，皂荚坞位于杖锡岭西，大兰山支脉之上。传说汉时刘樊夫妇在此得道升仙，故而又名升仙山。清代姚燮撰有《皂荚坞寻刘纲樊夫人遗迹》，诗中"海月悬灵坛，夜有呼鹤声。瀑帘倚疏瑟，凉荷锁为屏"之语应是姚燮在皂荚坞的所观所感。无疑，诗句描绘的景观是意象与实景交织而成的。

（2）人文古迹

四明山具有自然之美，也拥有人文之韵。四明山的古迹遗存，与旖旎风光水乳交融，共同渲染出既见高山流水，又现渔樵耕读的诗画图景。

姚山别业：据《四明山志》记载，此别业为梁弄姚巷孙子秀所筑，位于余姚市梁弄镇西南 3 千米处的姚巷村。姚南别业原为姚南规模最大的南宋乡居建筑群，由"孙子秀进士堂"、"可已堂"（宋代状元方山京故居）、"耕宽堂"（宋代进士孙嘉故居）3 个建筑群组成。如今别业建筑群仅存遗迹，遗迹占地约 2000 余亩，其中，孙子秀进士堂是姚山别业的主建筑，背靠姚山，面临梁弄大溪，侧倚美女山、四明山，山环水绕，风景如画。

石田山房：位于四明山祠宇观（梁弄镇南白水宫）旁，祠宇观据传原是汉代白公修道之地，到了元代，道士毛永贞主持祠宇观，在观旁石滩植稻，颇有收成，遂于此地筑起"石田山房"，作为修习别所，其后渐成道教胜迹。元代黄潜有诗《赠石田炼丹师》："石田外史丹山住，如此溪山得此人。高咏久无皮袭美，清风复见谢遗尘。"

四明道观：位于余姚大岚镇柿林村，是丹山赤水景区的道教中心，始建年代不详。道观古建已毁，2002年于原址重建，建筑规模有所扩大。目前，四明道观主要由玉皇殿、灵官殿等建筑组成。玉皇殿主要供奉玉皇大帝和王母娘娘神像，是中国传统道观建筑群的中心；灵官殿主要供奉灵官与四大天王神像。历史上，很多文人墨客留下的诗句提到丹山赤水的道教胜迹。例如，西晋文学家木华《丹山图咏》写道："一条流水入句章，二仙圣德彰慈养。"南宋诗人唐震《游四明留题丹山》云："四明光照九霄寒，阆苑神仙日往还。瀑布远从银汉落，洞门长锁白云闲。深崖瑞木金文润，绝顶灵槎铁色斑。无限遗踪人莫识，落花香泛水潺潺。"

柿林古村：柿林村是余姚大岚镇下辖村，亦在丹山赤水附近，已被列为中国历史文化名村。柿林村最初因村旁两岭对峙，名为"峙岭"，清末更名"士林"，后又定名"柿林"。村庄地势西高东低，平均海拔550米，属高山台地，适宜农作，旱涝无虞。农家屋舍错落有致，祠庙厅堂古意盎然，间以村巷纵横、乡路蜿蜒。村内建筑多为石木结构，墙体以丹山石垒砌，支起木构屋顶，十分坚牢。柿林村是沈氏单姓血缘村落，据《沈氏宗谱》记载，柿林沈氏定居当地，始于元朝末年，男耕女织、代代生息已有600多年，村中的沈氏宗祠，是余姚市重点文物保护单位。

（3）红色名区

四明山腹地南端的余姚梁弄镇是中国革命老区之一。以四明山为根据地，以梁弄为指挥中心的浙东抗日根据地是中国共产党领导下的全国19个抗日根据地和南方七大游击区之一。梁弄是出入四明山的门户，攻退自如，战略地位十分重要，占据梁弄，也就等于控制了整个四明山区。中共浙东区委机关、浙东游击纵队司令部、浙东行政公署等革命机关都曾驻扎在梁弄，领导了人口数量达400万人、所涉县镇达14个的浙东抗日政权，为中国抗日战争的胜利立下了不朽的功勋。

无数的革命志士为了民族解放的伟大事业抛洒热血，在浙东大地上开展星火燎原般的革命斗争，为后世留下了四明山革命烈士纪念碑、中共浙东区委旧址、新四军浙东游击纵队政治部与司令部旧址、浙东行政公署旧址（浙东抗日军政干校旧址）、新浙东报社旧址和浙东银行旧址等众多红色革命遗址。

（4）物华天宝

四明山可谓"金山银山"，山宝林珍，琳琅满目，春来秋去养育山乡，寒来暑往供应市井。

古村柿子：柿林村周围土地肥沃，气温适宜，水源丰沛，光照充足，尤其适合种植果木。村中果木以柿子、香榧、银杏、板栗为主，尤以柿树最多，柿林村也由此得名。柿林村拥有悠久的柿树种植史，村庄内外存有百年老柿树百株，其中树龄最长的在300年以上，全村年产柿子15多万千克，最大的单株产量在500千克以上。晚秋时节，柿林村内的房前屋后，村外的山上坡下，放眼望去，红柿满枝，一派丰足喜庆的景象。

四明山茶：四明山腹地还是茶叶产地，盛产"瀑布仙茗""四明龙尖"等名茶。四明山茶以丹山为父、赤水为母，与朝雾为朋、暮风为友，集采天地日月之精华，名虽不及龙井，实为一方佳茗。而且，四明山茶可以溯源至晋代。《神异记》记载："余姚人虞洪入山采茗，遇一道士牵三青牛，引洪至瀑布山，曰：'予丹丘子也。闻子善具饮，常思见惠。山中有大茗，可以相给，祈子他日有瓯牺之余，乞相遗也。'因立奠祀。后常令家人入山，获大茗焉。"

2. 精神要素

（1）守静养正、回归自然的人生境界

四明山钟灵毓秀、隔绝尘嚣，乃道家所谓"洞天福地"。自汉代起，就有梅福、严光等高士隐居于此。到访四明的隐逸之士络绎不绝，他们风餐于岩穴、露宿于林泉，或静待来鹿，或目送归鸿，追求一种无为、自然、逍遥、自在的生存状态。俯仰天地之道，体悟自然之理，四明山居，即是对于道家桃源的回归。

梅福是四明隐者第一人，字子真，西汉九江郡寿春县人。自幼随父求学长安（今西安），以文才任九江郡文学。西汉成帝时，梅福上书指陈时弊，朝官怒而罪之。元始二年（2），王莽摄政，汉室危倾，梅福遂归隐四明山，栖身溪谷，寄心老庄。相传梅福著有《四明山记》，佚失不传。

据传，梅福之婿为严光，字子陵，会稽郡余姚人。严光曾与刘秀同窗，一起在洛阳求学，相交甚厚。刘秀登上帝位之后，严光归隐不出。刘秀派人四处访求老友行迹，将严光接至朝堂。《后汉书·严光传》载："复引光入，论道旧故，相对累日。……因共偃卧，光以足加帝腹上。明日，太史奏：'客星犯

御座甚急。'帝笑曰:'朕故人严子陵共卧耳。'"四明山是严光竹杖芒鞋行坐之地,随处可见其故迹。此为信史抑或传说,已无从稽考。海曙区章水镇茅镬、杖锡两处四明古村,多严姓人家,相传系严光后裔。

此外,道教代表人物时道阳、孔祐也都见载于四明山志传。时道阳是道教十二真君之一,相传于四明山得授奇术,后至许旌阳真君门下。晋明帝时诏为帝师。南朝会稽山阴人孔祐的故事更是广为流传。孔祐出身于道教世家,曾隐居四明山修道。据传,孔祐居山中,一白鹿中箭来投,孔祐疗其创,伤愈放之。数年后,白鹿复返,孔祐乘鹿而去。如今余姚的鹿亭、白鹿等地名即源自这个传说。

到了唐代,四明山仍是隐者高士的向往之地。唐代华州华阴人吴筠,字贞节,初学儒,科举落第,遂隐河南镇平山中。天宝初年,玄宗召入京都,得与李白等相识交往。后辞京东游,归隐四明山,李白行访剡中,二人再遇。再如,睦州籍进士施肩吾,曾为四明山隐者,作《同诸隐者夜登四明山》诗云:"半夜寻幽上四明,手攀松桂触云行。相呼已到无人境,何处玉箫吹一声。"

(2)山水行游、诗赋明志的生命体验

四明山风光秀丽,偏处海东一隅,远离市井之喧闹,隔绝车马之尘嚣,自然而然就成为本地文人眼中的"忘言"之山,更成为他方道客心中的"真意"之境,他们在此"行到水穷处,坐看云起时",书写万象,抒表胸臆,留下了大量文学佳作。

据传西汉梅福曾撰《四明山记》,今已不传。东汉高士余姚人严光,亦在四明山麓的林间泉下留有行迹。两晋时期有关四明山的记录增多,西晋木华曾撰《游四明丹山图咏》,如是描绘四明山:"其山东面如惊浪,七十高峰列烟嶂。一条流水入句章,二仙圣德彰慈养。"晋人孙绰《游天台山赋·序》开篇提到四明山:"天台山者,盖山岳之神秀者也。涉海则有方丈、蓬莱,登陆则有四明、天台,皆玄圣之所游化,灵仙之所窟宅。"唐宋以后,吟咏四明山水的诗词歌赋不断涌现,记载四明风物的方志笔记累代增多,到了明清时期已蔚为大观,四明山遂成风雅艺文之山。

唐代诗人刘长卿曾游访四明山四窗岩,吟有《游四窗》,诗句如下:

> 四明山绝奇，自古说登陆。苍崖倚天立，覆石如覆屋。
> 玲珑开户牖，落落明四目。箕星分南野，有斗挂檐北。
> 日月居东西，朝昏互出没。我来游其间，寄傲巾半幅。
> 白云本无心，悠然伴幽独。对此脱尘鞅，顿忘荣与辱。
> 长笑天地宽，仙风吹佩玉。

晚唐时期陆龟蒙挥毫写下系列四明山诗，咏及四明山地名，如《鹿亭》《樊榭》《潺湲洞》等，其中《樊榭》云：

> 樊榭何年筑，人应白日飞。至今山客说，时驾玉麟归。
> 乳蒂缘松嫩，芝台出石微。凭栏虚目断，不见羽华衣。

皮日休《奉和鲁望四明山九题·樊榭》和之：

> 主人成列仙，故榭独依然。石洞哄人笑，松声惊鹿眠。
> 井香为大药，鹤语是灵篇。欲买重栖隐，云峰不售钱。

之后，宋元山水文学虽已无晋唐气韵，但四明山诗仍不乏隽永之作。

身历宋元更迭的文章大家戴表元，撰有《四明山中十绝》，其中，《茶焙》云："山深不见焙茶人，霜日清妍树树春。最有风情是岩水，味甘如乳色如银。"这首诗绘写了当时四明茶业的景象。

元代危素曾撰《四明山铭》："越山之峰，石穴玲珑。天欲雨，浮云蒙。真人上升遗木履，潺湲古洞闻流水。白鹤徘徊，旌盖戾止。玉童采得青椀子，子能食之可不死。史素作铭，式告千祀。"该铭长句短辞结合，文字挥洒自如，兼写瞬间之景和千年之象，笔意张弛有度。

明清时期，浙东大思想家王阳明、黄宗羲等人都写有吟咏四明山的诗句。

明代正德七年（1512）十二月，王阳明返乡探亲，与妹夫徐爱一道，由绍兴经上虞，再入余姚游四明山。两人跋山涉水，途中纵横古今，道上讲谈心学，可谓"智者之旅"。其间，王阳明作《四明观白水》，诗云：

> 千丈飞流舞白鸾，碧潭倒影镜中看。
> 藤萝半壁云烟湿，殿角长年风雨寒。
> 野性从来山水癖，直躬更觉世途难。
> 卜居断拟如周叔，高卧无劳比谢安。

明末硕儒黄宗羲曾多次游历四明山，考证了唐人陆龟蒙原诗中的 9 处地点，并作同题诗 9 首与陆诗唱和。其中《青棂子》诗云：

> 何物青棂子，空传上世名。
>
> 野人俱不识，山鸟或相争。
>
> 玉树空垂赋，琼花不别生。
>
> 环冈笑鲁望，诗句岂真诚？

事实上，对于黄宗羲而言，四明山是乡心归处，远足四明山水之余，他编撰完成了《四明山志》。《四明山志》是四明山历史上第一部山岳专志，记自然之精华，述人文之精粹，堪称山岳志的优秀范本。

（3）追求真理、自强不息的精神品格

浙东抗日根据地作为全国抗日敌后战场的重要组成部分，始终以一种坚忍不拔的姿态屹立于四明大地，在敌寇围追堵截中绝地求生，先后为中共浙东区委的成立和浙东人民的解放奠定了扎实的基础。正是在艰难困苦的革命岁月中，四明大地上培植出了伟大的"四明精神"——追求真理、敢为人先的求实精神，相信群众、依靠群众的民本精神，百折不挠、自强不息的斗争精神，自力更生、艰苦奋斗的创业精神。

3. 语言与符号要素

（1）唐诗之路

"唐诗之路"是今人定义的一条文学之路、文化之路。唐诗本无路，但诗人羁旅天涯，诗歌写景状物，人留踪，诗留痕，连点追迹，即可勾勒出一条线路。浙江唐代诗路，主要贯穿浙东，西起钱塘江南的西兴渡口，在绍兴、宁波境内穿过会稽群峰、四明山水，东抵台州天台山。唐诗之路，以四明山段为最著。据方志记载，有唐一代曾有 160 余位诗人吟咏过四明山，许多到过四明山的唐代诗人，仿佛身生两翼，心游万仞。如李白的《早望海霞边》写道："四明三千里，朝起赤城霞。日出红光散，分辉照雪崖。一餐咽琼液，五内发金沙。举手何所待，青龙白虎车。"孟郊《送萧炼师入四明山》云："千寻直裂峰，百尺倒泻泉。绛雪为我饭，白云为我田。"上文提到的陆龟蒙、皮日休唱和的四明山组诗，亦多仙药鹿鹤之语。

唐人四明诗篇，上承汉晋六朝古意，下启宋元明清新韵。唐代四明山诗的筋骨魂魄，来自魏晋风度、六朝故事。唐人的余音遗影，又为后人瞻仰，百代传扬。对于唐人而言，丹山之巅，赤水之畔，可见庙堂所不见，可闻江湖所未闻。

四明山唐诗流芳千古，后世诗人亦继其脉流，咏之诵之，佳作迭出。如戴表元的《四明山中逢晴》《四明山中十绝》《羊额岭》，姚燧的《皂荚坞寻刘纲樊夫人遗迹》，等等。这些诗词或寻访古人遗踪，或唱和前代旧句，或独辟蹊径，另抒己见，累代叠合，涵泳大雅。

（2）"第九洞天"与"御笔揽胜"

四明山在我国道教文化体系中占有重要的地位，名列道教"三十六小洞天"第九。宋代张君房编著的《云笈七签》述云："第九四明山洞，周回一百八十里，名曰丹山赤水天。"北宋政和六年（1116），四明山祠宇观扩建，宋徽宗题写"丹山赤水洞天"匾额。此后，四明山有了"御笔揽胜"的美誉。

（二）四明山核心文化基因的提取与评价

四明山是我国浙东一大胜景，峰峦溪谷之间分布着梁弄、大岚、章水等乡镇，山水佳处，又有人间烟火。数千年来，天人和谐，人与自然相合共生。四明山居，则敬畏自然，修身养性；四明山行，则顺应自然，身心自在。基于对相关资料的全面、深入分析，将四明山核心文化基因主要提取为"天人合一的哲学意蕴"。

1. 生命力评价

作为地质、地理景观，四明山亘古恒在。作为人文景观，四明山保留了不同时代的文物遗存和文学遗产，继往开来，跨越千年，至今仍然焕发着生命活力。

四明山文化积淀厚重，丹山赤水已与道家、儒家文化遗产融为一体，道观、祠庙、石刻、古村交织成一幅诗意长卷。以柿林村为例，这座古村历经600余年，旧貌流光，新容溢彩，融于自然，生生不息。

另外，四明山诗路始于两汉，发展于六朝，兴盛于唐宋，至元明清仍长盛不衰。历代诗篇上承古韵，下启新声，或吟咏山谷林泉，或绘写古道人烟。时至今日，人们行过四明山，依旧诵读前人诗赋，续写当代华章，涓涓文脉，代代相承。

如今，浙东抗日根据地彼时所辖各县区紧跟时代脚步，不断发展。如作为其中心的余姚梁弄依靠旅游业与灯具产业，逐步走上了致富之路，人民群众的生活水平有了显著的提升。而支撑这一系列发展成就的，正是当年的革命精神。

2. 凝聚力评价

历史上，四明山诗路作为一种特殊的文化现象在不同时期推动了一大批文人进行文学创作，其作品数量可观，质量上乘，这在带有地域性特征的文学创作中是比较难得的。

四明山环境清幽，风光秀美，远离尘世，宛如世外仙境，其中丹山赤水又被道家尊为"三十六小洞天"之第九洞天，成为通往理想仙境的人间入口。加之四明山各种传说故事的流传，使得四明山尤其是丹山赤水在历史上吸引了一批又一批名士贤人前来访道修习，道教活动也逐渐兴盛。借此，以丹山赤水为中心凝聚起了一股强大的文化力量，在不同历史时期极大地推动了四明山区乃至整个浙东地区道教文化的发展。

3. 影响力评价

四明山是浙江省内一大名岳胜境，自古以来便为浙江及周边百姓所熟知。就影响范围而言，四明山名胜和传统文化在浙江、长三角区域乃至全国均有较大的影响力。

道教是我国土生土长的唯一宗教。丹山赤水洞天的概念自形成以来，始终承继着中国传统文化中道家思想渊源，蕴含睿智的哲学思想，是古代隐逸文化和道教文化的有机组成部分。随着道教在中国民间兴起，并逐渐得到统治阶层的认可，越来越多的名人贤士开始寻访这一修道胜地。至北宋时，徽宗皇帝御笔亲书"丹山赤水洞天"相赐，丹山赤水洞天更是天下闻名。千百年来，丹山赤水洞天已与道教文化浑然交融，具有自己独特的风骨和特色。

四明山诗路作为浙东唐诗之路不可或缺的一部分，以其丰富的历史遗存成为浙江诗路文化带建设发展过程中的重要节点。

另外，在四明大地上诞生的"四明精神"，与"红船精神""井冈山精神"以及"延安精神"等是一脉相承的，都是中国共产党人的精神谱系的重要组成部分，是共产党员宝贵的精神财富。

4. 发展力评价

丹山赤水洞天作为浙东道教圣地，蕴含着丰富的道教文化，对于中国传统道教文化的保护与传承有着重大作用。丹山赤水洞天所体现的崇尚自然、追求超越的价值取向，正是中国传统哲学智慧的生动展现，对于更好地推进社会主义精神文明建设大有裨益。如今的丹山赤水洞天是一处既可以体验四明山的大美风景，又能够享受山间生活、感受农家风情的风景名胜区。

四明山诗路中大量的作品都表达了淡泊名利、志存高远的道德情操以及人与自然和谐共处的审美情趣，这些都与社会主义核心价值观高度契合，值得在当今社会大力弘扬。同时，四明山诗路的建设也是促进四明山地区整体的生态文明建设的重要举措。

发生在四明大地上的革命斗争，培植了艰苦奋斗、自强不息的革命精神，并在漫长的岁月中得到了很好的保存与传承。如今，红色老区充分依靠丰富的革命资源，大力发展红色旅游与教育，打造红色旅游经典景区和爱国主义教育基地，将革命精神转化为实际的生产力。

（三）四明山核心文化基因的转化利用

秀丽山水和深厚人文孕育的四明山，有着丰富的旅游资源，近年来各种各样的旅游体验形态层出不穷，田园风光、山居生活，吸引了大量游客。但遗憾的是，由于地理因素，四明山的旅游资源相对分散，空间跨度大，资源整合程度低，当前亟须加强四明山各区域之间的联系，打造"大景区"。

1. 依托学术引领和旅游开发，积极开展宣传引导活动

四明山文化包括多个方面，如自然风光、道教文化、隐逸思想、诗歌文化等，首先需要做好学术平台的建设，建设具有一定影响力的研究团队，为文化基因的转化利用提供动能。其次，要开展多项文化研究活动，打造四明山研学之路等。

就目前而言，由于地理位置等条件，四明山唐诗之路的影响力仅限于浙江省内，其文旅价值还未得到完全开发和充分利用。因而，四明山诗路亟须以一种全面有效的方式对外进行宣传，提升自身的影响力。纪录片作为一种展现事物真实本质的电视艺术形式，带有极强的严谨性与合理性，是人文领域常见的传播手段，适用于四明山诗路这类历史文化底蕴深厚的主题。在具体的拍摄

中，明确四明山诗路上的各个重要节点及其主题，从历史、社会等层面剖析其文化内涵，展现四明山诗路之美。

四明山诗路所涉及的自然景观目前大多都得到了完好的保存，并且随着近年来生态文明建设的推进，这些自然景观整体所处环境也都得到了极大的改善，较好地保持了原有样貌。至于各类古迹，因年代久远，或毁或损，绝大部分未能得到保留，仅有遗址尚存。但这些古迹作为一类文化载体，是值得进行重建复原的。就具体景观设置而言，首先，应以四明道观为核心，将其适当扩建，在原有道教活动的基础之上增强其文化宣传与服务功能，改造成为连结景区内外的窗口。其次，根据历史文献和故事传说，复原刘樊得道处等著名的道教文化遗迹，使其中所蕴含的文化图景得以在现实空间展开，完成丹山赤水文化基因由历史向现实的转化，从而凝聚更浓厚的地方特色。最后，在各大景观处配备相应的文化宣讲样板如石刻碑文、站点式解说等，使游客对道教文化有更加理性的认知。

2. 打造四明山诗路景区，开辟区域性"诗路古道"

2019年，浙江省人民政府正式印发《浙江省诗路文化带发展规划》，在全国率先提出打造"四条诗路"，串联浙江文化精华，串联浙江诗画山水，串联浙江全域发展。余姚境内的四明山诗路正是浙东唐诗之路的一个重要节点，千百年来，四明山的秀美风光吸引着无数的文人墨客，他们在此歌山咏水，抒情明志，积累了灿若星河的文化瑰宝。建设浙东唐诗之路，四明山诗路将是不可或缺的一环。四明山诗路的建设将切实提升浙东唐诗之路余姚节点的影响力，也势必会为浙江省诗路文化带发展提供巨大的推动力。应积极利用现有的文化与自然资源，系统梳理四明山唐诗之路，根据历史上真实的诗歌创作，在现实空间中明确诗路走向，挑选经典作品作为诗路重要节点，围绕各个节点展开相应的文旅规划，重点突出诗所蕴含的文化价值与精神理念，打造"丹山诗路"IP，使之成为浙江乃至全国文旅新高地。将诗歌所承载的人文价值同四明山相应的自然胜景有机结合，通过合理规划与科学开发，重现诗歌场景，使诗歌之美与山水之美相互转化、相互交融，营建独特的文化审美空间。同时，深挖诗路的文化内核，以方外寓贤、天人和谐、记游志学为指向，重点突出诗路所蕴含的隐士文化、道家文化以及教育文化。

利用现有的历史资料，梳理出一条完整、清晰的四明山诗路；同时，依据诗歌内容和现实情况，酌情选择其中相应的节点，合理划分区域，以此为基础，开发自然景观与人文景观，建设一个综合性的旅游景区。在具体项目中，应充分利用已解码的文化元素和文化基因，重点突出诗路景区的文化内涵与精神内涵。此外，诗路景区还应重视游客的体验性需求，增强文化活力，如开辟区域性的"诗路古道"，供游客体验古人的游玩方式。

3. 建立四明精神传承展示馆，提供革命精神沉浸式体验

浙东抗日根据地在艰苦卓绝的战斗中形成的四明精神必须永远铭记，大力弘扬。应建立四明精神传承展示馆，呈现在四明大地上可歌可泣的革命斗争历史。四明精神传承展示馆主体可分为"求实馆""民本馆""斗争馆""创业馆"四部分，以不同视角再现当年浙东抗日根据地的革命岁月，全方位地展现革命传统与四明精神。"求实馆"以史实为主线，依据历史文献记载，将浙东抗日根据地的建立和发展全过程清晰地呈现出来。"民本馆"重点展示浙东抗日根据地的广大人民群众对于革命斗争的伟大贡献，展现中国共产党一直以来所秉持的相信群众、依靠群众的"民本精神"。"斗争馆"包括"军事斗争"和"生产斗争"两部分，从武装斗争和生产建设两方面重现当年根据地艰苦的革命历程。"创业馆"重点展示浙东抗日根据地的经济建设、文化建设情况。在展馆中开辟一区，建设四明山战斗体验中心，以四明精神为主线，运用 VR 技术，实现多维交互，构筑战争时期四明山根据地的真实历史场景。

参考文献

1. 范立书：《余姚揽胜》，中国社会出版社 2003 年版。
2. 干松传：《姚江山水名胜》，浙江古籍出版社 2010 年版。
3. 沈祖祥：《旅游策划——理论、方法与定制化原创样本》，复旦大学出版社 2007 年版。

它山堰

十三、它山堰

　　它山堰位于海曙区的它山，樟溪出口处，是甬江支流鄞江上修建的阻咸蓄淡引水灌溉枢纽工程。它山堰作为世界遗存最早的阻咸蓄淡泄洪隔江河的全石结构堰坝，与都江堰、郑国渠、灵渠并称为"中国古代四大水利工程"。

　　古时，鄞县一带每到洪水季节便泛滥成灾，旱季则河溪干涸。唐代大和七年（833），王元暐担任鄮县县令，认为州、县拉锯式分治的原因是受咸水之苦而供淡又不足，海水倒灌使耕田卤化，城市用水困难，阻碍了城市发展。于是，王元暐带领民众历时 3 年，在鄞江上游的四明山与它山之间，用条石砌筑一座上下各 36 级的拦河溢流坝。洪涝灾害时 70% 的水量流入鄞江，30% 的水量流入樟溪；发生干旱灾害时，70% 的水量流入樟溪，30% 的水量流入鄞江。在建成后的 1000 多年里，它山堰作为鄞西地区的母亲河，是人与自然和谐相处的见证，不仅推动了鄞西地区农业文明发展，也为宁波城市建设作出了巨大贡献。

　　历史上的它山堰不断经历着整治与翻修，尤其是 20 世纪八九十年代，鄞县人民政府召开研讨会明确其保护范围，国家文物局更是为它山堰维修保护工程立项，将其列入"八五"期间全国抢救维修项目。1988 年，它山堰被国务院列入第三批全国重点文物保护单位。2015 年，它山堰在国际灌排委员会第 66 届国际执行理事会上入选世界灌溉工程遗产名单。

（一）它山堰核心文化基因解析

1. 物质要素

（1）它山堰堰体

它山堰是中国水利史上最早出现的块石砌筑的重力型拦河滚水坝，全长113.7米，堰面顶级宽3.2米，第二级宽4.8米，总高5.0米。其砌筑所用石块是长2.0—3.0米、宽0.5—1.4米、厚0.2—0.35米的条石，堰顶可以溢流。

它山堰上小下大呈塔形，可以防止坝的活动。它山堰堰体拦截巨流，需解决四明山上汛期巨流的冲力，因而采用2吨左右的大石叠砌。解决开采技术问题后，还需结合砌筑"力学"原理，与大自然整体融合，使下游乌金（上水碶）、积渎（下水碶）、行春（石碶）"三碶"配套，如此才能源源不断地将淡水送进日湖、月湖。堰体安如磐石的奥秘直到1995年才被清华大学沈之良教授等人逐一解开：其一，堰体向上倾斜5度，使堰体水平抗滑能力提高1倍以上；其二，堰体所筑黏土夹砂层，提高了防渗能力，增加了泥土的抗碱强度；其三，堰体厚度不是传统的等厚布置，而是采用现代水利工程理论的变厚方式，使堰体刚度增加7倍以上；其四，堰体平面是略向上游鼓出的弧形，下游出水处又有阶梯式护坦，可使水流向河床中心集中，减少两岸冲刷力度。这些都符合近代力学原理，堪称奇迹。

（2）它山庙

王元暐造福百姓，宁波人民世代牢记其功绩。五代至宋初，当地群众在它山之巅立庙纪念。历代封建帝王，对他屡赠封号，如"善政侯""孚惠侯"等。它山庙建于北宋初期，有它山古寺牌坊，主祀王元暐，另祀为建堰献身的十兄弟。它山堰顺利建成，成为中国著名的四大水利工程之一，使周边百姓得以安居乐业。人们没有忘记十兄弟，在建它山庙的时候，还特意为他们立了十尊塑像，供后人瞻仰。它山庙重建于嘉庆二年（1797）四月，城墙门楣有"它山古迹"石匾，寺、庙合建一地。这座巍峨庄严的庙宇，由于年久失修，破旧不堪。庙宇旁清嘉庆十一年（1806）所立的碑记尚存完好。

2. 精神要素

（1）大义凛然的为民精神

它山堰与都江堰、郑国渠、灵渠源于战争后用于灌溉不同。无论是县令王元玮建造它山堰为城市发展创造的截流引灌，还是"十兄弟热血打桩"，都是将集体利益置于自身利益之上，彰显的是大义凛然的为民精神。这些故事其实都是它山堰建造过程中代表人物的缩影，他们的为民精神是不可被抹去的。

（2）尊崇英雄的祭祀文化

1000多年来，以它山堰为代表形成的水文化丰富多彩，其中包括建筑文化、商贸文化和以王元玮为化身的水神文化。水神信俗活动参与者涵盖社会各阶层、各职业、各年龄层，其中最为庞大的群体是农民、渔民与商人。水神信俗渗透着积极的道德价值观念。商贸文化则以庙会形式呈现，在鄞江古镇长盛不衰。以上都源自它山堰建造之功。百姓感激王元玮，朝廷敕赐在它山上建遗德庙——它山庙，庙内大殿正中为王县令坐像，两旁分立十兄弟塑像。百姓在特定之日集合于它山堰和它山遗德庙，举行祭祀仪式。每一辈都将祭祀习俗和礼节传给下一代，每一个它山人心中都藏有对前人便民伟绩的夸赞与尊敬。

（3）天人合一的共处模式

"天人合一"以天、地、人的统一为基本点，从现有的文献记载来看，在治水中最早贯彻"天人合一"理念的是大禹。大禹之后，中国古代劳动人民修建水利工程最大的特点是"无坝引水"。所谓"无坝引水"，是指充分利用河流的自然环境，综合考虑水文、河道地形和区域地理条件，直接在河道上引水的水利工程形式。它具有保持原有生态环境、就地取用建材等特点，使河流的环境功能、水运功能以及地下水和地表水的天然生态循环机制均得以完善保留。它山堰便是如此，一脉相承的文化使它山村村民怀着敬畏之心，对水资源加以合理利用。

3. 语言与符号要素

（1）"它山堰"的读音和造字

它山堰的"它"字，读"tuō"，是宁波方言用语。另外，如它山堰下游的乌金、积渎、行春三碶配套设施的"碶"字，为我国汉字发展增添了内容。王元玮发明可在石柱间上下活动的闸板，而加"石"字旁命名为"碶闸"，一种新型建筑由此产生。它区别于古墓拱洞建筑中运用的上大下小的"契"形砖，又具有不同的功能要求和形式，从而赋予了"石"字旁深刻含义。

（2）它山庙的十兄弟像

它山庙中的十兄弟像异常瞩目，不仅当地村民皆把十兄弟尊为英雄，而且

有不少游客慕名而来。由采石工、铁匠、木匠、僧道人士等组成的十人团队怀着造福百姓的初心，为护桩筑堰献出了宝贵的生命，以血肉之躯制服了暴烈肆虐的水魔。

（3）它山堰的集市贸易

鄞江"十月十"庙会距今已有1100多年历史。鄞江庙会又称它山庙会，是北宋时期民间为纪念它山庙神而形成的民俗，每年举行三次，其中以"十月十"庙会最为隆重。据史料记载，庙会热闹非凡，不但有商品交易，还有大型的祭祀、唱戏等活动。人们在它山庙祭牲、请神，而在鄞江、龙观、洞桥一带，成百上千的参与者加入行会队伍；戏班子连续三天三夜敬神演戏、玩杂耍。人们以此来纪念王县令筑它山堰的功绩。由此，鄞江形成了东有宁波城民、南有新昌和奉化、西有余姚、北有慈溪大隐的乡民汇集而成的大型庙会活动。至今，"十月十"仍然是四面八方前来观庙会和经商的象征，临时商铺长达2千米。

4. 规范要素

（1）庙会文化

大和五年（831）十月初十，在王元暐生辰之际，鄞县地方官吏、仕宦乡绅等为其祝寿。王县令为整治水患决定作堰，借宴宾之机宣告它山堰开工。大和七年（833）三月初三，县令夫人程氏素娥30岁寿诞，此时堰体大坝基本竣工，王县令借贺寿之机宣告它山堰主体竣工。此后每逢三月初三和十月初十，人们都要举行庆典纪念王元暐修筑水坝、为民造福的丰功伟绩。此外，早在它山堰建造之前，当时的光溪及北溪港一带，水道经常受阻，淤塞沙石。上游之水直泻鄞江，下游的鄞西梅园、蜃蛟、凤岙、古林等地村民为淡水缺乏所苦。为此，附近乡民在农历六月初六前后利用农闲自发组织清泥沙、疏河道，远村近郊的商贾也蜂拥而至，摆摊设点。鄞江桥逐渐形成了独具特色的会市，亦称"掏沙会"。"掏沙会"在每年夏季稻谷开花时进行，故又称"太平会"或"稻花会"。"稻花会"期间，人们要烧香沐浴，求神灵庇护，祈祷太平。它山堰建成后，祭祀拜神的内容变为请它山堰王公像出驾巡视，祈求平安和丰收。传统的它山庙庙会规模不等，"三月三"和"十月十"会期两天，均以祭祀为主，兼及演戏，娱人娱神。"六月六"庙会为期三天，在诸庙会中时间最长、规模最广。原本于早稻朗花季节举行的"稻花会"，融入了歌颂它山堰水利功德的内涵，成为融商贸、娱乐、祭祀等为一体的经济和文化交流盛会。

（2）祭祀文化

据史料记载，至民国初期，定海、舟山及浙东沿海各府县商贾多有向鄞江它山庙庙会赶集求利的，它山庙庙会已成为宁波府下第一大庙会盛事。王元晫兴修它山水利造福于民，自宋以来历代受到褒奖。它山庙会正是依附于遗德庙这一特定场所发展起来的，祭祀仪式构成了庙会的核心。它山庙会仪式以王令公下界巡游为中心，大致包含请神、巡游、祭神、安神等过程。一系列礼仪后，要送神归庙，施安神礼，感谢神灵的恩德，请求庙神赦免香众在庙会期间的怠慢和不恭之处，祈求善政侯孚惠王继续保佑。众人抬神轿回它山庙，把神像安稳地放回原位，居士与僧人诵经安神。它山庙庙会以祭祀王元晫县令为中心，形成一整套具有浓厚地方特色的祭祀礼仪。

（二）它山堰核心文化基因的提取与评价

人与自然共发展是它山堰筑成及发展长河中最重要的内容。从它山堰水利工程的设计理念和历代的实践检验中能得出一个结论：它山堰水利工程集中体现了传统哲学中天人合一的思想，留有人类改造自然的痕迹，是为平水患、灌沃土、养百姓而修建，但同时又利用自然规律与大自然巧妙地融为一体，作为自然的一部分而长久留存并较好地发挥功能。

1. 生命力评价

它山堰文化基因自出现起延续至今不曾中断。自唐代建造后的 1000 多年历史中，它山堰经过不断整治与翻修，到 1987 年建洪水湾排洪闸，1993 年修复工程招标并施工后才以现在的面貌呈现。1988 年，它山堰被国务院列为第三批全国重点文物保护单位。2015 年，在法国蒙彼利埃召开的国际灌排委员会第 66 届国际执行理事会上，它山堰入选世界灌溉工程遗产名单。此外，每逢"三月三""六月六""十月十"，人们仍然举行庆典，其中"十月十"庙会影响最大。鄞江镇的独特庙会留存至今，吸引它山村外的诸多游客前来游玩。

2. 凝聚力评价

鄞江它山庙庙会集合了"祭、游、戏、市、谊"五大元素，是特定区域的民俗活动，是集社会风俗、礼仪、节庆、旅游、商贸于一体的民间民俗文化现象，具有深厚的历史文化内涵。"三月三""六月六""十月十"是鄞江乡间的盛大节日。每到节日时，当地百姓以及不计其数闻名而来的游客聚集于此。它山庙庙会使当地老百姓产生了强大的凝聚力和向心力。

3. 影响力评价

从宋代起，它山庙庙会由民间祭祀发展成为官方祭祀，历千年而不衰。20世纪50年代后，由于特殊情况，庙会曾中断十余年，直至70年代末，鄞江桥的"三月三"和"十月十"才以"鄞江物资交流会"的名义逐步恢复，但人们的庙会情愫始终没有消逝。2009年11月26日（农历十月初十），地方政府顺应民意，恢复了庙会祭祀仪式和行会巡游。鄞江庙会又恢复其原有的文化意味，并加入了各种民俗文艺内容，构成了一幅鄞江版的《清明上河图》。

4. 发展力评价

从民间故事、传说、歌谣到唐诗、宋词、清代竹枝词，再到现代民间美术、曲艺、音乐、舞蹈、电视，它山堰的全面传播，主要依托鄞江庙会的魅力，同时也离不开它山堰的自然风光和人文内涵。例如，20世纪电影《难忘的战斗》拍摄后，它山堰就成为影视剧拍摄基地。时至今日，它山堰已成为网红打卡地。此外，它山堰的文化性利用也值得关注。它山堰的建造蕴含了古人对哲学思想的领悟，而它山堰景区、庙会、文化思想的吸引力是毋庸置疑的。

（三）它山堰核心文化基因的转化利用

1. 统筹鄞江区域资源，打造它山堰旅游景区

当前留存的它山堰堰体和它山庙是最主要的两处遗址。因此，对这两处主要遗址的修理整治工作是保留和传承它山堰优秀文化的必要手段，也是保证它山堰旅游事业持续发展的第一步。一方面，整治与修缮现有大坝和它山庙旧址，并以此作为基点，向四周圈划并联合现有景点以及有发展潜力的景点，如鄞江廊桥、鄞江古镇陈列馆、鄞江古镇古街区、悬磁桥、洪水湾、光溪桥、冷水庵、攀岩公园等，将其打造成具有鲜明它山堰特色的旅游景区，为社会提供优质的它山堰旅游服务。另一方面，它山堰景区可联合当地相关政府部门及旅游公司，邀请专业团队规划高品质的它山堰旅游方案，供游客有序、尽兴游览。

鄞江镇物产丰富，如它山堰白茶，每年三、四月上市，闻之嫩香持久，品之鲜爽甘醇。今天的民众更加注重养生，对优秀茶文化的认可度与喜爱度也明

显提升。各类茶室、茶馆应需而生，成为人们休闲、工作的好去处。可以在它山堰风景区内开设茶馆，为旅客提供休憩与品茶的场地。白茶上市时节正是宁波人外出踏春的好时节，游客来到此地赏春，可品尝"新鲜出炉"的特色白茶，游玩结束后还可将其作为伴手礼带回去送给亲朋好友。鄞江镇有名的物产还有清源芋艿、东魁杨梅、浙贝等。集中鄞江特产并将其置于它山堰风景区内售卖，不仅能够为风景区增添"滋味"，还能吸引游客，促进风景区及鄞江镇的商贸发展。

以"它山堰堰体""它山庙""王元暐""它山十兄弟"等建筑形象或人物形象为基础设计文创产品，如明信片、笔、冰箱贴、文化衫、帆布包等。在它山堰景区出口处，设立它山堰旅游纪念品商店。游客在结束游玩时，可以在此为家人朋友选购与它山堰文化相关的纪念品，让更多的人也了解"它山堰的故事"，感受"它山堰的精神"。一批又一批的游客会将"它山堰的故事"与"它山堰的精神"带向越来越远的地方，让更多人从精巧的文创小物中了解它山堰文化。

2. 创新发展鄞江庙会，促进它山堰集市常态化

鄞江镇的"三月三""六月六""十月十"庙会在当地已是家喻户晓，尤其是在老一辈人当中，每到庙会这一天，很多人便相约前往。鄞江镇的庙会传统目前依旧延续，不过，由于受到多方冲击，例如城市商业的繁荣、网络经济的兴起、人们日常工作忙碌等，加之鄞江庙会多数时候固守传统，并未与时俱进，因此当前庙会的影响力已经大不如前，庙会的秩序也亟须规范。庙会作为它山堰千年历史发展的产物，对当地以及周边百姓的生活和工作有着重要影响，成为鄞江一大地域特色，应当被保留。当前创新发展鄞江庙会，一方面，需要充分尊重传统，真实地保留庙会祭祀习俗中的精华内容；另一方面，需要结合实际，摒弃祭祀仪式中不符合当下发展的落后愚昧的风俗习惯，适当融入现代文化内容，包括目前当地人的祭祀礼俗、祭祀方式、祭祀途径等。

鄞江集市是它山堰庙会文化中的另外一大特色。直至今日，仍能时常听见周围人去鄞江"赶集"。可见，鄞江集市至今依然影响着周围人们的日常生活。集市上大大小小的摊位和琳琅满目的商品最吸引人。而当前的鄞江集市主要供应的是当地人家种植的农作物和手工制作的传统美食，被吸引至此的赶集人以中老年居多。要使鄞江传统集市再现辉煌，必须对当前集市进行全面改造。集

市改造只有顺应需求、符合潮流,才能被社会接受、民众认可。

近几年,各种集市在人们的生活中层出不穷,例如夏日集市、周末夜市、二手集市等。各种主题、各种形式的集市深受大众的喜爱,尤其是年轻人在网络上看到与集市有关的宣传信息后,若有兴趣便会在业余时间前往。这些集市大多符合年轻人的"口味",以好看、好吃、好玩为主要特色。年轻人在集市上不但可以享受美食、尽情玩耍,还能通过拍摄美丽的照片以及当下非常流行的短视频与自己的朋友甚至是陌生网友分享、互动,提高集市的名声与影响力。鄞江集市是宁波最先发展起来的典型集市,"传统"是鄞江集市的特点,也是鄞江集市的优势。以传统作为鄞江集市的发展基石,除了"三月三""六月六""十月十"固定庙会中的集市外,可以在鄞江当地举办其他当下流行的集市,并且促进集市常态化,让集市成为鄞江当地的发展特色。传统与现代的结合,定能使鄞江集市持续、繁荣地发展。

3. 举办它山堰文化夏令营,拍摄"我与它山堰的故事"

它山堰是我国古今著名的水利工程之一,千百年来对当地的百姓生活和城市建设有着突出意义。除它山堰堰体的特殊构造以外,在建设它山堰大坝的过程中,涌现出很多为大坝建设作了巨大贡献的人,他们的光辉事迹也随堰体流传至今。它山堰遗址、它山堰人物故事以及由它山堰发展而衍生的庙会等,共同构成了绚烂的它山堰文化。

它山堰位于鄞江镇上,山水资源丰富,周围村庄环绕,自然环境清幽。在此举办它山堰文化夏令营,既能为广大学子提供夏日假期的好去处,也能弘扬与传承它山堰文化。广大学生是社会的未来和希望,只有给予学生优质教育与正确引导,才能使其健康、茁壮地成长为社会有力的建设者。于学生而言,它山堰文化是优质的课外教育资源,它山堰精神能帮助学生形成艰苦奋斗、无私奉献、尊重自然等正确的思想观念。它山堰文化夏令营可以针对不同年龄段的学生设置不同的学习内容,也可以为所有学习者提供不同形式的体验项目。另外,学生还可以在学习体验它山堰文化之余,参与各种娱乐活动,全方位地学习和感受最真实、最传统的它山堰文化。

它山堰文化多以文字记载的形式传承,也通过人们口头讲述的故事代代相传。相较于书面传承与口头传承,记录着它山堰文化的视频和影片能够更加直观地展现它山堰水利屹立千年、惠及民生的风采。因此,拍摄它山堰文化相关视频亦是传承与弘扬它山堰文化的有效手段。结合前面谈到的它山堰文化夏令营，可以面向参加夏令营的学生征集以"我与它山堰的故事"为主题的短视频。以学生视角记录的它山堰故事，从内容上来看更为真实，从情感上来看更能打动人心。这也是它山堰文化结合当前实际持续发展的有力体现，可以说是现代它山堰文化。

参考文献

1.陈时：《走进它山堰》，《宁波通讯》2014年第18期。

2.沈之良：《我国水利史上的奇迹——记唐代著名它山堰工程》，《科技导报》1992年第4期。

3.舒肖明、方玲：《宁波它山堰古代水利工程旅游开发探讨》，《商场现代化》2009年第27期。

4.周华诚：《它山庙会》，《宁波通讯》2014年第18期。

甬剧《典妻》剧照

十四、甬剧

甬剧是用宁波方言演唱的地方戏曲，也是目前仅有的保留纯正宁波话的戏曲样式。它的音乐属于说唱滩簧类声腔，是江南滩簧戏的一种。作为浙东地域文化的表征之一，甬剧鲜明生动地反映着浙东的地域文化和人情风物，蕴藏着当地人民的智慧、精神和情感，具有明显的时代特征和丰富的社会文化内涵，以反映婚恋自主、时代热点和地域风情见长。在 200 多年的发展中，甬剧经历了从农村到城市、商业都市再返回原籍的曲折历程和多次变革，与近代宁波、上海两地城市文化的发展和城市人文精神密切相关。甬剧具有独特的艺术魅力和文化内涵，是一个具有代表性的地方剧种。2008 年 6 月 7 日，甬剧被列入第二批国家级非物质文化遗产名录。

（一）甬剧核心文化基因解析

宁波地处浙东沿海，历史悠久，经济发达，文化艺术相应繁荣，自宋以来已有戏曲演出活动。宁波民间历来文艺发达，有各种类型的山歌和民间故事、曲种。其中民歌的代表形式是"田头山歌"及后来的"对山歌"，这是甬剧的起源，后逐渐发展成"唱新闻"等以说唱为主的艺术形式。18 世纪末，甬剧从曲艺形态过渡到戏曲艺术，在宁波及附近地区演唱，当时称"串客"。光绪六年（1880），"串客班"到上海演出后又称"宁波滩簧"。1922 年，宁波滩簧在上海遭禁演，遂改称"四明文戏"，得以继续演出。1938 年，宁波滩簧在上演时装文明大戏后又称"改良甬剧"。在从农村走向城市，再到走向当时的经济文化中心之一——上海的过程中，甬剧不断吸收"沪剧""姚剧""杭剧""锡剧""苏剧""京剧""昆剧""话剧"等剧种的艺术营养，舞台艺术日臻完善。中华人民共和国成立初，在中央"百花齐放，推陈出新"的大方针下，戏曲艺术焕发勃勃生机，甬剧在梳理旧剧目、创排新戏的同时，不断向其他剧种学习，成为一个规范的剧种。1950年，这一剧种正式定名为"甬剧"。

1. 物质要素

（1）秀美的水乡风光

作为以"杏花春雨"为形象特征的江南地区的一部分，宁波的降水十分丰沛，尤其在四、五月的"梅雨季节"和八、九月的"台风季节"。年降水曲线描绘出"双峰型"的降水特点，这里终年基本保持着湿润温和的气候特征。分别居于平原南、北的两条山脉中的杖锡山、大雷山、金峨山和太白山这四个暴雨中心，以及山脉两坡千沟百壑倾泻下来的大量雨水，最终都注入中部的平原，在那里形成河网交错的水乡景观。这种水网地带的地理、地貌特征，对于长期生活在这里的人们来说，带来的不仅是审美感受，还有行为方面的影响。纵横交错的河流限制了人们的行为自由，反过来又促使人们的思想更加自由驰骋。与一马平川的北方平原相比，这里人们的行为更趋稳定、缓慢和内向。船是这里主要的交通工具，手摇的、脚划的、用纤引的，各种船只形成了水乡的移动风景。坐船是江南人的一种历史生态，在这种悠然的行进中，人们能够更细微地观赏自然江南的秀美风光，感悟人生，以及酝酿婉约纤细的情感。

就在这秀美的水乡风光里，在婉约纤细的情感氛围中，山歌在田间地头、渔舟水岸婉转悠扬，为农民、樵夫、渔民等所传唱，以作为劳作及休闲时自我消遣、提精神、解疲劳的娱乐活动。这些民歌后来被应用到宁波地方曲艺中，并哺育了甬剧等地方戏，成了地方戏曲的一大源头。宁波的地方曲艺大多始于农民劳动休息时的自我娱乐，四明南词、宁波走书、四明宣卷、唱新闻等都是如此。在这样的氛围里，看戏听曲也成为老百姓最大的业余爱好，戏班子应时而生，从业余到专业，从流动到固定，逐渐兴盛起来。

（2）开放重商的社会文化氛围

宁波是海上丝绸之路上的重要城市，向有重商的文化传统，甬剧由田间地头走向宁波城里，又由宁波走向上海，与这种社会文化氛围息息相关。尤其是到了近代，宁波被辟为五大通商口岸之一并正式开埠，随之而来的是农产品商品化程度加深，农民的种植业和手工业开始与国际市场接轨，经济结构出现了变化。由此，在宁波农村，受政治、经济、文化等的影响，务农人口急剧减少，工商业人口日渐增多，中心城镇由此逐步形成。城镇经济不仅是量的扩张，更在于质的提升，近代工商业开始在一些市镇出现，不少资产阶级化的士绅、新式商人和新型知识分子活跃在城镇的政治舞台上。与此同时，城市现代化进程加快，不仅使城市经济结构和功能有所变化，而且使近代交通业、文化教育事业得到了快速的发展。人口从乡村流向城市，形成了新的人口职业结构。宁波开始呈现出崭新的政治、经济、文化教育和社会结构，成为近代浙江政治、经济、文化的中心之一。

城市的发展带来市井文化的发达，加上当时戏曲是大众欢迎的普及艺术，因此在宁波城区形成了不同文化层次和社会阶层的观众群体，为不同门类的曲艺的进一步发展创造了基本条件。宁波城区在明末清初就出现了曲艺茶楼，城区较早的有四明岳阳楼、旭日东升楼。清末民初，城区有茶楼三四十处。一时间，地方曲艺纷纷从农村进入城市发展，戏班子大量聚集在市中心开明街、城隍庙一带，笙歌声不绝于耳，与城市原有曲艺一起呈现出一片繁盛的发展景象。而南来北往的商人也把外地的戏曲曲目、唱腔传到了本地，加上不同曲艺之间的相互影响，以及有些戏班子随着商帮拓展的足迹而赴外地演出，学习吸收了当地戏曲的长处，林林总总，宁波的曲艺于是迅速发展演化成戏曲表演艺术。以男女自由婚恋为主要题材的"滩簧小戏"也由此兴盛。

在同一历史时期，同位于长三角南翼的上海迅速崛起。康熙年间取消海禁之后，上海以其独特的地理优势逐渐成为南北、沿海和腹地货物流通与交换的要地，外地人纷纷赶赴上海谋生、发展事业。宁波与上海地理位置相近，在上海的"宁波帮"人士众多，他们身处外地思念家乡。这给了以宁波方言演唱的"宁波滩簧"较好的生存与发展空间。早在光绪六年（1880），就有宁波"串客"艺人受茶馆老板之邀来上海演唱，开当地甬剧发展之先河，并逐渐形成之后的海派甬剧。可以说，甬剧的发展与它所处的环境密切相关。

2. 精神要素

（1）兼容并包的胸襟气魄

宁波以港兴市，是中外闻名的商埠，而上海在清末就已经成为中国对外贸易的最大商埠和经济最为繁荣的都市，也是海派文化的策源地。甬剧在上海的发展，使其深受海派文化的熏染，也具有了兼容并包、海纳百川的胸襟气魄。

自第一批宁波滩簧艺人应茶馆老板邀请赴上海献艺，受到旅沪宁波人的欢迎并大获成功后，宁波滩簧班子就纷纷赶往上海谋生、发展，风头颇盛。面对海派文化浸染下的观众的新的审美需求、较高的艺术欣赏能力和欣赏品位，面对上海发达的商业文化以及西方先进的艺术样式，传统戏曲不敢故步自封，而是大刀阔斧地改革创新以适应市场需求。同时，不同戏班子齐聚上海，互相竞争、互相学习，兼容并包，促进了共同的发展。宁波滩簧也不例外，在上海的几十年间，其剧目内容、艺术表现形式都发生极大的变化。宁波滩簧艺人为了迎合时代变化，开始竞相聘用文明戏导演当编导，编演时装文明大戏，扩大甬剧剧目题材，丰富曲调。于是，符合观众审美心理和反映社会转型状况的剧目大量涌现。宁波滩簧大量吸收中外艺术的营养，逐渐成长为完整的戏曲样式。

（2）勇于创新的革新精神

甬剧是宁波人群体智慧的结晶，历经长期的传承、改革、创新，已成为一门舞台艺术。甬剧能够在中国戏曲舞台上占据一席之地，离不开甬剧人自我革新的勇气和敢于创新的精神。作为地域文化的结晶，甬剧不仅蕴含丰富的思想文化内涵和强烈的人文精神、独特的艺术品格，而且具有紧贴时代、与时俱进、不断创新的良好传统。在漫长的历史进程中，在起起落落的发展过程中，在每一个历史时期，它总能找到自己的突破点，在形式和内涵上双提升，从而获得新的生机。

在20世纪30年代中期，宁波滩簧虽然涌现出一批演唱技艺精湛的名角，但它在剧目内容和唱腔上显然已经落后于时代了，生存处境堪忧，因此，宁波滩簧进行了全面的变革。"改良甬剧"在演出上采用幕表戏，坚持编导制；在唱腔上采用滩簧调，但只有上云、清板、下云、甩煞云，废止其他花腔、插曲小调，并且上下云拖得很长，每句清板的二字间也拖开，被称为"新基本调"；在剧目上，每三天上演新编时装大戏，一天仍唱滩簧老戏；在音乐上始增加凤凰箫伴奏。改良甬剧的成功演出，从内容到形式上使宁波滩簧的面目焕然一新，逐步走上现代剧种轨道。通过从内容到形式，从剧目、表演到唱腔、音乐的全面变革，甬剧从小戏嬗变成大戏，从"乡村艺术"转变为"城市艺术"，成为甬剧史上划时代的大事。

中华人民共和国成立初期，在中央"百花齐放，推陈出新"的大方针下，戏曲艺术焕发勃勃生机,甬剧在梳理旧剧目、创排新戏的同时,不断向其他剧种学习,成为一个规范的剧种。20世纪50年代,甬剧以《半把剪刀》《天要落雨娘要嫁》《双玉蝉》"三大悲剧"名扬全国。2000年以来,在戏曲的低潮期,又以《典妻》《宁波大哥》《筑梦》等精品大戏享誉全国。从甬剧的发展历程中可以充分感受到剧种以及艺人勇于创新的革新精神,以及它给剧种带来的巨大变化。

（3）彰显地域文化根脉的人民性

甬剧起源于宁波,是宁波文化的根脉之一,彰显了宁波人的精神风貌。回顾甬剧发展的历史脉络,每一个发展阶段都体现了宁波文化的内核。宁波独特的地理、人文环境为甬剧的发源提供了肥沃的土壤,使它从田头山歌而来,经历了萌芽、形成、变革、繁荣和复苏,成为具有代表性的地方传统戏剧。甬剧将地域风情、个人情感、社会现象置于一个小小的舞台,反映大时代中小人物的命运与追求,反映世俗风情、婚姻家庭,展现普通人的喜怒哀乐,既赢得观众的共鸣,又丰富了群众的社会生活。甬剧来源于人民,回馈于人民,赢得了人民群众的喜爱,具有鲜明的人民性。

3. 语言与符号要素

（1）乡土气息浓郁的唱词

甬剧用的都是宁波方言土语、俚语俗语,语言生动准确,乡土气息浓郁。如《借妻》中的"小小酒店开镇上,吃酒朋友来四方。上等客人坐雅座,中等客人坐店堂。尴尬朋友门口坐,二三月乘风凉""等我牢监坐满走出来,屋里厢只剩一只破灯盏。米缸没米一粒,阿拉老婆三日没吃饭。夫妻相见无好言,孽会造得翻天山",《拔兰花》中的"头上帽子侧角戴,身穿衣衫大襟斜",《半把剪刀》中的"阿爹作主,石头瓦化水""再拖下去要穿绷啦""活脱塑子像你老爷",等等,用的都是宁波老话,生动传神,唱起来也是朗朗上口。在甬剧口语化的唱词中集中了许多老派宁波话中的生活用语和俗言俚语,从中可以一睹宁波的旧民俗和社会生活面貌。

（2）真切动人的曲调

宁波方言继承了古音韵的特点。入声多,闭口音多,造成宁波方言"石骨铁硬"的特点,这同样体现在用方言传唱的甬剧中。甬剧非常注重语音表现功能,唱词用方言押韵,通过韵母的押韵激发声音效果造成贯穿全剧的气势。甬剧讲究以韵传情，唱词以韵文写成，字数多少无严格限制，但以七字句、五字句、十字句等为常见。甬剧除少数为句句押韵，大都以二四六押韵，有首句入韵与不入韵之分，且韵脚不忌讳同字。如《半把剪刀》最后一场金蛾的唱词"你再不用狼披羊皮装尊严，我含冤受屈十八年"一段，连续70多句，首句即押韵，再以双句押韵，其中峰回路转，高潮迭起，达到全剧情感的制高点，感动无数甬剧观众，成为甬剧的经典唱段。

甬剧有19个半韵脚，分别为临清韵、同中韵、良姜韵、唐黄韵、依见韵、刁消韵、高桃韵、呜呼韵、啰嗦韵、流求韵、威亏韵、兰山韵、开来韵、拉晒韵、塔色韵、朵花韵、托福韵、铁锡韵、四子韵。此外还有2个半韵：而儿韵、五鱼韵。整场戏一般要一韵到底。若篇幅过长或觉得单调，可以转换韵脚。甬剧以字行腔，唱腔与方言音韵、人物情感联系密切，剧种特色鲜明。甬剧虽然与"沪剧""锡剧"等同属滩簧戏系统，但由于所用方言不同，甬剧能够清晰区别于其他滩簧戏。

4. 规范要素

（1）剧目的普适性

甬剧之所以能在宁波形成，在上海迅速发展，其重要原因是甬剧剧目内容适应了城市小市民的社会心理，能够为他们所广泛接受。小市民的种种特点都在甬剧剧目中得到了不同程度的反映，因此小市民能对甬剧产生"共情"。在宁波、上海等城市，有相当一部分小市民热衷于观看这类更容易产生共鸣的甬剧，甬剧在这些城市也就有了大量的基本观众。在"串客"时期常演的剧目共有七十二出，被称为"七十二小戏"，可以说是甬剧传统剧目的早期代表。其中经常演出的剧目包括《借披风》《还披风》《打窗楼》等，内容大多是描写男女情爱或是揭露封建伦理的虚伪，深受大众尤其是女性观众的欢迎。

（2）内容的娱乐性

甬剧在和其他兄弟剧种的竞争中之所以能够生存下来，重要原因是甬剧在发展过程中更加注重对观众欣赏心理的探索和反馈。早期的甬剧艺人想方设法在表演内容和形式上吸引观众，尤其是在剧目内容的设置上注重戏曲的娱乐消遣特性，着重挖掘一些社会上受欢迎的、销路好的题材。比如，甬剧到上海之后，适应当地文化和市民阶层的审美趣味，开始演出"西装旗袍戏"，当时大量上演的表现城市现代生活的"西装旗袍戏"有《三轮车》《四小姐》《红伶泪》《再相逢》《走投无路》《合家欢乐》《断送青春》《风流少奶奶》《双泪落君前》等。"它们有的渲染老板私通娼妓，有的表现小姐玩弄男性"，这些戏"虽略含强调自由恋爱之意，但更多的是卖弄噱头，追求猎奇，展览资产阶级的生活"。剧目选择突出娱乐功能，但其中也有反映社会问题、揭露旧社会不良风气的。其中以《啼笑因缘》《姐妹花》《空谷兰》影响最大，可视作代表剧目。

（3）语言的地域性

甬剧在本质上是一种方言艺术，它必须采用方言的韵脚，用方言来说唱，地域特色鲜明。甬剧是一个始终和人民生活密切联系的剧种，它努力反映现实生活，具有通俗化与大众化的特点。无论是传统戏还是现代戏，甬剧重视展现宁波地域民俗风情，在反映生活时善于选取与宁波当地特点相结合的形式，说的大都是地方事、地方味、地方情，充满浓郁的地方特色。甬剧注重运用民众本色口语，用宁波人自己的乡土语言表达自己的愿望和心声，引起甬籍观众的强烈共鸣。甬剧的魅力离不开甬剧的语言。

（4）音乐唱腔的规范化

甬剧的音乐是它区别于其他剧种的主要标志，也是甬剧剧种发展的重要标志。甬剧音乐的曲调目前计有90多种，大致可分为基本调类、四明南词类、二黄类、杂曲小调类、曲牌类和综合创作类，这六大类曲调可在同一个戏中混用，彼此可连缀、转接。

其中最常用的是基本调类，包括2/4节拍的老基本调、新基本调和1/4节拍的流水三种。基本调唱词为七字句（四三或二二三）式，曲体结构为"起—平—落"格式。"起"即上韵，唱前有音乐起板或引奏，唱完有固定过门；"平"部最具特色，是吟诵体齐言上下句的长段清唱，无伴奏，句数不限，但须成偶，唱至最后一个上句的末三个字时，在节奏和旋律上有个明显的强调，称为"送腔"，将转入"落"；"落"即下韵，句幅较长，乐队托腔伴奏，最后有尾奏。基本调的调式是羽调式尾转商调式，男女同宫异腔。基本调和流水都由多个乐句组成，其中老基本调就由小起板、全锣、半锣、开口韵、上韵、下韵、长腔中韵、顿板、十八板等20种左右乐句组成，长于叙事。主要用于塑造人物，表现人物较复杂的思想感情。每二、四、六、八句甚至百句均可构成一段，极灵活，极具宁波滩簧特色。

（5）表演风格的生活化

经过"宁波滩簧""改良甬剧"等发展阶段，甬剧逐渐形成了以话剧表演为主，又吸收传统戏曲表演手段的模式（被称为"话剧加唱"），并在实践中不断完善，建立起自身的表演体系。主要表现为：表演追求艺术的真实，以生活化的表演为主，从人物的性格出发，运用艺术表现手法，塑造并表现出典型环境下的典型人物，达到艺术"真善美"的和谐统一；表演以真情、自然、细微为特色，在现实主义创作方法的指导下，以抒情的表演和演唱来塑造人物形象，表达人物内在的情感；在表演风格上，既注重"串客"时期传统戏的夸张幽默，又吸收"改良甬剧"时期西装旗袍戏真实含蓄的特点，逐渐形成了现代甬剧既夸张又含蓄的表演特色。

（二）甬剧核心文化基因的提取与评价

甬剧是宁波的标志性文化，是目前仅有的保留纯正宁波话的戏曲形式。它的基因根植于宁波秀美的水乡风光中，也与宁波开放重商的社会文化氛围息息相关；它的繁荣发展体现着宁波人勇于创新的革新精神、兼容并包的胸襟气魄与强烈的人民性；它的内容基于生活，有宁波方言的语言韵律，音韵上具有很强的象征性表现功能，具有独特的艺术魅力和文化内涵。基于对相关资料的全面、深入分析，将甬剧核心文化基因主要提取为"基于生活、与时俱进、兼容并包、敢于创新的精神"。

1. 生命力评价

伴随着社会经济的发展和市民阶层需求的扩大，甬剧不断充实完善自身的舞台艺术，从而得到进一步的发展与传播，使受众群体不断扩大，它自身强大的艺术生命力也得以展现。在甬剧的发展过程中，艺人怀着对甬剧事业的热爱与执着，为甬剧的改革创新作出了卓越的贡献，这也是甬剧艺术得以焕发光彩的重要原因。当前，"快餐文化"盛行，传统戏曲可以说是在夹缝中求生存。宁波甬剧深谙创新要领，在继承传统的基础上，结合现代的舞美技术、现代化的剧目和独特的舞台表现，进一步增强了艺术的感染力、表现力，充分考虑现代观众的审美需求，提供了不一样的文化盛宴，凸显了甬剧旺盛的生命力。

2. 凝聚力评价

宁波作为"东亚文化之都"，不只是甬剧的发源地，也是甬剧发展的主力。

甬剧深耕于这片南方土地，通过传承和创新，综合运用各类曲调、唱腔、韵律，创造了丰富多彩的人物形象；立足于时代背景，创作了不少反映地域文化的故事，具有十分鲜明的时代特色。甬剧以其独特的艺术魅力、人文情怀征服了观众，在中国戏曲史上烙下了专属于宁波文化的印记。

在中华人民共和国成立以后的发展过程中，虽然甬剧专业剧团只有宁波市甬剧团一家，但业余甬剧团一直活跃在宁波的农村地区以及部分社区。这些业余剧团虽然一开始是为配合农村宣传工作的需要而建立的，但其数量多、活动地域广、群众基础好，也为专业剧团输送了人才。业余剧团继承传统、勇于创新，请演艺水平高的甬剧老艺人指导，在创、排、演方面都取得了不少成果。2012年12月，由宁波市文化广电新闻出版局主办、宁波逸夫剧院承办的宁波市首届甬剧业余剧团优秀剧目展演活动启动，前来参加的有宁波老年大学甬剧社团、宁波市甬剧戏迷俱乐部、下应甬剧团、姜山甬剧团等8支业余甬剧表演团体；2013年12月，在宁波市第二届甬剧业余剧团优秀剧目展演时，参加的业余甬剧团队有十余支，这些队伍分别来自基层社区和农村，几乎涵盖了全市各个区域。这些民间创演活动在适应时代和环境的过程中不断再创造，为周边社区和群众提供了持续的认同感，在一定程度上延续和增强了甬剧的生命力、创造力，也保证了剧种本身的多样性。

3. 影响力评价

甬剧以个性化的人物形象、生动的故事情节、婉转动听的音乐、丰富的舞台呈现吸引了海内外人士的目光。甬剧逐渐突破地方剧种的地域局限，不仅在宁波城乡、浙江省内传播，而且走向全国，继而跨出国门，让世界都为甬剧绚丽夺目的光彩而惊艳赞叹。在国外，甬剧的足迹遍布美国、德国、日本、匈牙利、奥地利等国家。

1962年3月，上海堇风甬剧团首次进北京演出了《半把剪刀》《双玉蝉》《天要落雨娘要嫁》三剧，引起首都文艺界的关注，中共中央宣传部、文化部、全国剧协等的领导先后观看演出，戏剧评论家相继发表赞评，三个剧目被称为"三大悲剧"。之后，《两兄弟》《亮眼哥》《浪子奇缘》《爱情十字架》《秀才的婚事》《罗科长下岗》《风雨一家人》《典妻》《风雨祠堂》《宁波大哥》《筑梦》等现代戏都曾经在不同时期产生较大的影响力。其中，《典妻》改编自宁波革命作家柔石的小说《为奴隶的母亲》，自2002年6月在宁波逸夫剧院首演以来，获得了巨大成功，几年来几乎囊括中国戏曲界所有大奖。《典妻》以其深刻的文学内涵和崭新的舞台艺术风貌引起了戏剧界的高度关注，被评价为"小剧种，大转型"，"一次性完成了地方剧种由城镇文化向都市文化转型的质的飞跃"。《典妻》的主演王锦文曾荣获中国戏剧梅花奖，第七届中国艺术节文华表演奖，上海白玉兰戏剧表演艺术奖（两次），第八、九届中国戏剧节优秀表演奖，多次荣获浙江省戏剧节表演一等奖。《典妻》还多次到港台及海外演出，都获得赞誉，极大地提升了甬剧的影响力。

4. 发展力评价

甬剧基因根植于宁波的土壤，不仅有旺盛的生命力，还有很强的发展能力。比如，面对时代和社会变迁带来的冲击，甬剧灵活应变，实现了表现形式和展示平台的多元化。把电视创作的元素和特色融入传统戏剧，给甬剧带来了新的表现形式、新的创作理念和呈现方式，开拓了甬剧又一个发展方向。

甬剧情景剧《药行街》是宁波甬剧团表演制作的一部极具宁波本土特色的电视作品，以宁波老街——药行街为背景，以进城寻夫的沈慧英的故事为主线，多人物故事线并行，讲述清末民初生活在药行街上的百姓的日常生活和趣闻故事。《药行街》采用原汁原味的宁波白口，还有大量的方言词汇，能让观众产生强烈的熟悉感和认同感。情景剧同舞台表演不同，剧情更长，更有连贯性，开拓了甬剧新的表演形式，实物街景的搭建与布置使得《药行街》更加直观、形象、生动，拉近了与观众的距离，增加了真实性。继 2015 年 52 集的《药行街》在宁波电视台播出之后，2016 年甬剧情景剧《老爷升堂》在宁波都市频道播出，2019 年则推出《隔壁邻里》。这些情景剧均受到观众的欢迎。

（三）甬剧核心文化基因的转化利用

1. 甬剧进校园，培养文化自觉，增强文化自信

在现代社会中，学校是现代文明最为重要的传承空间。甬剧的校园传承，应在结合本地文化传统与教育发展水平的前提下，邀请传承人进入校园，将其纳入制度性的学校课程，实现甬剧在当前社会的活态传承。培养学生对甬剧以及地域文化的认同感，增强了文化自信。

2. 借助社区力量，营造甬剧文化空间

非遗要为所在区域民众提供持续认同感，才能实现可持续发展。因此，对

非遗所依托的环境的保护与文化空间的营造至关重要。在社区发展方面，得益于各方的大力支持，甬剧在宁波市鄞州区福民街道得到很好的试点。福明街道致力于甬剧文化的传承保护工作，围绕"打造甬剧阵地、发展甬剧精品、形成文化规模"的总体发展目标，先后建成甬剧微型博物馆静态馆和动态馆。2013年，成立了以甬剧名家王锦文为社长的锦文甬剧社；2015年，以最美宁波人黄莲芸为原型打造的现代甬剧《最美阿姨》在文化广场大剧院首演后，广受好评；2016年5月，街道主办了"福明杯"宁波最美乡音——甬剧票友群星汇活动，评选"我最喜爱的剧团和票友"，进一步营造"甬剧之乡"的浓厚氛围。2016年12月15日，鄞州区福明街道办事处凭借传统戏剧甬剧，获评浙江省第三批传统戏剧特色镇（乡、街道）。

3. 利用文物资源，建设甬剧艺术博物馆、周信芳戏剧艺术馆、李宅，打造甬剧普及传播平台

在宁波市委、市政府的支持下，宁波市东部新城开发建设指挥部将"宁静居"交由宁波市甬剧研究传习中心管理，用于开办甬剧艺术博物馆。"宁静居"始建于清代光绪年间，占地面积约700平方米，环境清幽，是区级文保单位。甬剧艺术博物馆有3个陈列室，介绍甬剧的发展史，展出甬剧早年的剧本、曲谱，甬剧戏服、音像制品、常用乐器等。现已在此进行甬剧直播课堂、甬剧室内乐音乐会、沉浸式庭院戏曲等多项公益演出、演讲、活动展示。2019年，甬剧艺术博物馆还组织开展了"戏曲名家进社区"等一系列活动，深受群众欢迎。

周信芳戏剧艺术馆已成为地方戏剧展示的平台，里面的小舞台每周都有甬剧表演，大多是折子戏、传统戏，如《双推磨》《吃蹄膀》等。另外还有综艺性表演，比如在节假日安排甬剧、越剧、京剧、魔术表演等。可以将周信芳戏剧艺术馆打造成网红打卡地，实现传统建筑的现代表达；设计戏曲文创产品，定制表演剧目，拓展观众市场。

以外滩的李宅为基地，开拓商业演出市场。李宅设有40多个座位，可供开展沉浸式的演出。采用新媒体传播方式和营销手段，比如在小红书上做推广，吸引年轻人来这里深度体验。

4. 将甬剧融入文旅线路与文创产品设计，开辟文旅融合发展新模式

挖掘戏曲文化内涵，创作推介微视频、微电影。宁波历史悠久，文化底蕴深厚，是甬剧戏曲之源。为此，可以以甬城乡音为主题，深入挖掘甬剧的历史和文化，创作微视频或者微电影《甬城戏曲》，推广甬剧文化，扩大甬剧影响力。

串联文化景观，开展"甬城声色"研学游。将甬剧艺术博物馆、药行街、周信芳戏剧艺术馆、李宅、慈城古县城等串联成线，开发甬剧欣赏、体验、研究等多种课程。精心打造不同类型的研学旅行项目，加强与中小学校、高校、旅行社等机构的合作，打响"甬城声色"研学游品牌。

打造甬剧文化IP，赋能文旅产品。以甬剧艺术博物馆造型为元素，设计新标识，打造"兼容并包，敢于创新"的甬剧文化IP，并将之应用到文创产品设计、文旅活动策划中。

参考文献

1.蒋中崎：《甬剧发展史述》，浙江文艺出版社 1991 年版。

2.鄞州区文广新局：《甬剧文化基因解码报告》，2021 年。

3.庄丹华、沃幸康、友燕玲：《甬剧老艺人口述史》，中国文史出版社 2016 年版。

4.庄丹华：《时代潮涌中的甬剧传承人》，中国水利水电出版社 2018 年版。

5.庄丹华：《文化社会学视阈下的甬剧研究》，浙江大学出版社 2015 年版。

十五、宁波话

宁波话，是宁波人的重要交际工具，也是宁波地方文化的载体。相较于书面语，宁波话更丰富感性，更能体现地域共识、价值理念、思维方式和道德准则。它影响着宁波人的行为气质，也感染着宁波人的处世风格。宁波人对社会、对自然的独特感悟，对人生、对事物的深入思考，对家乡、对生活的切身体验，都沉淀在宁波话里，构成一份厚重的文化遗产，吸引着我们去挖掘，去阐释，去领悟、去传承、去发展。

（一）宁波话核心文化基因解析

宁波话起源很早，从属于吴语。吴语形成的历史最早可以追溯到先秦时期，其后发展于六朝，定型于唐宋，成熟于元明。宁波话的形成与发展，也大致如此。中华人民共和国成立以来，随着普通话的推广、文化教育的发展、对外交往的扩大、外来人口的增加、有声媒体的普及、网络语言的影响、语言观念的变化等，宁波话发生了非常明显的变化，其变化之大、变化速度之快也是过去无法比拟的。由于地域、行政等多重原因，宁波方言内部存在地域差异。此外，宁波话还受到周边地区方言如上海话、杭州话、舟山话等的影响。尽管宁波话的使用范围、使用环境、使用人数等正在发生变化，但它作为一种语言，文化模式和思维模式没有变。作为宁波地方文化的主要组成部分，宁波话具有重要的使用价值和文化价值。

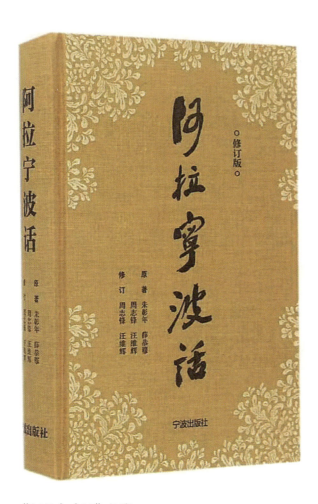

《阿拉宁波话》书影

1. 物质要素

（1）宁波话中的海洋词语

宁波与海毗邻，历史上形成了以渔业为主的生产方式，爱吃海鲜的饮食习俗，使宁波话中蕴含着浓郁的海洋味道，带有鲜明的海洋文化色彩。

宁波话中有很多涉海、涉渔词汇，如有关于潮水和风暴的不同称谓。大水、小水、落水、正水、花水、盘水、建水和风水，不同的"水"对应不同的意思；还有各种"暴"，如打暴、乌风猛暴、西风暴、暴头、暴尾、走暴。民间还流传着渔谚，总结了不同的月份有不同的"暴"所带来的灾难；有关于黄鱼的不同称呼以及比喻用法；有关于捕捞和加工的不同用语等。

宁波话还受到与海洋有关的乡风民俗的影响。以民间信俗为例，汉族自古崇拜龙，浙东一带把龙当作图腾。于是有很多关于龙的方言。木龙，对渔船的尊称；龙骨，船的骨架；龙筋，船底正中的筋木；龙桠头，船嘴；龙眼，船头两侧的眼睛；龙衣，渔网（俗语"六月六，晒龙衣"）；龙号，渔民号子；祭龙王，鱼汛到来出海捕鱼前的祭海；谢龙王，鱼汛结束后庆丰收的一种活动；等等。又如民间禁忌，宁波人把"梦"说成"聊天"。宁波一带管梦叫"乱梦"，但因"乱梦"与"乱网"同音，网乱就捕不到鱼，故渔民忌说"乱梦"而改称"聊天"。又如，渔民把出海捕鱼称作"做生意"，而做生意最忌讳"蚀"，宁波话中"舌""蚀"同音，于是渔民把"舌头"叫"赚头"。

（2）宁波话中的历史文化

方言是活的化石，一个地方的历史文化往往在方言中得以呈现。宁波的历史发展，也自然沉淀在了宁波话中。以宁波歌谣为例，"浙东名城宁波城，三江六塘河护城。六道城门绕罗城，遗迹鼓楼是子城"，勾勒出了老宁波的轮廓。

宁波自古重商，近代尤甚，有"无绍不成衙，无宁不成市"的说法。大批勤劳、精明的宁波人背井离乡，到外地谋生创业，且颇成气候，"钻天龙州，遍地徽州，还让宁波人奔勒前头"，说的就是这种情况。上海与宁波距离近，因此到上海打拼的宁波人特别多，从民谣《小白菜》"小白菜，嫩艾艾，老公出门到上海。十块廿块带进来，拨老婆买柴买米买下饭"里，可以领略当时宁波与上海的紧密关系。

宁波与上海的航道早在同治八年（1869）就已开通，先后有英国、法国、德国、丹麦、意大利等国的轮船公司经营甬沪航线。20 世纪 30 年代，民族资本也开始加入这条航线的运营竞争。宁波人对民族资本特别是对上海甬商巨擘虞洽卿的轮船公司更有感情,《宁波轮船歌》唱道:"'宁绍'跟'北京'呀,'江天'跟'永兴'。买办先生三北虞洽卿呀,一只宁波开,一只上海停。如话要乘船呀,明朝天亮四点正。"其中"宁绍""永兴"都是虞洽卿宁绍轮船公司所属的客轮。今天,甬沪航线已停航,但从《宁波轮船歌》中能感受到当年客轮穿梭于甬沪之间的繁忙景象。

宁波是一个商贸城市,过去有许多老字号、老招牌、老作坊。如《宁波南货六大家》:"宁波南货六大家:大同、大有、董生阳,方怡和加升阳泰,还有江东怡泰祥。"《缸鸭狗卖汤团》:"缸鸭狗卖汤团,五老峰卖香肠,楼茂记卖香干,赵大有卖金团,老大有卖高包(即包头),董生阳卖橘饼,宝兴斋卖肉包,孟大茂卖香糕,老同源卖咸货,崔兴泰卖鲜货,灵泽庙前卖咸齑,城隍庙卖茴香豆,河利市桥卖大米,张斌桥卖黏头树,天宝成银楼卖金银,冯存仁堂卖药材,大有丰卖百货,源康布店卖洋布,老三进卖鞋帽,老德馨卖香烛。"《从前江东作坊多》:"从前江东作坊多,能工巧匠本事大。镶厂巷做镶多,作出镶子尺寸大。铁锚巷铁锚多,作出铁锚交关大。打铁弄打铁多,钉耙锄头火钳大。扁担巷脚板多,背米挑担力气大。冰厂跟冰厂多,四人抬扛冰块大。七塔寺和尚多,泥塑木雕菩萨多。"手工作坊已被时代所淘汰,一些久经考验的老字号、老招牌传承了下来,但也有一些永远消弭在历史的长河中。

（3）宁波话中的风土人情

宁波是历史文化名城。源远流长的文化,壮丽秀美的山水,造就了宁波别具一格的风土人情。这些风土人情又借助谚语、歌谣,流传至今。如《岁时歌》反映了宁波每个月份的民俗民情:"正月嗑瓜子,二月放鹞子,三月上坟抬轿子,四月种田下秧子,五月白糖揾粽子,六月吃饭扇扇子,七月西瓜吃心子,八月月饼嵌馅子,九月吊红夹柿子,十月沙泥炒栗子,十一月落雪子,十二月冻煞凉亭叫化子。"

关于物产。《鱼米之乡是宁波》:"鱼米之乡是宁波,资源丰富特产多。奉化蜜桃只只大,慈城杨梅箩打箩。小白西瓜上山坡,邱隘咸齑屇缸做。樟村贝母名气大,还有三北大泥螺。"《勿吃阿拉土特产》:"勿吃阿拉土特产,要侬放落毛竹筷。勿吃邱隘咸齑汤,两脚有眼酸汪汪。勿吃奉化芋芳头,难闯三关六码头。勿吃周宿渡脆瓜,跌落两颗大门牙。勿吃茂楼记香干,生活做煞呒相干。勿吃老同源咸货，儜人要变老呆大。"两首民谣对宁波土特产作了高度概括，可谓宁波特产的绝妙广告词。

关于文化娱乐。宁波传统曲艺绚丽多彩，四明南词、宁波走书、蛟川走书、唱新闻、评话、宁波滩簧、雀冬冬、小热昏等表现形式历来为宁波人所喜闻乐见。民谚"文书唱画堂，走书下农庄，武书进茶坊"，既道出了四明南词（文书）、宁波走书及宁波评话（武书）的各自特点，又反映了当时宁波曲艺深入民众、遍及城乡的盛况。

关于节日与习俗。"清明扫墓吃麻餐""立夏称人防夏""立夏吃只蛋，气力大一万""粽子提白糖，香袋挂胸膛""立秋西瓜拔拔秋""冬至大如年""儜儜个，廿三夜拨侬吃祭灶果"……不同节日有不同习俗，沿袭成规，至今依然。

关于饮食。"慈城年糕勿推扳，吃吃味道交关孅""老酒三年陈，油包当点心""带鱼吃肚皮，闲话讲道理""地里三样荤：韭菜、大蒜、葱。海里三样蔬：海带、紫菜、苔""春鳊秋鲤，冬鲫夏鲌""天上斑鸠，地下泥鳅""三十年夜下饭多，还差一碗割蛳螺"……宁波人的饮食习惯和特色，已充分融入宁波话。

2. 精神要素

宁波人在浙东这片土地上，经过世代传承，形成了一系列良好的传统观念。这些传统观念，凝结在了宁波话里，口口相传，代代相承，是宁波人的一笔宝贵的精神财富。

（1）重视个人修养

宁波人重视个人修养，从老话中可见一斑。"捉漏趁天晴，读书趁年轻""人穷志气高，勿好也会好""脚踏路中央，勿怕人家论短长""讲伊长勿要笑，讲伊矮勿要跳""过头饭好吃，过头话难讲"，这些宁波老话分别从学习、志气、德行、谦虚等方面强调了个人修养的重要性。

（2）重视家庭和睦

老话讲得好："爹娘团圆儿孙福""千里烧香，勿如孝顺爹娘""打死打活亲兄弟，煮粥煮饭加把米""娘舅大石头，闲话独句头""小来外婆家，大来丈母家，老来姐妹家""家常便饭粗布衣，知冷知热是夫妻""吃勒好，穿勒好，勿如夫妻同到老"……老话里道出了亲情的可贵，强调夫妻恩爱。

（3）重视勤俭持家

如有不少尚"勤"戒"懒"的话："夫勤呒没荒地，妇勤呒没破衣""三早抵一工，月亮当灯笼""偷力勿旺，馋痨勿壮""早眠晏爬起，败光爹娘老家计"……但"只有勤呒没俭，好比有针呒没线"，持家除了"勤力"（勤快），还要"做家"（节约）。所以谚语又云："会赚勿如会积""添一斗，勿如省一口""一日积一钱，三年聚一千"……勤劳节俭，一向都是宁波人的美德。

（4）重视经营之道

在很多老话里，蕴含了宁波人的经营理念，至今仍有借鉴作用。如"开店容易守店难""外行生意勿可做，内行生意勿可错""勿怕勿识货，只怕货比货""种田人讲节气，生意人讲和气""宁可做蚀，勿可做绝""小头勿去，大头勿来""有钱勿买疙瘩产"……

（5）重视实践经验

老话里凝结了各行各业的经验、为人处世的经验结晶。如"种田好囥学，株株差一拓""木匠好囥学，榫头敲准足""剃头好囥学，只要一刀落"，又如"勿听老人言，吃苦在眼前""有借有还，再借勿难""一勿赌力，二勿赌食""贪贱买老牛，一年倒两头"……"务实"是宁波精神的一个重要方面，那种"讲讲神仙阿爸，做做死蟹一只""忖忖好像诸葛亮，作出事情三勿像"的人，最终是要被别人"肚肠骨头笑断"的。

3. 规范要素

（1）宁波方言词典

方言是历史发展的产物，是进行语言学和人文历史地理等研究的宝贵财富。方言词典反映一个时代的方言面貌，可以成为语言历史演变的一个具体见证。由朱彰年等编写出版的《阿拉宁波话》（华东师范大学出版社1991年版），收录宁波市区日常词语近4000条，短语276条，谚语2007条，歇后语70条，谜语93条，绕口令13条，歌谣110首。1996年，《宁波方言词典》由汉语大词典出版社出版，收录词语约4800条。1997年，复旦大学教授汤珍珠等参编、中国社会科学院方言大家李荣主编的《现代汉语方言大词典》分卷《宁波方言词典》，由江苏教育出版社出版。该书收录了词语8976条，并且介绍了宁波方言音系、语音特点以及内部差异，将调查和收集到的词语按照事物属性分为天文、地理、时令、农业、植物等29类。

（2）地方志方言卷

中华人民共和国成立后，宁波开展了大规模的志书编修工作。1985—1995 年，《象山县志》《慈溪县志》《余姚市志》《宁海县志》《镇海县志》（含镇海区、北仑区）、《宁波市志》（上、中、下）等相继出版。这些志书中均设专编或专章，详略不等地记载了当地方言语音、词汇、语法的基本面貌，为宁波方言对比研究提供了重要的史料。

4. 语言和符号要素

（1）语音"石骨铁硬"

外地人对宁波话的印象是"石骨铁硬"。宁波话之所以硬，是因为宁波话完好地保留了古代的入声字，许多复韵母变成了单韵母，而且说话的语气、语速、语音、语调也体现了"硬"的特质。吐字力度较大，语速相对较快，发音又多数以降调结尾，下沉的尾音会给人一种很生硬的感觉。甚至随着讲话，声音会有明显递增，听起来有四明山石的坚硬，山瀑的激昂，东海大浪、甬江潮涌的气场。于是人们这样调侃："宁可听苏州人吵相骂，勿可与宁波人讲闲话。"

（2）语句"生动形象"

宁波话象声叠韵词用得特别多，比如嘟嘟飞飞、格格笑笑、怕势势、酸汪汪，很形象生动。有的在单音节形容词作词根时，在前面加一个比拟词前缀，如梗青、蜡黄、血红、漆乌……比一般语言读起来更形象可感。有时为了强调形容意义，还把这些词用"……得使……"的词型来扩展，读起来更是诙谐活泼，如"滚得使圆""的角使方""笔笔使挺"等等。更有意思的是，宁波话常以一种拟形拟声的叠词来修饰动词，增加生动性。如"骨骨抖""勤勤打""扣扣好""笃笃敲""胡胡响"，这些语言特点在宁波丰富的表演类非物质遗产诸如甬剧、四明南词、宁波走书中得到充分体现。

（二）宁波话核心文化基因的提取与评价

宁波话作为本土居民日常生活和交际所使用的最有效手段，承载着本地的历史和文化，并且成为地域特征最重要的外在标志之一。基于对相关资料的全面、深入分析，宁波话核心文化基因具体可以从以下几方面来探析。

1. 生命力评价

宁波话是吴语的一种重要方言，属于吴语太湖片（北吴）甬江小片，分布在宁波市六区（海曙区、江北区、北仑区、镇海区、鄞州区、奉化区）、象山县、宁海县（岔路及其以南除外）、余姚东南部、慈溪东部，舟山大部分地区，等等。宁波各地方言十分接近，内部一致性很高。吴语是汉语历史最为悠久的方言，其祖语可以追溯到春秋时期的吴越两国上层人士习用的汉语方言。现代的吴语，仍然保存着一些在多数现代汉语方言中已经消失的古汉语特点，其中最主要的特点就是保持了浊音和清音声母的分别。如果从词义的角度来看宁波话，会发现它的三音节、四音节的俚语、俗语、比喻语、方言成语以及更多音节的短语和谚语（话头），不但可以书写，而且十分精彩生动，这些正是宁波话最有生命力的因素。中华人民共和国成立以来，受诸多因素影响，宁波话发生了非常明显的变化。从汉语方言演变的总趋势来看，方言是向普通话靠拢的，宁波话也不例外。但尽管宁波话的适用范围、使用人数和使用环境等正在发生变化，它仍然具有十分顽强的生命力。宁波市政府和各界人士一直致力于宁波话的保护和传承工作。2005年以来，宁波电视台开播了多档方言类节目，如《来发讲啥西》《讲大道》《宁波老话》《阿磊讲故事》等，方言短剧《得月街》等相继推出并受到宁波人的普遍欢迎。这一方面反映了人们对语言生活多元化的需求和向往，另一方面反映了人们对宁波话的喜爱和认同。随着宁波社会经济的不断发展，越来越多的人主动学习宁波话，宁波话正以当代化的方式传承着乡音，生生不息。

2. 凝聚力评价

宁波话伴随着使用者成长的整个过程，凝聚着他们最为基本的生活阅历和经验，包含了他们情感和认知层面的诸多体验，这对于老一辈的宁波人而言，尤为如此。祖辈相传的宁波老话就是老底子宁波生活的鲜活表现。作为宁波商帮文化的发源地，宁波商人遍布世界，百余年以来，不变的唯有浓浓乡音。乡音背后是乡情，是血脉相连的乡土情。如今的宁波人，不论人在何方，只要乡音不变，乡情永不断。宁波话加强了海内外宁波人的血脉联系，增强了区域认同感和归属感，从而团结了全体宁波人共同来建设宁波。

3. 影响力评价

吴语主要分布在长江下游以南地区，位于今苏南、上海、浙江及邻近地区。宁波话与上海话作为吴语中两个有特色的方言，有着很多的相似之处。宁波话通用的地域虽然并不广泛，但是，众多的宁波人通过上海而去往全国其他城市，宁波话的对外影响力也因此大大上升。早在宋代，宁波人就开始到上海经商。清代中后期，到上海经商的宁波人逐渐增多，商业活动涉及运输、钱庄等诸多领域。清末到 19 世纪中叶，上海开埠之初，大批宁波人到达上海，其中一部分是商人，另一部分是大批的手工业者和小市民，为整个上海注入了新的力量，宁波人也逐渐成为上海市民的一个主要成分。方言作为语言的分支，是交流的工具，具有一种划圈子的功能。老乡是一个重要的圈子，而方言是进入圈子的通行证。宁波话就自然而然地影响着上海话。

此外，宁波话对舟山方言也产生了极大的影响。舟山方言属于吴语的一个分支，由于岛民流动频繁，其语言渊源比较复杂。又由于与宁波互通有无，舟山方言不仅具有大海的包容性，也能南北汇流、刚柔并济，保存了不少古音和文言词语。

4. 发展力评价

方言是不可多得的语言样品，是不可替代的乡音符号，是不可再生的文化基因。十余年来，国家制定了多项方针政策，加强了对语言多样性的保护。国家语委于 2008 年启动了"中国语言资源有声数据库建设"，对汉语方言进行科学整理、加工和有效保存。2012 年出台的《国家中长期语言文字事业改革和发展规划纲要（2012—2020 年）》把语言文字事业提升到国家战略的高度，认为语言文字是文化的重要组成部分和鲜明标志，是推动历史发展和社会进步的重要力量。2015 年，教育部和国家语委在全国范围内启动中国语言资源保护工程，采用音像图文"四位一体"的方式将方言全方位保存。此后，我国方言节目进入全面竞争与复苏期。2017 年初，中共中央办公厅、国务院办公厅印发《关于实施中华优秀传统文化传承发展工程的意见》，明确提出在推广普通话的前提下，要"保护传承方言文化"。2019 年 2 月 21 日正式发布的《岳麓宣言》，是联合国教科文组织首个以"保护语言多样性"为主题的重要永久性文件，我国就保护和促进世界语言多样性达成共识。在国家政策导向下，宁波重视做好宁波方言的保护传承工作。各类媒体开辟了多档宁波方言节目，平面媒体如《宁波日报》《东南商报》等开设专栏，介绍宁波方言的特色、内涵；宁波的方言研究工作者做了大量的研究工作；宁波市教育局教研室编写了《阿拉宁波》作为学校进行宁波方言教育的地方教材；宁波市的大中小学也开始了保护宁波方言的各种尝试；一些热心于宁波方言保护工作的人士还开办了

"宁波闲话""宁波话学习网""宁波方言网"等网站和宁波话培训班，以方便宁波本地人和新宁波人学习宁波话……有政府的重视和各界的支持，宁波话未来发展可期。

（三）宁波话核心文化基因的转化利用

1.提升宁波话传播力度，奠定宁波话的资源根基

方言可以稳步提升大众对于地方文化的感知程度。深入传播宁波话，需要采取多样化的方式。首先，进一步开展各类宁波方言文化活动，使大众在轻松的氛围中主动了解宁波的风土人情以及本土文化。其次，通过广告语以及景区标识等进一步宣传宁波的文化形象。可以将那些以方言为主的商品或商标摆在重要位置，这样不仅会强化游客对于商品或商标的基本印象，也能够以一种独特的形式塑造宁波方言的文化形象。再次，利用宁波话的艺术载体，如四明南词、宁波走书、宁波滩簧等，使大众充分感受到宁波话的艺术魅力。最后，打造全媒体传播格局，以电影、短视频、出版物等传播形式，给予宁波话适度的媒介空间，为宁波话搭建轻松的生活空间，为宁波话营造和谐的舆论空间，奠定宁波话的资源根基。

2.聚焦宁波话文化内涵，打造宁波方言文化类文旅IP

（1）推广宁波方言文化类网络表情符号

网络表情符号是一种具有极强传播性，能与用户产生良性互动的碎片化信息的集合产物，是形象IP初期推广的重要载体。网络表情符号具有成本低、传播广、受众多等特点。用户在使用网络表情符号时产生的角色效应能引起用户对地域文化的情感共鸣和价值认同。用户对宁波方言文化类网络表情符号的消费实质上是一种精神消费，他们在其中寻找的是一种情感归属。宁波方言文化类网络表情符号的推广，有助于以多元化形式讲好"宁波故事"，传播中华优秀传统文化。同时，宁波方言文化类网络表情符号具有一定的文化延展性和可持续发展性，可成为宁波文旅输出的一大亮点。

（2）开发宁波方言文化类文创产品

将宁波方言文化运用于文创产品设计，是对宁波方言文化的再创造。在开发过程中，应充分结合宁波话及宁波地域文化特色，深度挖掘宁波话的价值，用创新设计推动宁波话的传承与保护。此外，要重视消费者的情感需求，使

文创产品在传递文化内涵的同时，拉近与消费者的心理距离，并最终打动消费者。如开发《宁波话日历》，收录宁波话中的特色词汇，将宁波的节日节庆习俗等相关内容融入其中；内页还可附二维码，扫描即可深度了解宁波话相关知识。这样的日历集实用性、专业性、教育性和趣味性于一体。

在文创产品包装设计上还可进行功能延伸与拓展。如在外包装上设置二维码，扫描即可进入音视频模式，音视频内容是对产品包装上的方言的解读。开发学习宁波话的 App，包括宁波话词汇学习、宁波话翻译、宁波话小游戏、博物馆宁波话导览等功能模块；同时设计相关周边产品进行售卖。

参考文献

1.洪锦佳：《绍兴方言博物馆文创产品包装设计》，湖南工业大学 2020 年硕士学位论文。

2.黄文杰：《宁波方言：石骨铁硬与柔和畅丽的圆融》，《宁波通讯》2013 年第 17 期。

3.刘辉：《山东方言在旅游文化形象构建中的应用研究》，《商业文化》2022 年第 3 期。

4.邵健、朱雷：《宁波方言的使用现状及保护》，《浙江工商职业技术学院学报》2012 年第 4 期。

5.宋李佳：《地域文化背景下宁波话与上海话常用词比较》，《名作欣赏》2018 年第 30 期。

6.徐玲玲、龚磊磊：《方言与商务——以宁波方言对上海、舟山方言的辐射为例》，《商业文化（下半月）》2012 年第 7 期。

7.张姝、余孟婷：《方言文化类网络表情符号视觉形态设计研究》，《艺海》2021 年第 7 期。

8.赵则玲：《宁波方言研究四百年述评》，《浙江社会科学》2017 年第 6 期。

9.周怡帆：《全媒体视域下方言传播研究》，山西大学 2020 年博士学位论文。

10.周志锋：《周志锋解说宁波话》，语文出版社 2012 年版。

宁波菜（庄丹华摄）

冰糖甲鱼（海曙区文化和广电旅游体育局供图）

十六、宁波菜

宁波菜（又叫甬帮菜），是中国传统八大菜系中浙菜的重要代表支脉。7000多年来，从河姆渡的稻谷文化至今，宁波菜烙刻着深深的历史印记，蕴含着浓浓的时间味道。先民凭借胆识与坚韧，把本是海洋、湖泊、江河和大地的产物搬上了宁波人的饭桌，即"饭稻羹鱼"。春生夏长，秋收冬藏。宁波菜深谙时宜，顺应时节，食材生生不息。经过一代又一代人的坚持与创新，使宁波菜的内涵不断丰富，附着了鲜明的地方特色：满满的盐的味道、海的味道、风的味道，以及田野与山林的芬芳。那些约定俗成的制作方法，除了最简便、朴素的烹法外，还有一些独特的食材加工方法，如腌、风、干、糟、霉、臭、酱、醉等，玄妙得世代相传。在漫长的时光中，那些食材、烹饪加工方法，以及浓到骨子里、渗到血液中的人情味，与开放、创新、节俭的精神融合在一起，于一箸一勺之中，形成了真正的宁波味道。

（一）宁波菜核心文化基因解析

纵观历史，宁波的饮食文化源远流长，食材丰富多样，烹饪历史悠久。1973年河姆渡出土了釜、缸、钵等饮食陶器，说明7000多年前的宁波人已经相当广泛地使用陶器作为烹饪器皿。迄今发现的最早期的陶鼎是中国最早的饮食器皿的典型代表，证明那时的人们已经结束了原始自然状态的烘烤、石烹方法，开始了以水为传热导体的水煮法和汽蒸法，从而不仅大大地拓展了烹饪的方法与技艺，而且使食物的营养与味道得以极大的丰富与改进。宁波菜最早的历史记载，可以追溯到西汉。早在《史记·货殖列传》中就有"楚越之地，饭稻羹鱼"的记载。唐宋时期，宁波城市格局形成，百业兴起，饮车卖浆，林货鱼鲜，南北货物集散，宁波的江珧、蚶、虾蚱、淡菜此时已成为贡品。南朝时期，余姚人虞悰就曾开浙东饮食文化研究之先河，撰成《食珍录》一书，这是浙江有史以来最早的一本饮食著作。明清时期，宁波人的饮食进一步丰富，同时也明确了饮食结构。《清稗类钞》记载："宁波人嗜腥味，皆海鲜。"《随园食单》所列海鲜共9种，其中就有宁波的淡菜、海蝘。19世纪，宁波被辟为五口通商口岸之一，随着中外联系的加强，宁波餐饮业也得到极大发展。据《鄞县通志·饮食》记载，当时仅三江口一带规模较大的酒楼饭店就有40多家，形成了"六帮三馆"的格局。如今，宁波菜作为浙江菜的代表之一，不仅在全国各地尤其长三角地区受到人们的欢迎，更是成为海外"宁波帮"人士关于家乡的执着记忆。

1. 物质要素

（1）多样化的食材

宁波地处长江入海口，海岸线长。由于舟山渔场位于沿岸寒流和台湾暖流交汇处，并且是长江和钱塘江两大水系的入海口，因此咸水、淡水交汇，寒流与暖流交融。这些水流汇集带来的各种有机物质为东海鱼类生长提供了丰富的营养，使东海鱼类肉质细腻、鲜嫩。同时，依托广阔滩涂和礁石，特色小海鲜品种繁多。宁波水系发达，背靠四明山脉，加之亚热带的气候和平原丘陵的地形，使得食物能取材于江河、山地、田地，具有多样性，可四季轮番入市。

（2）茶文化和酒文化

宁波茶文化历史悠久，早在河姆渡时期就留下了先民以樟科植物叶片代茶饮的痕迹。唐代明州的饮食中出现了以茶和酒为代表的饮料。明州周围多山川，均产茶，其中余姚的"瀑布仙茗"是当时为众人称道的好茶。据《宁波农业史》所述，在唐代，尤其在唐代中期以后，明州农民利用当地优越的自然条件，大量栽培茶树。明州境内有四明山，是茶叶的理想产地。茶园四周树竹茂盛，溪流交错，茶树常年沐浴在云霞之中，形成特有的天然品质。而越窑青瓷茶具则把明州的茶文化推到了新的一个高度。随着茶的普及，不仅寺院里设有茶堂，而且民间以茶为礼。宋代，明州茶业发展很快，绍兴三十二年（1162），明州产茶量位于浙东路第一，占全国茶业总产量的5%。南宋时期，四明十二雷成为贡茶，慈溪的雨前茶也是本地名茶，饮茶风气进一步普及，饭后喝茶和以茶待客都成为社会风气，明州的茶店也开始见于记载。此外，文人留下了许多与茶有关的诗文，如史浩《南歌子·熟水》云："藻涧蟾光动，松风蟹眼鸣。"元代，余姚在开寿寺设置造茶局。清代，制茶技术由蒸青发展为炒青，而太白茶成为贡茶。晚清制茶业成了宁波的新产业，宁波产的茶叶在上海的销量很高，并大量出口到国外。

宁波酒文化同样历史悠久，河姆渡遗址出土了7000年前的稻谷、酒具。唐代，明州酿酒业已有所发展。盛唐时期，明州著名医学家陈藏器在《本草拾遗》中说："近乳穴处流出之泉也，人多取水作饮、酿酒，大有益。"这说明当时宁波人已认识到泉水水质对于酿造优质美酒的重要性。宋代，酿酒业从开始的官营逐渐变为官营、私营并存，使得明州酿酒业的规模进一步扩大。这一时期明州开始出产名酒，主要有双鱼酒、十洲春酒、玉醅酒、金波酒等。饮酒风气与现代类似，节日聚会都备有美酒，也行劝酒，街市不乏酒肆，但平时主张节制饮酒。明代，酒是当时宁波人家中常备的饮品，但喝的大多是自家酿的米酒。每当农忙过后，农民就开始酿酒，酿成的米酒甜滋滋的，很受欢迎。宁波的自酿酒在民间有着广泛的群众基础，如杨梅酒、米酒等。宁波人也喝白酒，明代宁波绿豆烧（白酒）称佳。明末清初，有高粱烧及利用黄酒糟加工的糟烧。

（3）汤羹文化

宁波人的饭桌上少不了一碗汤，汤羹深得宁波人的喜爱。饭桌上如果少了一碗汤，吃饭就好像缺了些什么。为此，外地人往往叫宁波人"汤宝"。宁波人还有一句俗话："饭前喝汤，身体健康。"汤与羹的区别，其实很简单：食料加较多水烹饪后即为汤；汤勾芡后即为羹，宁波人叫"起浆"。

宁波人食用汤羹的历史悠久。据有关记载，六朝时，宁波人吃黄鱼，除了蒸食之外，还会做成黄鱼羹来吃。这种黄鱼羹在今天还是寻常百姓家和宁波当地饭店必备的菜肴。现如今，汤和羹仍是宁波人饭桌上的必需品，如咸齑汤、虾皮汤、紫菜汤、菜蕻干汤、笋干汤等。宁波人在汤、羹的食用上尤其具有创新性，且随着一主一辅的食材搭配，能搭配出新花样。如加上蛤蜊，叫圆蛤汤，再加上蛋蒸煮，就叫圆蛤蛋羹。聪明的宁波人，在给汤、羹定名字时还富有诗情画意。如把荠菜加上豆腐煮成的羹叫"翡翠白玉羹"。

在宁波民间，流传着不少有关汤、羹的传说。其中有一种极普通的汤，还与范仲淹有关。相传范仲淹知明州时，曾经有一次带领20余名随员去乡间巡视。由于天气闷热，口渴肚饿，碰到当地山民说明缘由后，山民给他们烧饭，又煮了一大锅咸菜汤，里边还放了不少新收获的蚕豆。饭后，众人询问是什么汤，这么好喝。山民说，这是我们常吃的咸齑汤。范仲淹听了后说，我来此地听说过咸齑烧汤，但这汤里放了豆，一开两瓣的，就叫"咸齑豆瓣汤"吧。大概在宁波人听来"瓣"与"板"谐音，此后人们就叫这种汤"咸齑豆板汤"。从此，这碗咸齑豆板汤在宁波渐渐被推广开来了，又有人把这汤勾芡，做成"咸齑豆板羹"。

（4）宁波菜博物馆

宁波菜博物馆建造在南塘老街牌楼边上，于2021年1月开馆。这是一座江南风格的四合院，古色古香，与周边的砖木楼、甬水桥、古戏台等相得益彰。博物馆内设置了宁波饮食票证文化长廊展陈区、饮食石雕文化、精品饮食器物、主题饮食文化、宁波菜饮食文献资料、饮食书籍等展示区域，展陈面积达600平方米，各种藏品近千件。博物馆综合了文字、实物、模型、雕像、场景等多元要素，生动展示了从晋代到现代社会宁波人的日常饮食。

为了更好传承宁波菜，宁波菜博物馆长期免费开放，持续向全社会征集饮食文化的旧物件，同时组织各类交流活动，邀请专家前来参观、品鉴、交流。除此之外，为了让宁波味道留在每位旅客的舌尖上，宁波菜博物馆还开设了餐馆，游客可品尝馆内提到的宁波菜。

2. 精神要素

（1）兼容并蓄的开放精神

绵延数千年的宁波菜，不是僵化的、停滞的，而是融合的、发展的。无论是古代的宁波人，还是今天的宁波人，都以兼容并蓄的开放精神，在宁波菜的历史变迁中，吸收着外来的饮食文化，也遵循着宁波城市的形成和发展脉络，创造并发展了独具地方特色的宁波菜。据《宁波通史·史前至唐五代卷》记载，六朝时期，因北方人口南迁，南北食俗开始交融。唐五代时，以麦食为主的食俗融入明州原有的饮食结构中。因此唐代明州也流行吃用面粉制成的饼。两宋时期，宁波与外地的物产交易活动初步形成，有不少外来水果和调味品输入。随着麦子作物的广泛种植，明州人也喜好面食，形成了以粒食为主、面食为辅的膳食结构。南宋时，四明面食的花样很多，常见的有汤饼类、蒸（笼）饼类等。自明代中后期起，宁波地区开始引进番薯、玉米等新作物，再一次改变了宁波的农作物结构。清朝是南北饮食文化大交流、大融合的一个重要时期。清末，宁波也逐步形成了餐饮类的产业群，并不断发展。民国时期形成了宁波独有的十大名菜和十大名点。随着近代宁波的开放，全国各地的菜种乃至西菜，纷纷涌入宁波。在品种的创新方面，也不断吸收外来菜种的长处，开发既适合外地人口味，又保有本地原料特点的菜肴。

（2）持续改良的创新精神

宁波菜的历史发展，不断受到北方食俗的影响。同时，伴随着宁波人外出经商创业的步伐，宁波菜也传播到海内外各地，并且在这个过程中不断改良创新。宁波菜的发展和提升，很大程度上是源于对上海菜的学习。宁波与上海地域相邻，人缘相亲，文化相通，经济相融，在饮食习俗和口味上也非常相似。上海是移民城市，宁波菜向上海菜学习，既让菜色保持"娘胎"的传统特点，又吸取众家之长，进行变革创新。在民国时期，上海南京路口晋隆饭店的宁波厨师就颇具匠心，善于对菜肴进行传承和创新。饭店出品的"金必多"浓汤，汤面浓稠、汤色金黄，汤底用黄焖老鸡汤，汤里藏着鸡丝、鲜鲍片、鱼翅、虾米子、竹荪、胡萝卜、南瓜等，荤素搭配，极富营养，被当作"海派西餐"的代表之一。如今，宁波菜在选料、调味、烹制、上菜方式等方面，都在不断进行着改良和创新，并顺应世界饮食潮流，朝低糖、低盐、低钠，增加绿色菜蔬摄入等方向发展。

（3）勤俭持家的节俭精神

宁波人自古就节俭，在宁波菜中，就蕴含着勤俭持家的节俭精神。例如，古时吃完咸鳓鱼后，往往还要利用所剩的骨头、汤汁，放上一点盐，滴几滴醋，热水一泡，便成为咸鳓鱼汤，如有条件再放上一勺猪油，这汤就格外鲜美了。一家人吃饭，眼看着菜都见底了，但饭还没吃完，这时主妇们就干脆拿来一个大碗，放上几根海蜇，撒上些许盐，倒点酱油，热水一泡就成了"海蜇汤"。有的条件差些的家庭，那就仅有一匙酱油，加上些盐泡成"酱油汤"。又如，宁波人喜欢吃腌鱼、雪菜、臭冬瓜等食物，也与节俭有关。古时候海鲜难以保存，人们又不愿浪费，就制作成腌鱼，这样就可以吃很久。以前食物总体匮乏，出海捕鱼的人又缺少新鲜蔬菜，宁波人就把收割来的新鲜雪里蕻晒干，然后在水缸底撒上一层盐，再一层层放上雪里蕻，用双脚踩压密实，制作成雪菜，这样可以保存很久。雪菜既可以直接当作一道菜下饭，又可以和黄鱼、年糕、臭冬瓜等食材一起烹饪，用于提味增鲜。所以，透过饭桌上的宁波菜，可以看到宁波人勤俭持家的美德。

3. 规范要素

（1）"不时不食"的饮食原则

早在春秋时期，孔子就有过"不时不食"的说法，即人们要遵循自然之道，按季节变化，春夏秋冬顺时而食。宁波人有句老话——"吃要吃上市货"，就是对"不时不食"最直接通俗的表达。例如，竹笋就是大自然按照时节赐予人们的最好礼物。春雷响过，竹林里顶出泥土的雨后春笋遍地皆是。宁波人一般喜欢吃这时节的毛笋。西乡大雷出产的"黄泥拱"毛笋是最好的一种了。宁波四周多山，多山就多笋，由于毛笋的产量大，宁波人除了吃新鲜的外，还把笋晒干后制成笋脯。立夏节前后有"脚骨笋"，满山遍野都是野山笋，还有涩味比较重的黄壳笋（也叫黄胖笋），各种各样的竹笋摆上餐桌，鲜不胜收。接着，"行鞭笋"上市，宁波人把笋老头拿来放汤，用嫩头做炒菜的配料。如：嫩头笋片与白鹅块一起炒，稍放点醋，再勾芡，就叫醋熘鹅。到了冬天，又有冬笋上市了，其鲜度和味道算是笋中之王了，无论油焖、清炒，还是其他做法，都鲜美无比。接着出雷笋。雷笋又鲜又嫩，据说奉化班溪产的雷笋是极品，而且产量大。当地山民就把雷笋加粗盐烹制成羊尾笋。这里产的羊尾笋历史悠久，质量好，味道鲜美。雷笋的生长时节，正好填补了冬笋落市的空白。

宁波人会吃，全体现在"不时不食"这四个字中。春天吃时令野菜，比如荠菜、马兰头、香椿、蕨菜、水芹菜、鱼腥草根等。清明时节，吃清明鹅、长街蛏子、由春水滋润的青壳螺蛳、洄游到象山港的"川乌"（马鲛鱼）。宁波老话有"清明螺，壮如鹅"的说法，清明时节的螺蛳非常肥美，"一味螺蛳千般趣，美味佳酿均不及"。一年中在清明前后七天时间里，马鲛鱼的肉质最为鲜嫩，也因此，这几天中，马鲛鱼价格昂贵。六、七月梅雨季，是一年中吃河虾最好的时节，因为这个时节的河虾味道最好。宁波人的餐桌上经常出现以河虾为食材的美食，做法多样，如油爆虾、盐水虾、炒虾仁等。到了冬天，是萝卜最好吃的时候，做法有白灼、红烧、煲汤等。冬季也是各种禽、畜肉类的"大会师"，尤其是吃羊肉的最好时节。宁波人喜食白切羊肉，但在家中最常做的还是红烧羊肉萝卜。

（2）宁波特色的饮食习俗

春节以果饼祭祀神祇和祖先，并且吃汤团、圆子、年糕，寓意团团圆圆，年年高升。大年初二开始，携糖果、白鲞拜岁。元宵吃汤团、圆子，象征团圆美好。宁海有正月十四过元宵的习俗，吃汤包、糊辣羹等。立春用荠菜、艾草做春盘、春饼，饮春酒，谓之"接春"。立夏用五色豆和米煮饭，称为立夏饭。吃脚骨笋，寓意腿脚健朗。小孩进行斗蛋游戏。端午做粽子、骆驼蹄糕祭祀祖先，喝菖蒲酒、雄黄酒。中元做七月半羹饭祭祀祖先。立秋吃西瓜，给小孩吃萝卜子、蓼曲炒米粉和西瓜，谓之"拔秋"，寓意小孩长得健壮。宁波地区习惯以八月十六为中秋，吃月饼赏月，也吃粽子。重阳吃牡丹糕、粽子，喝茱萸酒。冬至吃汤团、圆子、年糕，同样寓意团圆高升。冬至夜还有烤大头菜的习俗，烤的时间越长，意味着来年越兴旺，越加"烘烘香"。腊月二十三，以祭灶果送灶神，腊月二十九或三十除夕夜接灶神，吃年夜饭。而且在年夜饭中一定要有春卷、年糕汤。如此等等，一年之中要吃出诸多花样来，得应时应理。

婚嫁以金团、糖面分赠四邻，婚礼时新娘需喝红糖圆子汤。生育以红蛋分赠四邻。寿庆从60岁开始，由于"十"在宁波的习俗中有到头的意思，而"九"又有"久"之意，所以宁波人做生一般做"九"不做"十"，体现对长者的尊重与祝福。寿宴食品有玉堂富贵（猪肉、白糖、烤麸、桂圆）、寿桃和寿面等，须向有名气的南货店订购，置于5只大蜡盘中，叠成5层宝塔状，谓之"五代富"。寿宴结束后，寿星将做生所用的一些水果、糕点等分给邻居，邻居纷纷接受，意为"接寿"，有平安吉祥之意。丧葬人家每隔7天做祭奠羹饭，谓之"做七"，共做7次，一般要49天时间。死者亡后3年内，每逢忌日也要做羹饭。

（3）制作烹饪和加工技术

宁波菜烹饪技法独特，地方特色风味浓郁。选料注重细、特、鲜、嫩，常用的烹调方法有30多种，其中最擅长的是炒、炸、烩、熘、蒸、烧、腌、烤等8种。因料施技，方法多样。其中"烤"富有特色，是依靠文火进行较长时间的焖烧，如"烤菜""烤笋"等。

因得天独厚的地理环境，宁波自古以来就擅长烹饪海鲜、河鲜。宋时，人们对海鲜的喜爱已渐渐超过了淡水河鲜。烹饪海鲜，讲究鲜咸合一。即将鲜活原料与海货干制品或腌制原料配在一起烹调，产生独特的复合美味。例如鱼鲞烤肉、咸肉炖蛋、虾子汆豆腐等。主辅鲜明，讲究鲜嫩软滑，原汁原味。技法以蒸、烤、炖等为主。北宋州守韦骧曾言："四明……厨传绝修饰之劳。"据韦骧所说，四明菜不像其他菜系那样有复杂的烹饪过程或加入多种调味品和辅料，而是重视食材的本味，即吊出味道来，特显朴实与简便。雪菜大汤黄鱼是最能体现上述特色的宁波菜：用腌制好的雪里蕻做辅料，以野生大黄鱼为主料，不放油，味极清鲜。

宁波因地处雨水充足、气候温暖的水网地带，所以在食品加工方面完全不同于北方。人们因地制宜采取了腌、腊、霉、晒、风等食品加工技术，通常使其可以直接成菜，如咸鱼、腌肉、霉干菜、风鳗鲞、风鳗筒、风带鱼等。至于蔬菜类，也用类似的加工技术，如腌笋等。

（二）宁波菜核心文化基因的提取与评价

宁波菜受赐于大自然得天独厚的地理条件，得力于历代厨师不懈的烹饪实践，经历数千年的传承与延续，渐成风格，自成一脉。基于对相关资料的全面、深入分析，将宁波菜核心文化基因主要提取为"兼容并蓄、传承创新"。

1. 生命力评价

宁波菜早在7000年前就已经出现，河姆渡文化遗址出土的釜中就有先民简单烹食的鱼、鳖、蚌等羹菜。自河姆渡时期以来，宁波菜一直在四明山脉一带流传着，并不断有新的菜品出现。不少文人墨客通过诗文记叙当时的饮食。《史记·货殖列传》中有"楚越之地，饭稻羹鱼"的记载。余姚著名易学家虞翻的后代虞悰在1000多年前写出《食珍录》一书。宋代苏东坡写诗描述蟹的品质和风味："半壳含黄宜点酒，两螯斫雪劝加餐。"至明清，宁波菜已声名大振，明代屠本畯的《闽中海错疏》以及其为《食海味随笔十六品》所写的《海味索隐》中，对宁波菜中的海鲜菜品多有提及。袁枚、朱彝尊等人的著作对"淡白鲞""雪菜大黄鱼"等宁波海鲜类菜肴有所描绘。近现代宁波菜发展更快，以海鲜为料理烹制的新菜肴得到极大开发。至20世纪50年代，宁波城隍庙的美食盛会标志着宁波菜发展进入了全新的历史阶段。据幸存的《名菜目录》统计，当时的宁波菜有90种之多。其中鸡白鲞汤、弹涂片、蛤蜊黄鱼参、虾油露清炖黄鱼等佳肴，后来成为甬帮名菜而被1977年出版的《中国菜谱（浙江）》收录。如今，宁波菜不仅遍及宁波人的日常餐桌，也传到了杭州、上海、北京乃至海外。穿越数千年的宁波菜，各种源远流长的老味道，就像一张文化寻根的"食单"，道出一段段记忆深刻的宁波往事，唤醒舌尖上的文化之魂。

2. 凝聚力评价

宁波的食俗文化已经融入宁波人的身体，家乡的食物更是充满着温情脉脉的特殊味觉记忆。许多奔波在外的宁波人，在各个城市寻找宁波味道，始终难以忘却家乡的那一抹菜香。对于他们来说，对宁波的思念不仅是停留在对家人的想念，还有每逢过年对宁波味道的思念，是家里老外婆亲手包的猪油汤圆：芝麻是现磨的，猪油是现熬的，咬一口是满嘴的甜蜜和老人的用心。乌米饭、霉苋菜梗、臭冬瓜，这些简单的美食在宁波本地司空见惯，却是在外甬人最思念的味道。"世界船王"包玉刚就曾对霉苋菜梗和臭冬瓜念念不忘，早年回乡省亲还专门要品尝这两道菜，以解"莼鲈之思"。宁波菜已融入每个宁波人的血脉，世世代代叫人思念，凝聚起宁波人对家乡的喜爱和思念。

3. 影响力评价

宁波菜的影响力，不仅是在江浙地区，在全国范围内，宁波菜也小有名气。在 1999 年 12 月举行的第四届全国烹饪技术比赛中，宁波派出以中国烹饪大师戴永明为总教练兼领队的汉通代表团参与角逐，并夺得金牌，宁波也荣获了团体赛总分第二名。在强手如林的 67 个城市的争斗中获得这份殊荣，反映了宁波餐饮业的繁荣与甬帮烹饪技术的水平。在 2003 年中国（宁波）海鲜美食节上，中国饮食文化研究专家陈光新、邱庞同、陈依元教授的演讲，使宁波菜再一次进入全国公众的视野，也在甬城开启了宁波饮食文化新风尚。戴永明的《宁波菜与宁波海鲜》、陈效良的《新派甬菜》、朱惠民的《舌尖上的宁波》和柴隆的《宁波老味道》等著作的行世，更进一步扩大了宁波菜的影响。近年来，随着美食节目的盛行，雪里蕻大黄鱼、鲞冻肉、糟三样、红膏呛蟹等经典宁波菜在央视《味·道》《舌尖上的中国》等颇具影响力的美食节目中亮相，宁波人的饮食习俗被更多人所知晓。随着宁波龙头餐饮企业的逐步扩张，越来越多的外地人也可以品尝到宁波菜的特色与美味。

4. 发展力评价

1998 年，全市餐饮界专家、名厨提出要重振宁波餐饮雄风、把"宁波菜"

打造成宁波的新名片，从此开始了宁波菜和宁波餐饮的创新进程。在保持传统精华的基础上，不仅向上海菜学习，也兼收国内其他菜系之长，潜心开发新派宁波菜。状元楼宁波菜烹饪技艺传承人陈效良就曾赴上海跟随卢兆其大师学习，对川菜、粤菜等中国各大菜系有了进一步了解，使其甬菜烹饪技艺有了新的提升。

如今的宁波菜，在原料上使用新的食材，更加绿色和环保，在调味上一方面仍以传统的料酒、酱油、盐、醋为主，另一方面也开始大胆使用其他调味料，改变调味比较单一的状况。宁波菜的烹调方法也逐渐增多，让更多的人接受了宁波菜的口味。除此之外，宁波菜代表性餐饮品牌如石浦大酒店、状元楼、向阳渔港，在宁波及其周边、上海等地都有经营。这些餐饮品牌的逐步扩张，对宁波菜品牌的发展起到了助推作用。

（三）宁波菜核心文化基因的转化利用

宁波菜，展现了宁波人的思维方式和行为模式，蕴含着"兼容并蓄、传承创新"的核心文化基因。它既有物质性的一面，又有精神性的一面。它是弘扬乡愁文化的新载体，是推进文旅融合的新引擎，是满足人民美好生活需求的新途径。有效转化宁波菜的核心文化基因，可以丰富人民生活，展现宁波共同富裕成果。

1. 深挖文化内涵，创建宁波菜文化研究中心

随着国内各种菜系和西式餐饮争先进驻宁波，餐饮市场竞争日益激烈。在这种情势下，宁波菜要实现可持续发展，就必须注重对自身文化内涵的挖掘。首先，以宁波菜为载体，实现饮食与文化的互动。目前，在宁波菜的文化探索方面，已经取得了一定的进展：在南塘老街建立了宁波菜博物馆，在慈城建立了年糕博物馆，在邱隘建立了宁波雪菜博物馆。但这些博物馆还只是点状的探索，缺少线状的研究和面上的展开，未能实现系统化的文化建构和整体开发。接下来，可联合文旅局、高校、传统餐饮企业、老字号、传承人等，构建宁波菜文化研究中心。研究中心可结合饮食文化旅游资源自身特征，将饮食文化旅游资源分为饮食文化器物、饮食行为习俗、饮食原则及典籍等，从资源的要素价值、资源的影响力及附加值三个方面分类评估，为宁波菜文旅产品的后续开发提供理论依据。

2. 优化产品开发，策划多样化的宁波菜文旅线路

加大宁波饮食文化遗产体验旅游开发，以宁波先民创造的各类饮食文化资源为载体，串联博物馆、展览馆、饮食非遗生产基地等，为游客提供深度体验场所。设计参与性、互动性强的体验环节，提升旅游质量。策划宁波饮食文化系列活动，如美食节、茶文化节、酒文化节、音乐文化节等。与大中小学合作，利用春秋游、寒暑假、学期内社会实践和劳动教育时段，开发四季系列或节日节庆系列的研学活动。重点开发宁波菜文创产品，包括带有宁波饮食文化符号的旅游纪念品、挂件等装饰品、学习用品、家用餐具或模具、日常生活用品等。文创产品的开发，要注重实用性和年轻化。

因宁波菜深受海洋文化的影响，在饮食形态、进食习俗、烹饪原则等方面都有独特之处，宁波菜文旅线路的开发应紧密结合这一优势。首先，宁波沿海的慈溪、北仑、象山等地，地理风貌不同，海洋产品的种类也各具特色，可以开发渔家乐，让游客体验。水产资源的生产过程（捕捞）或宁波饮食民俗。其次，宁波有众多来自"一带一路"共建国家的留学生，可将宁波海洋味觉与"一带一路"结合，做好留学生这一条文旅线路。最后，推出其他各类主题式线路，如乡村（海洋）饮食文化研学、饮食材料农事体验、家庭饮食制作亲子游等主题线路；结合宁波知名景区（点），策划"宁波菜＋景区"主题线路；结合宁波知名茶、酒品牌，策划针对商务游客的定制型考察专题线路；针对老年群体，推出"美食＋康养"主题线路等。

3. 借力新媒体，加强对外宣传

建立"三微一端"官方账号，整合媒体传播形式，同业界知名的传媒与广告公司合作，定期更新和传递信息，丰富内容，提高活跃度，聚合粉丝量，加大话语权，增强宁波饮食文化的影响力。建好宁波菜网络博物馆，形成开放的网络数据，供大众参考、查阅。鼓励餐饮龙头企业、老字号等传播宁波饮食文化；借助"智慧旅游"，制作宁波菜旅游美食线上地图，方便游客感受宁波饮食文化。

参考文献

1.柴隆:《宁波老味道》,宁波出版社 2016 年版。

2.范春、黄诗敏:《成渝双城经济圈背景下巴蜀饮食文化旅游走廊建设构想》,《四川旅游学院学报》2022 年第 3 期。

3.胡一旻:《宁波传统饮食文化旅游资源开发的思考》,《北方经济》2009 年第 20 期。

4.胡一旻:《宁波饮食文化研究》,宁波大学 2011 年硕士学位论文。

5.黄文杰:《米香与鱼香:弥漫七千年的种种芬芳》,《宁波通讯》2013 年第 11 期。

6.李芹燕、王明宇:《社会化媒体视角下成渝饮食文化的传播策略》,《四川戏剧》2021 年第 9 期。

7.王文渊:《浅议宁波餐饮文化》,《宁波通讯》2007 年第 3 期。

8.吴学清、邹赜韬:《抓住舌尖上的鲜味 打好海味文化牌》,《宁波通讯》2018 年第 17 期。

9.周娴华、周达章:《宁波饮食文化》,宁波出版社 2021 年版。

十七、宁波汤团

宁波汤团历史悠久，其起源可追溯到宋元时期，同时汤圆作为元宵节的应时食品也是从宋朝开始的。在古代典籍中，汤团有不同的称谓。如《东京梦华录》称汤团为"圆子"，《梦粱录》称其为"元子""汤团"。

说到宁波汤团，就不得不提"汤圆大王"缸鸭狗，一家诞生于宁波的中华老字号品牌。1926年，缸鸭狗创始人江定法在宁波城隍庙设摊卖猪油汤团，其摊位经营的点心廉价地道，因此生意渐渐做大。缸鸭狗制作的宁波汤团圆润滑溜、香甜软糯。公私合营后，缸鸭狗几经变迁，屡更其名，曾称甜食店，又改为汤团店。1993年，缸鸭狗酒楼被国家贸易部授予"中华老字号"称号。2012年，缸鸭狗酒楼被浙江省文化厅授予"浙江省非物质文化遗产"称号。2014年，缸鸭狗在长三角地区开设分店。

作为一种民间小吃和食俗的宁波汤团在改革开放后有了良好的发展。1980年，宁波市商业局于中山东路特设"宁波汤团店"专营商店；1982年，宁波汤团成为浙江省向海外出口的第一个点心品种；1997年，宁波汤团入选中华名小吃；2010年5月28日，宁波汤圆行业协会正式挂牌成立。随着宁波汤团制作技艺被列入浙江省非物质文化遗产，在政府扶持和网络宣传等因素的推动下，宁波汤团逐渐走出宁波，走向全国各地甚至海外，得到了越来越多的认可与赞许。

缸鸭狗汤圆

（海曙区文化和广电旅游体育局供图）

缸鸭狗门店

（海曙区文化和广电旅游体育局供图）

（一）宁波汤团核心文化基因解析

1.物质要素

（1）宁波发达的稻作产业

论起源，汤团应当归属宁式糕点。宁式糕点历史悠久，经历了从古代到当代的漫长岁月。宁式糕点萌芽于春秋时期，兴起于唐宋时期，到了明清，宁式糕点逐渐形成自身特色，并流传到中原各地。据《鄞县通志》记载，当时宁波地区有用米、糖、豆粉、麦、芝麻等为原料，通过煎、炸、烘、蒸、煮等方法制作的各种糕点。宁式糕点的特点是重糖。宁波盛产稻米，因而宁式糕点以米制品居多。宁式糕点的制作技术大致可分为燥糕类、潮糕类、糖货类、油面类、油炸类、蛋糕类、月饼类、酥饼类、混合类等。

宁波汤团的主要用料为糯米、猪油和芝麻。宁波汤团之所以在原材料上选择糯米而非黏米，是因为糯米黏度大、易糊化，且淀粉胶的温度稳定性好、不易回生、吸水率和膨润力大，使汤团下锅不易煮烂，入口软糯且有嚼劲。只有成熟的稻作技术才能产出优质的糯米，据考证，宁波境内的河姆渡遗址是迄今为止中国乃至亚洲最古老、最丰富的稻作遗址。

河姆渡地区的稻作文明为宁波从古至今发达的稻作技术奠定了扎实基础。"严密""精致"的农业生态系统，是宁波水稻种植技术的最好概括。稻作农业文明构成的农业生态系统，通过种植各种养地作物，发展循环农业，并加以精耕细作，以求在人地资源较为紧缺的自然环境中增加单位耕地面积农产品产出。

宁波的黄古林蔺草—水稻轮作系统是宁波稻作技术的典型代表：每年六月底至七月初，人们在收割后的蔺草田里播种晚稻；十月至十一月晚稻成熟收割后，又开始一季的蔺草种植。如此往复循环。这种循环的优势是，种植蔺草后的土壤状况得到改善，与水稻种植所需的营养形成互补。一般来说，这种轮作模式比常规连作晚稻模式的亩产量高出 100 千克以上。且稻米可解决农民的温饱问题，蔺草则带来不错的经济效益。当地也因此诞生了"水稻是米缸，蔺草是钱庄"的俗语，展现了蔺草和稻米对古林人生活的影响；当地还有"一年蔺草，二年大稻"的农业谚语，反映出蔺草—水稻轮作模式的悠久传承。

（2）宁波有利的地理条件

宁波地处宁绍平原，宁绍平原由钱塘江、曹娥江、姚江、奉化江、甬江等冲积而成。宁绍平原规模较小，位于相同的气候带，区内气候条件基本一致，且温度适宜，降水丰沛，适宜种植双季水稻。

11—12世纪前后人口的快速增长以及"靖康之变"后宋室南迁引起的移民潮，使宁绍地区成为经济要地，开垦圩田进一步加速，宁绍地区最大的一批湖泊如广德湖、夏盖湖、鉴湖等都在这一时期被围垦。14世纪，因明初实行海防卫所制度，宁绍平原于短时间内聚集了大量戍边士兵及随军家属，加速了宁绍地区滨海沿线的圩田开垦，使得滨海大片沙土地得以开垦耕种，同时也有相当数量的湖泊被围垦。

水利技术的进步是圩田开垦的重要保障，突出表现在筑塘、建闸和水位控制等方面。宁绍地区是中国最早开挖人工运河和修筑堤坝的地区之一，早在春秋时期便有山阴故水道和富中大塘等运河和堤塘工程。9世纪的鄞县它山堰表明了大型堰坝技术的成熟。慈溪由于饱受海潮侵蚀，约在11世纪便形成了主备塘相结合的较为完整的海塘体系。宁绍平原水利设施的逐渐改善为水稻种植提供了有利条件，水稻相较于其他粮食作物后来居上，成为宁绍地区唯一重要的粮食产物。

（3）宁波汤团的制作工具

搪瓷缸：巨大的搪瓷缸里装满干净的水，把糯米放入搪瓷缸，浸泡一天一夜。巨大的搪瓷缸可以减少每次准备原材料的时间，还可以直观看出糯米的浸泡状态。巨大的接触面积和长时间的浸泡可以使糯米充分吸收水分，使米粒膨胀、松散、柔软。

竹漏：竹漏是一种充满孔洞的竹子编织篮，用它把泡在搪瓷缸的糯米捞出时，可以使糯米脱去多余的水分，还可以淘洗掉糯米中的杂质、糠片等，保证糯米的下一步加工制作。

石磨：基本是由上下两块石饼组成。糯米吃透水分后更易于碾磨。实验证明，糯米粉经过水磨工艺，才能获得更好的感官性能。石磨的使用使汤圆的外皮更加细腻。

布袋：在压榨这一工序环节中，布袋为研磨好的米浆提供储存的地方。

扁担：用于把布袋中米浆的水分挤压干净，有经验的师傅通过掌握力道能均匀地挤出水分。

灶头：提供火候，将猪板油和芝麻一起加热。足够的热量能使猪油和芝麻散发香气。

案板：放置制作好的汤团，方便拿取。

2. 精神要素

吃汤团是汉族人的传统习俗，在江南尤为盛行。民间有"吃了汤团大一岁"之说。陈志岁《汤圆》诗云："年年冬至家家煮，一岁潜添晓得无？"甬地俗语云："宁波家家捣米做汤圆，知足常乐又一天。"胡秉言也有诗曰："香泽糯米做汤团，沸水飘银富贵咸。入口绵甜滑润爽，阖家欢乐醉天年。"对于传统宁波人来说，宁波汤团是过年的必备食品。汤团意味着团圆、圆满，节庆时间吃汤团，象征家庭美满、和谐。

在物资匮乏的年代，宁波的孩子们唯有在新年的第一天早晨才能享用一碗热气腾腾的宁波汤团。这份味道的记忆便如此伴随他们长大。如今的猪油汤团已成为价格实惠的平民甜点，且因其简单的制作方法、圆润玉白的外观以及香甜软糯的味道而在全国普及。对于在外地打拼奋斗的宁波人来说，一碗普普通通的猪油汤团便是唤起自己对家乡与童年回忆的最好催化剂。

在宁波本地的习俗里，新年第一天的早饭通常要吃汤果或汤团。同时，因汤团黏糯，吃汤团也象征夫妻感情牢固黏合。张延章的《鄞城十二月竹枝词》写道："正月人家要拜年，衣裳都换簇新鲜。花生瓜子先供客，待煮汤团乞少延。"清代诗人戈鲲化也在《甬上竹枝词》中写道："岁朝早起整冠裳，饼果汤团荐影堂。"

3. 语言与符号要素

（1）汤团的圆球状外形

汤团的外在形象如同一个个在锅中沉沉浮浮的小圆球，因而最初被称为浮圆子。宁波汤团的圆球形状来自制作时手指的捏合、掌心的揉搓，这样的包制手法使汤团在各个方向上的外皮厚度均匀统一，圆球形也使得在糯米粉包裹下的馅心能够均匀受热。此外，在象征意义上，汤团还有着"团圆""圆满"的寓意，大年初一吃汤团也正是宁波人的节日习俗之一。

（2）有关汤团的民谣

① 三更四更半夜头，要吃汤团"缸鸭狗"。一碗下肚勿肯走，两碗三碗发

瘾头。一摸袋袋钱勿够，脱落布衫当押头。

②三点四点饿过头，猪油汤团"缸鸭狗"。吃了铜钿还勿够，脱落衣衫当押头。拜岁拜嘴巴，坐落瓜子茶，猪油汤团烫嘴巴。

③宁波糕点勿推板，猪油汤团油糯糯，奶油蛋糕面盆大。苔生片、绿豆糕，千层饼、豆酥糖，吃起味道交关好。

④宁波家家捣米做汤圆，知足常乐又一天。

（3）"缸鸭狗"商标的来历

20世纪20年代，一个叫江定法的人在宁波城隍庙设摊卖猪油汤团和酒酿圆子等甜食，因甜食好吃，逐渐有了名气，只是不以江定法出名，而是以"江阿狗"出名，"阿狗"是其小名。当时的父母都觉得名字越贱越好养，叫起来也顺溜。"江阿狗"的宁波话发音就是"缸鸭狗"，于是一口缸、一只麻鸭和一条黄狗成为"缸鸭狗"的招牌。

20世纪50年代公私合营后，"缸鸭狗"换过几个名字，称过甜食店，叫过汤团店。改革开放后，老树新芽，建起了缸鸭狗酒楼，1993年被国家贸易部授予"中华老字号"荣誉。"缸鸭狗"无疑是宁波汤团的一块金字招牌。

4. 规范要素

（1）宁波汤团的制作工序

选材：选用品质优良的食材，适合汤团的制作。

浸泡：将糯米在清水中浸泡一天一夜，时间要刚刚好，差不多48小时。泡的时间过长，糯米会被泡烂，难以形成面团；时间过短，则糯米比较坚硬，会影响后续的研磨时间以及汤团的口感。

磨浆：将泡好的糯米带着水一勺一勺地舀进石磨里进行研磨，转动石磨的速度要均匀，这样可以使磨出来的米浆更加细腻嫩滑，在石磨的出口放置一个布袋子，磨好的米浆流进袋子里，随着水不断从布袋子的孔洞中渗出，米粉就留在了袋子中。用这样研磨出来的糯米粉做团子，不易开裂，煮熟时呈半透明状，浮在锅中，色白如玉，入口则爽口滑溜，嚼起来绵软细腻，糯劲十足，却不粘牙齿。

压榨：布袋中的水分不可能靠着重力的作用迅速流干，这时候就需要借助人工，用扁担一人一边，来回上下碾压，把米浆中的水均匀挤出。这样压榨出来的米团均匀光滑，带来更加细腻软糯的口感。

制馅：厚实的猪板油，去除筋膜并打碎。将筛选好的黑芝麻倒入锅中，文火不停地翻炒。待芝麻冷却后将芝麻碾成粉末状，拌入猪板油、白砂糖、糖桂花，充分拌匀，然后耐心等待一周。时间会赋予汤团馅更加香甜的味道。

成型：将湿水糯米粉团揉搓成条状，摘成一个个质地均匀、大小相似的剂子，将大拇指放入面团中，另一只手给上力气，让面团顺着大拇指的力道慢慢变成酒盅的形状，再放入制作好的汤团馅，放在手掌心，手掌不断收紧，光滑亮洁的宁波汤团就完成了，汤团的成品软、糯、甜、香。

（2）宁波汤团的英文译名

① Ningbo-style glutinous rice balls with sesame paste

② Stick rice balls with black sesame paste inside

③ Rice dumplings of Ningbo style

④ Ningbo Tangtuan

（二）宁波汤团核心文化基因的提取与评价

宁波汤团是宁波饮食文化的典型代表，体现了宁波人"黏性、搏争、仁厚、务实"的精神品格。宁波汤团与古代宁波发达的稻作产业有关，与宁波人对糯米制品的喜爱有关，与宁波人的节庆团圆有关。基于对相关资料的全面、深入分析，将宁波汤团核心文化基因主要提取为"团团圆圆、幸福美满"。

1. 生命力评价

从存续时间来看，宁波汤团"团圆"的核心文化基因始终不曾中断或更改。宁波汤团兴起于宋元时期，一直作为一种节日食俗，与春节、元宵节密切联系。宁波汤团经千年发展，历久弥新，不仅在江南之地盛行，善于经商的宁波人外出到各地开店做生意，也把宁波汤团这种美食传到全国各地，发展出了各式各样极具地方特色和符合地方口味的汤团；并在当地兴起后迅速扩散至其他地区。每逢元宵佳节，一碗碗汤团便会出现于各地人民的饭桌上。而宁波本地人则习惯在正月初一吃汤团或汤果。

宁波汤团在发展过程中既保持相当稳定的状态，如猪油汤团的用料、做法传承至今，又有所创新，如"缸鸭狗"推出了榴莲汤团、桂花汤团等，深受年轻人的喜爱。

2. 凝聚力评价

宁波汤团能凝聚区域群体力量。漂泊在异国他乡的宁波人,每逢佳节便煮上一碗汤团,寄托思乡之情。汤团具有"团圆"的美好寓意,对于中华儿女来说,家人闲坐,灯火可亲,是俗世间最美好的事。

3. 影响力评价

在中国民众的心里,汤团可以看作元宵节的符号,象征团团圆圆。如今,元宵节吃汤团已成为我国大部分地区的节日习俗。汤团作为宁波最知名的特色美食,是宁波的文化名片,吸引了众多游客到宁波寻味。许多人可能不曾到过宁波,却也听过、吃过宁波的水磨汤团。一碗小小的汤团,拉动了宁波的经济和文化发展。

缸鸭狗坚守传统手艺、拓展汤团新品,在浙江省各地开办多家连锁店。2014 年,"缸鸭狗"推出的速冻汤团入驻各大连锁超市,同时在 2016 年上半年借助电商,在天猫、京东等平台取得了不错的销售成绩,全国各地的人们不用到宁波,也能享用到正宗的宁波水磨汤团。随着越来越多的宁波人出国经商,宁波汤团这一寄托着乡愁的美食也走向了世界。2016 年末,缸鸭狗首次接到出口北美的订单。2019 年,宁波市缸鸭狗食品公司在美国食品药品监督管理局官网注册备案。目前,宁波汤团已经销往加拿大、美国、澳大利亚等国。

4. 发展力评价

宁波汤团重视口味创新。初始的宁波汤团即为由猪油、芝麻、白糖构成馅心的猪油汤团,迎合了宁波人喜欢甜腻的口味习惯。但随着时代发展,人们更加讲究健康饮食,忌重油、重糖。缸鸭狗对汤团配方做了改良,一个 20 克的汤团,5 克馅料、15 克皮,拿捏得恰到好处。同时,为了迎合年轻人的饮食需求,宁波汤团推出了不少新品种。例如,外表灰黑圆润的榴莲味汤团,食客一口咬下后,明黄鲜甜的榴莲肉和着糯米进入口腔,果香四溢;外表橘红的桂花汤团,只是舀起还未入口,清洌的桂花香便扑鼻而来,内部的桂花流心馅更是清甜可口。

另外,随着速冻食品技术的发展,宁波汤团推出"速冻汤团",以盒装的形式远销市外各地。以传统水磨工艺制作的速冻汤团于 2014 年 6 月进入三江、华润等连锁超市,这使正宗的宁波汤团脱离了地域空间的限制,得以被外地的消费者品尝。盒装速冻汤团亲民的售价也使宁波汤团走入千家万户，被更多的人知晓。

（三）宁波汤团核心文化基因的转化利用

1. 深度打造宁波汤团优秀文化品牌

宁波汤团有着悠久的历史，在宁波乃至全国有着极高的知名度，拥有文化基因转化利用的先天优势。在宁波博物馆、海曙区非物质文化遗产陈列馆以及王升大博物馆中，有宁波汤团制作器具的陈列以及对缸鸭狗发展历史的介绍。同时，宁波汤团制作工艺考究，猪板油、糯米、芝麻都是精选，口味独特，这也是宁波汤团最大的优势。宁波本土企业可以对汤团制作工艺的老传统进行深度挖掘，走产业化发展之路，从植根于宁波当地人民生活中的文化基因入手，打造宁波汤团优秀文化品牌。同时，从品牌的可持续性考虑，可以适时引导外地食品企业做精做好宁波汤团，共同维护和打造"宁波汤团"这一享誉海内外的品牌。

当前，人们对传统文化的热情升温，宁波汤团可以抓住这一发展机遇。例如，举办"我们的节日——春节元宵"大型民俗活动，将宁波汤团文化延伸至节日文化，提高群众参与度。举办"花式闹元宵"活动，以"文化＋旅游"的方式，把宁波汤团融入其中。开展"王升大博物馆元宵节活动"，在"花式闹元宵"的基础上，开展裹汤团、油炸汤团、画汤团、变汤团、唱汤团、说汤团等一系列带有汤团元素的活动，让市民和游客们切身感受宁波汤团的文化魅力。

2. 设计宁波"汤团之乡"特色旅游线路

依托"汤团之乡"，打造宁波汤团风情小镇、浙江美丽城镇建设样板。一方面，要在旅游商品和文创产品中强化宁波汤团的IP形象设计。结合宁波当地的历史名人形象，设计宁波汤团风格的Q版历史人物形象。可以参考宁波文博会吉祥物"宁波小知"，四个"小知"形象即以宁波汤团为基础。另一方面，举行宁波汤团衍生品设计大赛，向全社会征集既有宁波汤团元素又有市场前景，兼具实用性与创新性的旅游商品和文创产品，形成以宁波汤团为特色的文旅产品产业链。

3. 推动宁波汤团艺术作品二次创作

首先，创作音乐、美术类作品。目前，关于宁波汤团的音乐性经典作品有歌曲《卖汤圆》宁波本土改编版。可以围绕"宁波汤团"开展原创音乐作品征集活动，如具有地方特色的宁波方言类歌曲或流行音乐。另外，可以围绕宁波汤团进行绘画创作，对民众制作、食用宁波汤团的场面进行艺术化再创作；举办宁波汤团表情包设计大赛，让宁波汤团与宁波城市形象的定位相契合，吸引更多的年轻人感受宁波汤团文化。

其次，拍摄电影、电视等影视精品。目前，宁波汤团已有首部纪录片《宁波一碗》。这部纪录片生动地展示了宁波汤团的当代传承，基于此，还可以拍摄宁波汤团主题的独家美食纪录片或创意宣传广告等。

再次，开发动漫、手机游戏作品。手机游戏《王者荣耀》即是通过对经典历史英雄人物的角色刻画而走红，宁波汤团可以从中汲取经验，以"宁波小知"的IP形象与《王者荣耀》进行"文化联名"。

最后，推动宁波汤团文化进校园。中小学接入地方课程，进行传统文化教育，可开设以宁波民俗特色为主的传统美食体验课堂；高校（大中专院校）可进一步与学生的专业课程结合，探索与宁波汤团企业以及行业协会等合作共建工匠传承基地，鼓励学生围绕宁波汤团进行相关的产品设计，促进作品的传播，激发学生的文化创造力，从而为宁波汤团的发展培养创新型人才。

参考文献

1. 柴隆：《宁波老味道》，宁波出版社2016年版。
2. 宁波市老字号协会：《"活化"老字号 延续城市记忆》，《宁波通讯》2020年第7期。
3. 邵滋映、赵旻燕：《文化视角下宁波传统特色美食译介》，《宁波工程学院学报》2016年第1期。

十八、宁波港

宁波港位于长江三角洲南翼、东海之滨，自古以来就是中国对外贸易的重要港口。唐开元二十六年（738），明州港口正式开埠，与扬州港、广州港并称中国三大对外贸易港口；宋朝时又与广州港、泉州港同列为对外贸易的三大港口。2006年1月1日起，以宁波港为核心对宁波港、舟山港进行合并重组，启用"宁波舟山港"名称；2015年9月，宁波舟山港实现实质性一体化。2021年，宁波舟山港完成集装箱吞吐量3108万标准箱，是继上海港、新加坡港之后全球第三个3000万级集装箱大港。2021年9月，宁波舟山港问鼎"中国质量奖"，实现了浙江省中国质量奖零的突破，也是我国港口界首次获得中国质量奖。2022年，宁波舟山港完成货物吞吐量12.5亿吨，已连续14年位居全球第一；完成集装箱吞吐量3335万标箱，继续稳居全球第三。

宁波港是中国对外开放一类口岸，世界一流强港。目前，宁波舟山港是中国沿海主要港口和中国国家综合运输体系的重要枢纽，中国国内重要的铁矿石中转基地、原油转运基地、液体化工储运基地和华东地区重要的煤炭、粮食储运基地；是服务长江经济带、建设舟山江海联运服务中心的核心载体，浙江海洋经济发展示范区和舟山群岛新区建设的重要依托，是当地经济社会发展的重要支撑。

（一）宁波港核心文化基因解析

宁波舟山港肩负打造国内大循环战略支点、国内国际双循环战略枢纽的使

宁波港（周芒摄）

命，为浙江省高质量推进"两个先行"贡献了海港的硬核力量，而它在长期发展过程中也形成了"顽强拼搏，追求卓越"的宁波港精神。"以港兴市、以市促港"，宁波港的发展也为宁波加快建设现代化国际港口名城提供了坚实支撑。

1. 物质要素

（1）自然条件

宁波港地处我国大陆海岸线中部，南北和长江"T"形结构的交汇点上，地理位置适中，是中国大陆著名的深水良港。宁波港自然条件得天独厚，宁波港水域历来不冻，终年通航。宁波舟山港区域是我国港口资源最优秀和最丰富的地区，港域内近岸水深 10 米以上的深水岸线长约 333 千米，港口建设可用岸线约达 223 千米，可开发的深水岸线达 120 千米以上，具有广阔的开发建设前景。宁波港水深流顺风浪小。进港航道水深在 18.2 米以上，25 万吨、30 万吨船舶可候潮进出港。其中北仑港区北面有舟山群岛为天然屏障，在北仑港区建码头无须修建防浪堤，投资省、效益高，且深水岸线后方陆域宽阔，对发展港口堆存、仓储和滨海工业极为有利。

宁波舟山港内外辐射便捷，向外直接面向东亚及整个环太平洋地区。海上至香港、高雄、釜山、大阪、神户均在 1000 海里之内；向内不仅可连接沿海各港口，而且通过江海联运，可沟通长江、京杭大运河，直接覆盖整个华东地区及经济发达的长江流域，是中国沿海向北美洲、大洋洲和南美洲等地区港口远洋运输辐射的理想集散地。

（2）经济腹地

宁波港的直接经济腹地为宁波市和浙江省，间接腹地为长江中下游的湖北、湖南、江西、安徽、江苏、上海等省市的部分地区。经济腹地内自然条件优越，工农业生产发达，工业门类齐全，商品经济繁荣，尤其是长江三角洲地区城市群体密布，交通运输便捷，是全国经济最发达地区之一。传统的丝绸纺织、五金、食品和工艺品是主要外贸出口商品。钢铁、石化、水泥、木材、化工、机械以及电子、家用电器等种类繁多，行业发展很快。蓬勃发展的乡镇工业和民营企业是该地区工业生产的重要组成部分。经济腹地通过宁波港进出的主要货种有金属矿石、煤炭、石油、非金属矿石、水泥、木材、矿建材料、糖等，其中金属矿石、煤炭、石油占吞吐量的 88%。

（3）主要港区

宁波舟山港是中国大陆主要的集装箱、矿石、原油、液体化工中转储存基地，华东地区主要的煤炭、粮食等散杂货中转和储存基地。宁波舟山港共分19个港区，其中北仑、洋山、六横、衢山、穿山、金塘、大榭、岑港、梅山9个港区为主要港区，嵊泗、岱山、镇海、白泉、马岙5个港区为重要港区，定海、石浦、象山、甬江、沈家门5个港区为一般港区。现有生产泊位620多座，其中万吨级以上大型泊位近170座，5万吨级以上的大型、特大型深水泊位超过100座。在港航基础设施建设、港口集疏运体系建设、航运服务业高质量发展、港产城高质量融合发展、港口联动发展、全球战略性资源配置中心建设等方面都具有坚实的基础。良好的硬件设施为港口发展提供了基本保障。目前的宁波舟山港是中国超大型巨轮进出最多的港口，已与世界上200多个国家和地区的600多个港口实现通航。

（4）智慧港建设

宁波舟山港以提升公共服务能力和效率为核心，依托国家交通运输物流公共信息平台，推动港口信息数据联网和标准化建设，实现港口信息互联互通，提升港口信息化水平。建设"码头网上营业厅"和"物流服务交易厅"。推广运用北斗/GPS（全球定位系统）卫星导航、AIS（船舶自动识别系统）、雷达探测监控等技术，加强港口船舶智能化管理。完善港口EDI（电子数据交换）系统，运用RFID（无线射频识别）、光电识别与跟踪等技术，实现码头与监管部门视频资源共享，推进车辆、货物智能化管理。

宁波舟山港"四港"联动智慧物流云平台迭代升级，实现"一键订舱、一码约箱、一单报关、一站联运、一路可视"。数字化改革与智慧港口建设协同推进，形成"浙港通""浙港办"两个前端和五大综合应用体系，智慧党群、智慧工会、数智防疫2.0、电子招标平台等一批特色应用成功上线。"2＋1"智慧化码头有序推进，有两个码头实现全流程自动化运行，一个散货码头堆场堆取和码头装船实现自动化作业；"集卡人车数智赋码创新"获评2022年第一批中国（浙江）自由贸易试验区宁波片区最佳制度创新案例。

宁波舟山港积极推进绿色港、卫生港、安全港建设。在绿色港建设方面，加强绿色发展顶层设计，推进清洁能源技术应用，加强港口污染防控水平，沿海五类专业码头岸电覆盖率达90%以上。2022年，有两个港口获评中国港口

294

协会四星级绿色港口，一个港口获评"亚太绿色港口"。

（5）中国港口博物馆

位于北仑区梅山湾新城的中国港口博物馆，紧邻宁波港，是由国务院正式命名的我国规模最大的港口专题博物馆，也是宁波唯一的"国字号"博物馆。博物馆占地 78 亩，建筑面积 40987 平方米，由北仑区人民政府出资建设，2014 年 10 月建成开馆。博物馆以港口文化为主题，集展示、教育、收藏、科研、旅游、国际交流等功能于一体，是传承港口历史、挖掘港口文化的重要文化基地，更是 21 世纪海上丝绸之路的重要文化支点，体现了国际性、专业性、互动性，2020 年被批准为国家一级博物馆和国家 4A 级旅游景区。

作为我国港口界的标志性文化设施和港城宁波重要的文化名片，中国港口博物馆承载"港通天下"的文化内涵，为国内外研究中国港口历史、探求港口未来的学者提供学术交流平台，为参观者了解中国港口发展过程、掌握港口知识提供深入学习的环境，为广大青少年科学感知港口的发展、培育对港口的兴趣提供直观形象和互动氛围，为海洋文明、海丝文化的传播和提升提供全面展示和深度研究的空间。

2. 精神要素

（1）历史悠久的港口文化积淀

宁波港口历史悠久，具有丰厚的港口文化积淀，也是宁波经济和城市发展的重要见证。从古至今，港口的发展与国家战略、社会发展、民众需求密切相关，以港兴城是宁波城市发展的重要特征，港口的兴衰更替也是国家与社会发展情况的"晴雨表"。

早在 6000 年前，河姆渡原始居民就开始开发利用余姚江渡口进行航行活动。春秋战国时期，余姚江畔的句章已是海口要道。从唐朝建立明州起，这里迅速发展成为中国远洋和近海贸易的主要港口。唐长庆元年（821），朝廷将明州州治迁到三江口，并大力建设港口，对内疏通杭甬运河，对外开发到高丽（今朝鲜半岛）和日本以及南洋各地的航线，使明州港址在三江口长期稳定下来，发展成为著名外贸港口。

北宋政府为了加强对明州港的管理，在明州正式设置市舶司。同时，限定明州港为去日本、高丽的签证发舶的特定港口，全国各地去日本、高丽的船只，必须先到明州港办理手续，再发舶放洋。这标志着民间的港口贸易得到官

方的正式认可，明州港因此进一步繁荣起来，正式成为当时的国际贸易港口。

南宋政府为了解决财政困难，采用发展海外的策略，制定了对外开放的各种优惠政策和办法。在政策鼓励下，加上明州商人善于经商，明州的江厦码头，风樯林立，"南则闽广，东则倭人，北则高丽，商舶往来，物资丰衍"（《宝庆四明志》），呈现出空前的盛况。明州港因而成为当时全国四大港口之一。

元至元十三年（1276），元军占领明州城后，在宁波地区设置庆元路，明州港更名为庆元港。接着，设置庆元市舶司，着手进行庆元港的恢复发展工作。明清由于实行海禁政策，贸易重点转向国内，宁波港成为中国南北货转运枢纽。此后，港口随着时局变化、朝代兴替而起落。

1953年1月，成立了统一管理宁波港所有港务事宜的上海区港务局宁波分局。1954年4月，开始实施宁波港历史上第一次大规模的挖泥工程，于1955年完成疏浚航道的工作。1978年，镇海煤码头竣工，并于1983年5月通过国家鉴定，宁波港因此从河岸港转为河口港。1979年1月，宁波港务局归属交通部领导。同月，北仑矿石中转码头动工，并于1982年12月竣工，宁波港从此转为海港。此后的宁波港搭着改革的快车，进入新的发展时期，2000年以来更是进入高速发展期，迅速跻身世界一流强港。深厚的港口文化积淀也成为宁波港进一步发展的重要动力和潜力来源。

（2）顽强拼搏、追求卓越的宁波港精神

宁波港自改革开放以来，一直走在时代前列，对标世界一流强港，顽强拼搏，取得骄人的业绩，呈现出敢为人先的开拓精神。宁波舟山港以资产为纽带的实质性一体化的实现，标志着浙江省海洋港口一体化发展迈出了关键一步。

2020年3月29日，习近平总书记来到宁波舟山港穿山港区考察时，总书记强调："港口是基础性、枢纽性设施，是经济发展的重要支撑"，"要坚持一流标准，把港口建设好、管理好，努力打造世界一流强港，为国家发展作出更大贡献"。总书记的话既是对宁波舟山港取得的成绩，对顽强拼搏、追求卓越的宁波港精神的肯定，也指出了未来发展的方向。

3. 语言与符号要素

（1）书藏古今，港通天下

宁波作为一座港口城市，地处东南沿海，东有舟山群岛，北濒杭州湾，西接绍兴，南临三门湾，自古以来便是海上丝绸之路的始发港之一，而宁波港又把宁波和世界上 200 多个国家以及 600 多个港口紧紧相连，"书藏古今，港通天下"便是对宁波所处的优越地理位置的充分概括，而"港通天下"的落脚点就在宁波港。

（2）集装箱和码头作业装备形象

宁波港的集装箱和码头作业装备是宁波一道亮丽的风景线，可以看作宁波港的符号标识。这里集结了来自马士基、东方海外、地中海航运、中远海运集运、达飞轮船、赫伯罗特、海洋网联、长荣海运、现代商船、阳明海运、以星航运等世界著名船公司的集装箱；另外，专供集装箱装卸的码头拥有专门的装卸、运输设备，集运、贮存集装箱的宽阔堆场和集装箱货运站。码头前沿作业地带的岸桥、龙门吊、正面吊、跨运车、牵引车、集装箱叉车，以及不同规格、不同类型、不同色彩的集装箱，共同成为宁波港的形象标识。

4. 规范要素

宁波舟山港通过"四大体系"建设，形成具有自身特色的管理制度。一是合规管理体系。对标世界一流，建立"3＋2"合规管理体系，形成"1＋4＋3＋2"的合规管理标准认证集群，构建"治理完善、全面覆盖、有效运行、国际认证"的浙江海港合规管理建设新格局。二是质量管控体系。不断拓展质量管理模式内涵，持续推动质量管理模式落地应用，将"一核四共双循环"质量管理模式上升为港口行业国家标准。三是风险防控体系。严防安全防疫风险，加强化工区等重点领域整治，强化相关方安全管控和人机交叉作业治理；严防网络风险，加强信息安全统筹治理，强化第三方供应链安全管理，全面部署统一集中、管控融合的网络安全运营系统；严防法律风险，纵深推进"法治海港"建设，打造全面完备的法治工作制度体系和全员全程法律风险防控体系；严防金融风险，财务、债务风险；等等。四是综合监督体系。强化亏损企业风险预警，实现内部审计监督和责任追究工作全覆盖，与业务监督、纪检监察、党委巡察及外部监督贯通协调，形成综合监督合力。

（二）宁波港核心文化基因的提取与评价

浙江是中国改革开放先行地，宁波是浙江省改革开放的前沿，当年孙中山先生在建国方略中所描绘的"东方大港"的美丽画卷，在今天的宁波港已经真正成为壮丽的现实美景。宁波港是宁波打造国际港口名城的核心抓手之一，也是宁波"书藏古今，港通天下"城市形象主题口号中"港通天下"的重要落脚点。基于对相关资料的全面、深入分析，将宁波港核心文化基因主要提取为"顽强拼搏，追求卓越"。

1. 生命力评价

自古以来，宁波人以海为生、以渔为业，积淀了丰厚的海港文化资源。自唐朝以来，北仑地区陆续辟有新碶、穿山等渔港、商港和军港，是古代海上陶瓷之路的起点。改革开放之初，在包玉刚的力荐下，国家启动宁波北仑港建设，作为东南沿海对外开放大格局、大战略的前沿阵地。

就港口业绩来看，进入21世纪，宁波港飞速发展。2006年，宁波港入围世界集装箱"五佳港口"。2008年，宁波舟山港的货物吞吐量超过上海港，成为全国第一大港；外贸货物吞吐量排名稳居全国第二；集装箱吞吐量位列全国第三。2013年，宁波舟山港全年货物吞吐量达到8.09亿吨，超越上海港，位居世界第一。2014年，宁波舟山港实现货物总吞吐量8.73亿吨，牢牢占据货物总吞吐量世界第一大港的地位。2021年底，宁波舟山港成为继上海港、新加坡港之后，全球第三个3000万级集装箱大港。2022年，宁波舟山港货物吞吐量连续14年位居全球第一，集装箱吞吐量继续稳居全球第三。良好的业绩显示出宁波舟山港的硬核力量，也展示了它的强劲生命力。

2. 凝聚力评价

围绕锻造宁波舟山港的硬核力量，宁波市政府出台《锻造硬核力量 加快推进世界一流强港建设行动方案（2021—2025年）》，提出以强创新、增动能、提能级、扬优势、补短板为主攻方向，对标世界一流标准，不仅要努力把宁波舟山港打造成为支撑新发展格局的战略枢纽、服务国家战略的硬核力量、长三角世界级港口群核心港口之一，还要把宁波建设成为全球重要的港航物流中心、战略资源配置中心、具有鲜明特色的现代航运服务基地和"港产城文"深度融合发展先导区，为宁波加快建设现代化滨海大都市提供坚实支撑，真正实现"以港兴市"。

3. 影响力评价

港口的发展与所在城市以及辐射更广的区域腹地经济有着密切关系，宁波舟山港的发展也与宁波市乃至浙江省的经济发展有着紧密关联，港口物流发展与区域物流发展呈现出相互促进的发展格局。以海铁联运为例，2009 年 2 月，宁波舟山港开通宁波—义乌集装箱海铁联运"五定"班列。这是宁波舟山港海铁联运业务的一次历史性突破。此后，宁波舟山港开通了到杭州、丽水、衢州和温州等浙江各地的海铁联运班列。不仅如此，宁波舟山港还将海铁联运的范围扩大到了国内中部、西部地区甚至是欧洲国家。据统计，截至 2021 年底，宁波舟山港海铁联运业务范围涵盖江西、安徽、陕西和西藏等 16 个省份的 61 个城市，建设内陆无水港 31 个，进而延伸至中亚、北亚及东欧国家。

宁波舟山港具有全国性乃至世界性的影响力。作为全球唯一年货物吞吐量超 12 亿吨的"超级大港"，宁波舟山港是国家综合运输体系的重要枢纽，中国国内重要的铁矿石中转基地、原油转运基地、液体化工储运基地和华东地区重要的煤炭、粮食储运基地，同时还是全球重要港航物流枢纽、全球重要大宗商品储运基地、全球重要海事特色航运服务中心，其在港航物流中的影响力不言而喻。物资的流通也带来了文化的流通，宁波舟山港作为我国海洋港口发展的新标杆，通过港口还有效沟通了中外文化，在中国与世界的融合发展中发挥了重要作用，在文化交流中也有效体现出自身的影响力。

4. 发展力评价

宁波舟山港具有强劲的发展力。在现有基础上，按照浙江省和宁波市的"十四五"发展规划，以及浙江海港集团《"十四五"时期宁波舟山港建设世界一流强港规划纲要》，宁波舟山港未来将围绕全球重要港航物流枢纽、全球重要大宗商品储运基地、全球重要海事特色航运服务中心"三大目标定位"，打造适航能力、吞吐能力、储运能力、连通（链接）能力、智治能力"五大第一强港"，打造"一带一路"海上战略支点、大宗商品战略储运基地、千万标箱级集装箱港区集群、数字化改革与"数字海港"、"四港"联动发展样板、义乌港"第六港区"、全国海铁联运示范基地、国际海事服务基地、"碳达峰"港、一体化改革 2.0 版等"十大标志性成果"，把宁波舟山港建设成"一带一路"、长江经济带建设和长三角一体化发展国家战略的强大"硬核"和基于一流设施的现代港航物流枢纽标杆，基于一流技术的智慧、绿色、安全港口标杆，基于一流管理的治理体系和治理能力标杆，基于一流服务的航运服务和"港产城文"融合发展标杆，展现建设共同富裕示范区的"头雁"风采。宁波舟山港未来发展可期。

（三）宁波港核心文化基因的转化利用

1. "以港兴市、以市促港"，推进宁波现代化国际港口名城建设

港口的大开发、大建设，为提升宁波市在国家发展中的战略地位和建设现代化国际港口城市奠定了基础。宁波坚持"以港兴市、以市促港"，将港口与城市、产业、文化相融合，进一步发挥港口在城市中的作用，推进宁波的现代化国际港口城市建设。

现代化国际港口城市，是指经济社会发达，现代化水平和城市综合环境质量较高，具有优良的港口资源和较高利用水平，港口设施完善配套齐全，外向型经济和港口服务业发达并成为主要支柱产业的城市。目前，宁波舟山港港口资源优良，但是港口对宁波经济的综合贡献度还远远不够。因此，在宁波城市产业规划中需要着力发展高附加值、高技术含量、环境负担低的先进制造业，从而积极应对全球产业链的回迁，形成低端产业和高端产业互补的格局。同时，坚持"以港带产"，积极参与国内国际双循环，大力发展港航服务业。

首先，要推进临港先进制造业集群向高端化、数字化、智能化、绿色化转型。进一步优化临港产业空间布局，加强产业技术研究院、企业工程中心和技术中心等创新载体建设，提升临港先进制造业创新能力。大力发展绿色石化、新材料、新能源及新能源汽车、高端装备、节能环保产业等研发、制造，向产业链上下游、价值链高端环节延伸。推动临港石化产业集中连片发展，建设一体化油气全产业链，打造绿色石化、高端装备、新能源汽车等临港先进制造业集群。

其次，要做好国际航运产业大文章。新加坡的成功经验表明，港口不能只是货物运输港，一定要依托港口发展航运贸易及相关衍生产业，把港口对物流、资金流、信息流的辐射带动作用发挥到极致。宁波要加快发展综合性、多功能的航运贸易产业，做大大宗商品的期货和现货交易，聚集更多的贸易公司落户宁波，依靠航运贸易带动更多相关企业和机构汇聚宁波，从而带动城市服务业发展。

再次，优化"港产城文"空间布局。要按照功能上相对集中、有机融合，空间上相对独立、有序分离的要求，抓住新一轮国土空间规划契机，重塑临港区域"港产城文"空间格局，打造生产、生活、生态"三生融合"的现代化滨

海空间。推动港口岸线和产业岸线的集中高效使用，合理布局一定的生活岸线。拓展城市滨海生活空间，推动建设现代化滨海特色小城镇，打造"港产城文"融合发展示范区。谋划建设邮轮港口和游艇码头，推进海洋旅游产品开发，促进港口与文旅产业的深度融合。

最后，要统筹规划区域港口发展和集疏运体系。港口的发展机会不仅来自城市本身，更来自广阔的经济腹地，城市和腹地对港口货源的贡献越大，港口的集装箱吞吐、航班航线、船舶停靠量就越多，从而越能反哺城市经济。宁波应突破行政区划限制，高水平配置港口资源，建设功能完备、分工合理、错位发展、高效协同的港口群。在此基础上，构建发达的集疏运体系和海陆空综合交通体系，加强港口与城市、腹地的交通与经济合作，不断拓展港口的辐射范围。

2. 以港口为核心，建设东方大港景区

东方大港景区以"东方大港、海丝起点"为主题，目标是成为国际级东方大港旅游度假区的核心景点、国家 5A 级旅游景区和浙江省港口特色小镇。核心景区位于穿山半岛海岸线上，北面临海，西侧为集装箱四、五期码头，东侧为中宅煤炭码头，南侧为山体。该景区正北面朝大海，西北远眺大榭岛，南侧紧邻山体，山顶是视野广阔的风力发电场观景平台，再往南紧邻梅山保税港区的游艇基地。景区空间结构包括"一轴（生态长廊）、两基地、五驿站"，设"一览风云""烽火记忆""蝶恋花谷""花香云顶""伽蓝音画""乡村蜜蜜""青森浪漫"等景观。旅游产品将涵盖工业港口观光、海上观光之旅、滨海休闲度假、海鲜美食、邮轮母港等。

景区的主体项目由 3 个观景平台组成，分别为港湾观景平台、码头观景平台、滨海观景平台。港湾观光平台处打造悬空特色观港平台，游客置身于 300 米的挑空玻璃平台上，有置身云端的感觉。码头观景平台上设立高度大于 30 米的孙中山石像，成为地标景观。在滨海观景平台，以远洋广场为景区主要观海、亲海活动空间。在这里，市民可以凭台观海，可以近距离观看巨轮，可以乘船出海，可以嬉戏游乐，同时体验操作码头塔吊，还可以参观退役的军舰、潜艇，增加海防知识，激发爱国热情。

景区中部建设海上丝绸之路小镇和集装箱艺术展示街区，依托山林景观，沿山坡打造特色度假木屋群。在集装箱艺术展示街区，利用集装箱搭建室外艺

术装置及室内空间，定期举行当代艺术展、行为艺术展、国际设计展、时装发布会、品牌发布会、原创音乐节、创意文化讲座等。城市时尚休闲区将结合时尚潮流、国际知名品牌、主题咖啡屋、主题酒吧、文化书屋、创意餐厅等，丰富城市文化。

在景区南端，建设明州码头公园，展示宁波港悠久的港口文化。同时成为渡船集散地，开通去往舟山、象山的海上航线。为了连接观景平台和海上丝绸之路小镇，建设"时光隧道"，在"入口通道"与"出口通道"可使用VR技术和4D技术形象展示宁波港口文化、海洋文化的历程。

3. 开辟具有海港特色的旅游线路

开辟"一带一路"精品海丝游线路。可将博地影秀城与中国港口博物馆、北仑港、北仑发电厂等旅游景点串联起来，让外地游客了解宁波港口城市的内涵。

开辟"改革开放"研学路线。可串联"北仑开发开放展览馆—大港社区区域化党建创新实践基地—九峰山社区城乡融合创新实践基地—瑞岩社区'党建产业'创新实践基地—中国港口博物馆—长山清风馆"等与改革开放开发相关的系列景点，让游客在游玩的同时了解宁波尤其是北仑的改革开放历史，对中国改革开放政策有更深刻的认识。

参考文献

1.宁波市人民政府：《锻造硬核力量　加快推进世界一流强港建设行动方案（2021—2025年）》（甬政发〔2021〕50号），2021年12月2日。

2.《习近平在浙江考察时强调：统筹推进疫情防控和经济社会发展工作 奋力实现今年经济社会发展目标任务》，《人民日报》2020年4月2日。

3.肖隆平：《连续13年世界第一，为什么是宁波舟山港？》，《新京报》2022年2月23日。

4.俞永均：《"以港兴市、以市促港"的宁波探索："港产城文"融合之路怎么走？》，中国宁波网，http://news.cnnb.com.cn/system/2022/03/25/030340098.shtml，2022年3月25日。

十九、院士文化

宁波是"院士之乡",宁波籍院士总数位居全国首位。宁波籍院士以科学成就闻名于世,他们聚焦国家需要,面向科技发展前沿,在"顶天""立地"的科研追求中,回应国家发展之需,关心家乡宁波建设之需,解决现实生活中最重大、最紧迫的问题,又在点滴科研工作中传承学术脉络与文化精神,身体力行担负起科学家的使命和教育者的责任。122位宁波籍院士,虽研究方向不同、所处环境和经历各异,但他们身上所具有的科学家精神,有着惊人的相似之处。今天的宁波人,正与时俱进地传承着院士文化,弘扬着科学家精神,循迹着宁波院士基因,传承着科学之光。

(一)院士文化核心文化基因解析

宁波素有"人文渊薮"之称,历代名人辈出,仅在科技界,就活跃着众多杰出的宁波籍院士。早在1955年的首届学部委员(院士)评选中,章名涛、纪育沣、童第周、贝时璋、李庆逵、翁文灏等宁波籍学者就脱颖而出。2023年11月,两院院士增选结果揭晓,宁波籍两院院士的总数已达122位,仍位居全国首位。多年来,宁波籍院士为我国的社会主义现代化建设事业作出了巨大贡献,围绕宁波经济社会发展的重大攻关项目,组织开展了一系列具有战略性、前瞻性的决策咨询活动。宁波院士文化蕴含着深厚的精神内涵,烙下了深刻的历史记忆。这一具有地方特色的宁波院士文化现象引起了外界的极大关注。

宁波院士公园（孙鉴摄）

1.物质要素

（1）书香文化的土壤

古人说："立身以立学为先，立学以读书为本。"宁波，这个有着7000余年文明史的港城，素有"文教之邦"的美誉。从古至今，宁波人延续和发展了这种书香精神，尤其是到了当代，具有宁波特色的院士文化，是书香文化在现当代的璀璨结晶。我国著名心理学专家、北京师范大学资深教授林崇德（宁波象山人），在谈到家乡的教育时，曾说："宁波有两个显著标志，一是大企业家多，二是院士多。这基础在于宁波历来重视教育。"从林崇德教授的话语中不难看出，宁波走出的杰出代表中，不管是从事商业贸易，还是科学创造，其成长的源泉都来自教育。回望历史，从王安石在鄞县创办学府开始，官学教育与民间讲学就在宁波这片土地上兴盛。宁波历史上出现了许多文人学士，他们倡导教育，兴办府学，"乡饮酒礼"曾盛极一时。由此，宁波在积微成著中形成了教育风气，并由风气转化为外在形势，广泛影响着民间认知。风气一开，宁波这片古老的吴越之地，迎来了教育的觉醒。从"进士之乡"到"院士之乡"，宁波教育的根子是什么？就是中华优秀传统文化。宁波人对乡土有格外的归属感，对"根"的继承和亲和，是其对乡土文化的自信、认同而产生的"文化自觉"，这种文化自觉给宁波教育带来了不竭动力。千年文化的沉淀，蕴藏着巨大的教育能量，影响和引导着人们的行为和思维。建立在深厚文化基础上的宁波教育，总是充满着坚韧的力量，在守旧和创新间不断碰撞，积渐成变，循序渐进，不断产生新的教育理念和方式，促成了宁波教育现代化的形成。

（2）宁波院士公园

宁波院士公园位于高教园区内，总占地面积约62.8公顷，是为了表彰和纪念宁波籍院士的功绩而建设的。公园内乔木森森、绿草茵茵，一条清澈的小河蜿蜒流过。公园以"文化休闲"为主题，由北向南共建有文化休闲、运动休闲、科教休闲、生态休闲四大功能区块。其中文化休闲区位于鄞县大道和首南东路之间，主要围绕院士文化核心来展开，核心景点有流动台地、人工湿地池、89尊宁波籍两院院士的铜雕像，一座约150米长、配有110名院士简介的文化景墙等。园内植物配置呈现"春有花、夏有锦、秋有色、冬有颜"的特点，移步异景，四季不同，巧妙地将蓬勃的植被景观与奋进的院士精神融为一体，为市民提供了一个休闲、学习、娱乐的场所。

（3）院士工作站

宁波历来重视人才，惜才爱才，并通过一系列政策制度引才留才用才，从而培育良好的人才生态。2008年，中国科协在北京召开"院士专家企业工作站"工作研讨会，大会起草了中国科协《关于开展"院士专家企业工作站"试点工作的通知》，由此开启了我国院士工作站建设的新局面。宁波迅速作出反应，是年9月正式成立"宁波市院士服务和咨询中心"。该中心充分发挥中国科协系统的专家资源优势和组织优势，针对宁波市企业技术创新、管理和发展的需求，组织中国科学院、中国工程院及有关高校和科研院所的院士专家到宁波开展技术咨询、难题诊断、科技攻关等，为双方交流牵线搭桥。之后，宁波市院士工作站在不同区域、行业、领域涌现，并进入快速发展期。现如今，宁波倾力打造"一城三地"，锻造引才留才用才"硬核力"，进一步促进了院士工作站建设。

（4）宁波院士中心

宁波院士中心选在宁波师范学院旧址，位于历史悠久、风景秀美的东钱湖西畔陶公山南麓，背山面湖，视野开阔，毗邻陶公村、建设村、利民村三个历史文化名村，以"山·水·村""厅·廊·宅"为理念，将自然景观与人文艺术完美融合。宁波院士中心作为宁波"246"万千亿级产业集群发展战略的重要支撑、"创智钱湖"战略规划落地的首启项目，为院士科研创新及论坛交流提供服务。

宁波院士中心共有5个功能区。西楼独立安静，为设计研发楼，主要用于团队研发，组织院士成果展示、院士团队驻留工作、成果转化研发推介、相关核心团队联络挂牌等系统功能板块，可满足独立或多个院士团队的长期研发工作需求。东楼为学术综合楼，主要用于交流展示，包括院士会议中心、城市智慧中心、运维团队后勤办公、会务配套等功能模块，并预留直升机交通，可举行院士论坛、行业学术分论坛、区域型科研论坛、研发企业年会论坛、院士成果展示、智慧城市管理展示、室外大草坪庆典等多种类型及规格的学术交流活动。访客中心作为院士中心的对外窗口，提供钱湖访客驿站、重要活动发布、系列文化展示、院士风采活动、餐饮配套服务等功能。大师讲堂是院士中心与村落文化对话的特殊场所，设计了两层的开放式多功能厅，可举行院士大师对外讲座交流、对外开放庆典活动、村落会议集会等。架空廊桥和观景塔既是建筑群的连接纽带，也是院士休闲健身、游客观光、智慧城市互动体验的特殊场所，提供了一系列网红打卡点——塔顶茶室、环形连廊、挑檐观村、水中望湖等。

（5）月湖院士林

坐落于柳汀街、镇明路交界处的月湖景区院士林，有100余棵挺拔的银杏树。每棵树上系有一块名牌，上面是一位甬籍院士的名字及介绍其个人情况的二维码。院士林的由来，得追溯到20余年前。1999年9月，宁波首次举办"宁波籍院士故乡行"活动，共邀请到32位甬籍院士参加。活动结束之后，院士们到月湖公园，32位宁波籍两院院士和一群少先队员一起种下了32棵银杏，院士们不但将自己的名字留在了月湖边，也将自己对故土的一片情谊，深埋于月湖里。如今，原先的幼苗已经长大，银杏树枝繁叶茂。院士林的旁边还建有一个大的院士馆。馆内对每一位院士都有详细的介绍，陈列院士们的著作、论文，讲述院士们的主要贡献。

2. 精神要素

（1）胸怀祖国、服务人民的爱国精神

宁波籍院士对于祖国都有一颗赤子之心，他们勇担使命，主动服务国家战略，立足科技前沿，推动我国科技事业发展。郑哲敏院士曾说，"爱国的心情是科学研究的唯一动机"，国家需要什么就去做什么。中华人民共和国成立初期，为打破美、苏两国的敌对和封锁，郑哲敏院士受航天部门委托研究爆炸成形问题，用3年时间，造出了火箭的零部件，并开创了爆炸力学这一学科。李庆逵院士带领科研队伍在华南、云南地区考察，寻找适宜橡胶生长的林地，最终在北纬18°—24°地区内大面积成功种植橡胶树，打破西方长期的橡胶封锁。互联网普及之后，计算机技术受制于人的情况非常突出。为此，路甬祥院士团队研制成功中国第一款通用中央处理器"龙芯"一号，打破了中国无"芯"的历史。之后研发的"凤芯一号"，解决了国家数字媒体产业的巨大危机。周兴铭院士接受亿次巨型机的研制任务，于1983年成功研制中国第一台每秒运算速度达到1亿次的巨型计算机，打破了美国的技术封锁。随后"银河Ⅱ""银河Ⅲ"等巨型计算机相继研制成功，在国防、气象、海洋、生物医学等领域发挥了重要作用。翁文波院士受周恩来的委托从石油地球物理勘探研究转向天然地震、洪涝、干旱自然灾害预测预报研究。陈俊勇院士根据国家有关部门的部

署，主持珠峰高程计算和国家 GPS 网项目。余松烈院士为保证国家粮食安全，长期从事"冬小麦精播高产栽培技术"研究。"科技报国"是几代宁波籍院士奋斗的动力源泉，他们身体力行，尽展科学家的报国心。

宁波籍院士注重社会现实需求，服务人民。他们为政府在社会经济等领域提供方案或参考依据，发挥院士专家的"思想库"作用。他们为企业献计献策，以院士工作站等形式，在规划、投资和项目等重要决策过程中，提出合理化建议，帮助企业实现科学发展。他们重视研究成果，将之应用于节能、环保、资源再生利用、城镇化、智慧城市等方面。如陈子元院士将核科学技术与农学结合，创立核农学，后又将核农学与电子计算机、生物技术等高新技术手段相结合。周永茂院士将核能与医疗结合起来，开发医治肿瘤的中子照射器。陈亚珠院士将高电压与医学工程结合，成功研制液电式肾结石体外粉碎机及磁波刀和超波刀。陈勇院士提出了可再生能源不可再生性理论，促进了太阳能热发电技术的发展。他还针对废物的处理、垃圾燃烧处理等问题提出了解决思路和有效方案。

（2）勇攀高峰、敢为人先的创新精神

为使国家的科学事业得以长足发展并占据领先地位，宁波籍院士聚焦前沿领域中的关键问题，凭着勇攀高峰、敢为人先的创新精神，从不同的层面加以攻关。在创立理论与模型方面，郑哲敏院士提出的"爆炸成形的机理和模型律""流体弹塑性体模型和理论"，开辟了力学与工艺相结合的"工艺力学"新方向。陈俊亮院士建立的程控交换机诊断的基本理论及数字交换网络的理论模型与测试诊断算法，使我国的通信事业得到了飞速发展。路甬祥、张明杰、郑志明、陈建峰、翁文波、章梓雄、贝时璋等院士在各自的研究领域创立了理论与模型，在学科的发展中都具有里程碑意义。在技术与方法的创新方面，马余刚院士首次提出了用核的输运理论研究核反应总截面的新方法，首次实现了对反物质相互作用的测量，受到国际瞩目。王建宇院士提出了超光谱成像与激光遥感相结合的探测新方法，解决了多维遥感探测中信息同步获取难题。陈创天、侯凡凡、吴祖泽、陈中伟、童第周、袁渭康、陈勇、俞建勇等院士创新了技术和方法，攻克了前沿关键问题。在技术标准的制定与完善方面，陈子元院士完成了 29 种农药与 19 种农作物组合的 69 项农药安全使用标准（该标准通过 1979 年部级鉴定，由农业部颁布试行，1984 年被城乡建设环境保护部批准为国家标准，沿用至今），从而使我国农业生产中安全、合理使用农药有据可查，有准可依。陈中伟院士在断肢再植领域从工作能力、关节活动度、感觉恢复、肌力恢复情况等方面对术后肢体功能提出评价标准，在国际上被称为"陈氏标准"。朱英浩、毛用泽等院士以制定或完善技术标准的方式，提出解决关键问题的方案，也彰显了在这一领域的话语权。

（3）追求真理、严谨治学的求实精神

坚持真理需要巨大勇气，甚至会付出巨大代价。如宁波籍科学院院士谈家桢，作为杰出的遗传学家，他一生都在寻求真理，坚持真理。20世纪50年代，他在著名的青岛会议上勇敢批判李森科的伪科学观点，肯定摩尔根学派的积极作用，维护了科学的尊严；70年代，他更是不畏强权，抵制和披露了种种政治骗子和学术骗子。又如郑哲敏院士，他治学严谨，对科学精神有着深入思考。他体恤当下青年科研人员压力大，告诉青年"要沉下心来，要看得远一点，不要为一时的得失计较太多，要耐得住寂寞"；要避免大量缺少创新性的低水平重复研究、学术风气急功近利等问题。他强调科学文化的核心是科学精神，而科学精神的精髓在于追求真理、实事求是、理性质疑、实证以及对结论的普遍性、确定性要求，这是价值准则，也是行为规范。宁波籍院士的人格魅力，影响所及已不局限于专业与学科，对所有人都产生了积极影响。

（4）淡泊名利、潜心研究的奉献精神

宁波籍院士对科学事业都有一种虔诚的献身精神。黄量院士是一位药物化学家，其最突出的贡献是研制抗肿瘤药物。不管周围环境多么恶劣，她都坚持不懈地做实验，为了确定药效，她不惜以身试药，有时甚至会中毒呕吐。在不幸罹患癌症的时候，她仍然顽强工作，研制出的抗癌新药最终获得了国家科技进步奖一等奖。王阳元院士受命研发我国集成电路，在条件艰苦的研究基地，他的胃溃疡一次次复发，几乎在试验的每一阶段他的胃都要出血一次，有一次他甚至晕倒在研究室外面的走廊里。就是这种拼命精神，助推中国进入能自行开发大型集成电路计算机辅助设计系统的先进行列。俞梦孙院士为了解决战斗机飞行员安全弹出的难题，设计了计算弹射的生理极限的人体模型，在验证模型是否可靠时，他用自己的身体做试验，经历了腾空、爆炸和强烈的冲击波，他清醒过来后首先关注的是实测生理数据和他用模型计算的数据是否一致……宁波籍院士这种忘我的奉献精神给整个团队带来了巨大的精神感召力，使团队攻克难题的决心更加坚定。

（5）集智攻关、团结协作的协同精神

科技创新是无法靠单打独斗来完成的，大的研究项目都需要团队集体攻关，重大科技成果的获取都需要依靠团队集体的智慧。宁波籍院士，作为具有影响力的学科带头人，一向注重团队建设，并且在带领团队一起攻克难关的过程中，不仅凝聚团队的智慧与力量，取得了创新性成果，还使一批批新人成长起来。他们或创建实验室，带领团队进行前沿性研究，或以院士工作站为平台，在产学研深度融合中，开辟科研的新天地。如颜鸣皋院士组建中国第一个钛合金实验室，带领团队成功炼出了中国第一个重3千克的钛合金锭。同时，在实践中培养出中国第一批技术素质较高的钛合金研究人员。翁史烈院士组织建立了我国首批热力涡轮机博士点和重点学科，并为建设气动力学实验室、仿真实验室、博士后流动站和培养一支高水平的热力涡轮机学科梯队作出了重要贡献。朱英浩院士工作站进驻象山天安特种变压器有限公司，与企业技术团队携手研发重大关键技术，推进了企业产品技术改造，也使企业的技术队伍迅速成长起来，取得了多项新产品开发成果及专利。他们与院士工作站共同参与了某类产品国家标准的制定，在变压器和新能源产品制造领域取得了更多的话语权。

（6）甘为人梯、奖掖后学的育人精神

科学之所以不断发展、不断进步，是因为有一代又一代的科学家甘为人梯，推动一代又一代的科学家脱颖而出。宁波籍院士在团队建设上为科学界树立了一个具有高识别度的学科品牌——"余梦伦班组"。"余梦伦班组"是我国第一个以院士名字命名的高科技创新型研究团队，它在科学管理、人才培养、技术创新等方面总结和积累了一系列成功经验和工作方法。其中，"余梦伦班组育人法"又称"三段助推"育人法：第一阶段是"加添燃料，助推起飞"，通过"专业小贴士""设计指导体系"等，帮助新人实现多学科知识的融会贯通；第二阶段是"导引航向，带领绕飞"，通过"以老带新"制度、专家论坛等方式，带领新人员沿着正确的航向，边学习边工作；第三阶段是"承担重任，鼓励领飞"，新人通过参加靶场发射任务接受磨炼、参与国际交流追踪学术前沿、设计新型号弹道制导方案等，不断在实践中摸索，逐步成为本行业的专家和技术带头人。通过以上三个阶段的培养，青年一代科技工作者迅速成长起来。

（二）院士文化核心文化基因的提取与评价

院士文化是在宁波这片沃土上孕育形成的，带着宁波这座城市的先天基因。基于对相关资料的全面、深入分析，将院士文化核心文化基因主要提取为宁波籍院士的科学家精神。

1. 生命力评价

四明儒雅，源远流长。上溯历史，宁波自古就有浓郁的兴学之风，"书香文化"已经注入宁波人的灵魂。千年文化的沉淀，积蓄了巨大的教育能量，形成了培养院士的优质土壤，影响和引导着人们的行为和思想。一批批院士在各自领域发光发热，并掀起"传帮带"之风气。在宁波这座城市，宁波籍院士的科学家精神，正薪火相传，生生不息。宁波将续写更为辉煌的科技篇章。

2. 凝聚力评价

宁波籍院士为家乡办了很多实事，为宁波经济社会的发展作出了巨大的贡献。2020年10月，在"宁波帮·帮宁波"发展大会期间，胡思得院士不顾自身腿脚不便，坚持回到家乡，与宁波中物激光与光电技术研究所签约建立工作站。同时，他还推荐杜祥琬、范国滨两位院士担任技术顾问。石钟慈院士非常关心家乡的教育发展，2000年9月成为浙江万里学院特聘教授，2005年9月受聘出任浙江万里学院第三任校长。戚正武、陈肇元、俞建勇、徐志磊、陈亚珠等院士分别与企业共建院士工作站，帮助企业完成技术攻关。这种互助的循环，将散落在全国各地的宁波籍院士联系在一起，体现出了强大的凝聚力。

3. 影响力评价

作为特定学科领军人物的宁波籍院士，大多在高校及研究院所这两类学术高地工作。他们带领学术团队在各个学科的前沿地带钻研，其高端的科技成果奠定了学科的优势地位，其前瞻性思维引领了学科的发展方向；他们开展学科建设的思路、策略与方法，对不同学科都具有启示意义；他们的治学品格与精神品格，值得每个人学习。

4. 发展力评价

2022年，宁波市科协以"中国科协科学家精神宁波研究基地"建设为契机，统筹全市科学家精神载体平台，更加广泛深入地开展科学家精神宣传，营造崇尚传承科学家精神的浓厚氛围。同时，宁波市科协围绕科学家精神建设，推出了"六个一"工程，即做好继"一封信"活动后的多形式院士文化建设活动，打造一个院士进校园品牌活动，出版一本院士口述史，编制一组甬籍院士科普剧，编撰一套《宁波籍院士文献资料目录汇编续编（2015—2020）》，绘制一张集各类院士元素的智慧导览图。通过打造具有宁波辨识度的院士文化品牌，大力弘扬科学家精神，为科技创新后备人才培养提供良好生态，开创现代化滨海大都市建设新局面。

（三）院士文化核心文化基因的转化利用

宁波拥有120位两院院士，这是非常宝贵的文化资源，也是不可替代的文化品牌。宁波要保护、整合和转化利用好这些文化资源，使之更好地为宁波经济建设和社会建设服务。

1. 构建宁波籍院士数字档案馆

院士名人档案是科学家科学成就、学术思想和精神品质的承载。构建宁波籍院士数字档案馆，除以数字化的形式收录宁波籍院士的科学成就、学习和工作经历、学术活动、社会活动等各类有保存利用价值的文字、图表、声像材料和实物外，还应进一步优化宁波籍院士数字档案社会化服务，并加强数字档案的智慧化能力建设。从服务层面转型升级，更好地满足显性需求，更多地挖掘隐性需求，更广地传播宁波院士文化，进一步发挥数字档案的价值。例如，整合并构建高效检索的数据库平台，实现地方优秀文化资源共享；推出宁波籍院士成就展，通过整体的设计，全面展出院士的手稿、图纸、老照片、书画、出版物、模型及视频等资料和作品，展示他们的学术思想体系的形成过程，展现他们在严谨治学、传道授业、守正创新、学术大成、科学家精神等方面的杰出成就以及服务社会、弘扬文化等方面的突出贡献，进而向大众呈现宁波籍院士的风采、思想和精神，树立科学创新的榜样，弘扬科学家精神，传播文化教育的正能量。

2. 建立宁波籍院士风采馆

建立宁波籍院士风采馆，以展示两院院士的不同风采。通过"物化"展示和"活化"形式，讲述院士故事，彰显榜样力量。整合所有宁波籍院士的场景资源，如院士公园、月湖院士林、院士工作站、院士中心等，以点成线，以线成面，整体打造院士风采体验线路，开发研学旅游产品，推出特色品牌门类的研学课程。同时，汇集研究宁波籍院士的专家、学者，编写宁波籍院士系列传记以及讲述院士爱国爱乡事迹的乡土教材等，这些教材可列入中小学、各大高校的推荐书目。

3. 打造宁波"院士小镇"

宁波院士中心位于历史悠久、风景秀美的东钱湖畔，毗邻陶公村、建设村、利民村三个历史文化名村。宁波可以基于一中心、三个文化村，整体规划，打造"院士小镇"。以"建家引智"方式，为来宁波的海内外院士专家等高层次人才搭建创新服务平台，打造区域发展的"智囊团"；打造院士—青年传帮带的高层次信息交换平台，以及"聚"院士名家、"集"聪明才智的大智库。同时，进一步升级乡村旅游产业，重塑山、水、村、校整体聚落空间，并与历史名村、陶公岛景区形成区域联动运营，实现功能互补、设施共享。依托宁波院士集群打造产业智慧高地和创新高地，助力乡村振兴，将院士"才富"变为发展"财富"。未来，可将宁波"院士小镇"打造成集休闲康养、成果展示、科创孵化、路演洽谈、信息汇聚、共享平台六大功能于一体的院士乡居地、智造策源地和科创样板地。

参考文献

1.黄少杰、江定、仝永涛等：《宁波市院士资源引进及作用发挥的现状分析与对策建议》，《宁波经济（三江论坛）》2020 年第 7 期。

2.黄兴力：《宁波帮与近现代中国教育业》，宁波出版社 2021 年版。

3.毛思洁：《院士为何而来——一个月里，宁波引进两名全职院士》，《宁波通讯》2018 年第 3 期。

4.王可欣、牛力：《面向"十四五"的新一代数字档案馆建设路径及趋势分析》，《档案管理》2022 年第 4 期。

5.王湘蓉：《办四通八达的教育——宁波市教育现代化实践综述》，《教育家》2021 年第 9 期。

6.隗静秋、徐光华、董强：《甬籍院士品牌整合传播策略初探》，《浙江万里学院学报》2014 年第 2 期。

7.余硕琦、张黎哲：《人文书香　风光旖旎——宁波院士公园》，《浙江园林》2017 年第 4 期。

8.周兴华：《〈宁波籍院士文献目录汇编〉编制思路与信息价值》，《浙江万里学院学报》2018 年第 6 期。

9.邹子敬、赖君恒：《改造·再造·再生——乡村聚落里的宁波院士中心》，《建筑学报》2022 年第 1 期。

淳熙四君子

史氏故里宝奎巷

（海曙区文化和广电旅游体育局供图）

二十、宋韵文化

宋代上承汉唐、下启明清，是中国古代文明最为辉煌的时期。兴于北宋、盛于南宋，绵延300多年的宋代文化，把中华文明又一次推向前所未有的高度，不仅对延续千年的华夏文明产生了极为深刻的影响，也为人类文明进步作出了不可磨灭的贡献。宋代是浙江历史文化的高峰，浙江更是宋韵文化的重要地理坐标。宁波是宋代东南地区发展的典型，宋代四明学派、南宋石刻公园、月湖与东钱湖、越窑青瓷、王安石治鄞、王应麟《三字经》、阿育王与天童寺、大运河（宁波段）、海上丝绸之路起航地等等，均有着鲜明的宋韵文化印记。2021年，浙江省委提出实施"宋韵文化传世工程"，给宁波准确把握宋韵文化精髓、大力推进宋韵文化创新性发展带来了机遇和挑战。

（一）宋韵文化核心文化基因解析

1. 物质要素

（1）大运河（宁波段）

"脉络城市，贯通江海"的大运河（宁波段）繁荣于两宋时期。大运河属于宁波三江六塘河的重要组成部分。宋时，宁波以王安石、吴潜为代表的贤牧本着"因势利导，顺势而为"的理念，力主兴修农田水利，治理江河湖泊，疏凿陂塘沟河，形成了以州治为中心，以三江六塘河为主干，以桥埠津渡堰坝为节点，既可"安田舍，殖百货，兴民利"，又可"通江海，利樯楫，便民生"的运河水系，其成为古代宁波强劲的发展动力和坚厚的固本基础。大运河（宁波段）是滋养灌溉、禾稼茂秀的基础，也是舟楫往来、物货流通的基础；是甬上百姓安家立业、衣食丰足的源泉，也是仕商行旅北去南来、纵横四海的通衢。运河水流经之处，物产殷盛，财货殖聚，人文蔚然，四时有观。大运河（宁波段）是国家东南沿海挽运钱粮、衣食京师的要道，以及海外诸国放舟万里、互市交流的要道。

（2）明州古城海上丝绸之路遗址

宁波是海上丝绸之路重要起碇港。明州古城始建于唐，臻善于宋。宁波城市考古已发掘了宋代明州古城防御、水利、交通、航运等基础设施遗址以及祠庙、府衙、仓储等公共建筑遗迹，如市舶司遗址（来安亭）、波斯巷遗址、天封塔、鼓楼、东渡门遗址、渔浦门码头遗址等。这些遗址、遗迹见证着宋代宁波的物阜民安、繁华富贵，也彰显着宁波作为东南军事重镇、要港强郡的地位。北宋时，明州一度成为古代中国与朝鲜半岛、日本列岛等地经济文化交流的指定港口。经由明州御舟行路，通达五湖四海的贡使、宾客、僧侣不计其数，经由明州运输珠贝珍异等外国之物和瓷石席茶书画等土货特产的船舶亦不计其数。尤其在佛教传播上，更是频繁广泛。宋时的明州，以其"拓三江之险，融海环之势"的独特格局，稳固地支撑起了运济天下的"河运"和"海运"，成就了宁波在古代中国政治、经济、文化、外交上的地位和贡献，也成就了宁波在构建古代东亚、东南亚文化交流圈和完整的海洋交流体系中的地位和影响，成为共建并记载海上丝绸之路历史的"活化石"。

（3）月湖与月湖史迹

月湖相关宋代遗迹包括月湖十洲、高丽史馆、宝奎巷史氏故里、水则碑等。因水则碑等设施的建立，宁波的水利系统得到进一步完善。古代州级城市公共园林的建设始于北宋天禧年间（1017—1021）。经李夷庚、钱公辅、刘淑、刘珵等几代人的苦心经营，月湖成为城内最佳的"游观之所""行乐之处"，也是宁波城市的文化中心。"一门三宰相，四世两封王，五尚书，七十二进士"的史氏家族全盛时期，主要居住于月湖区域，这些宅第成为宁波高官显宦集团形成的具体写照，也是宁波大城气象的体现。

（4）保国寺、东钱湖石刻与越窑青瓷

保国寺是目前江南地区保存最为完整、历史信息最为丰富的宋代木构建筑遗产之一，其营造理念、用材规制、木作技术、装饰做法等皆与宋代建筑法典

《营造法式》相印照，是展现宋代宁波营造实力和印证宋代宁波城市奇观胜景、华楼巨构不胜枚举的"活化石"。

东钱湖石刻是国内现存数量最多、规模最大、雕刻最精的南宋神道石刻遗存。以鄞西梅园石为主材，构思精巧，技艺精湛，形象逼真，展现了宋代宁波工匠"精致于形，卓越于心"的高深造诣，是研究宁波雕刻艺术发展历程及其影响力的弥足珍贵的文化精品。

慈溪上林湖窑场和东钱湖窑场是古代中国最重要的两个青瓷烧造中心。其生产规模大，技术传播广，产品种类多，代表了汉至宋最好的青瓷生产技艺和艺术形式。其所产瓷器，纹饰细腻精美、釉色莹润端庄、造型亮丽多变，不仅供朝廷和民间使用，还通过海上丝绸之路出口至亚洲其他国家及非洲、欧洲，深刻地影响了当地民众的生活方式以及瓷器工业的兴起与发展，是古代宁波向世界贡献的最具魅力的东方元素和最富有辨识度的东方创造。

（5）天童寺与阿育王寺

浙江一直是佛教中心，名刹众多，高僧云集，宗派活跃，思想荟萃。作为浙东重镇，四明又是浙江佛教的中心地区之一。南宋嘉定年间（1208—1224），宰相史弥远奏请宁宗建立江南禅寺"五山十刹"等级制度，天童寺、阿育王寺被列入"天下禅宗五山"，雪窦寺为"十刹"之一。尤其是天童寺，名僧接踵，大德辈出，影响广远，是文人墨客、达官显贵、善男信女以及海内外僧人参禅、学法、修身的圣地。天童寺被日本曹洞宗尊为祖庭。阿育王寺因珍藏释迦文佛真身舍利与舍利塔而地位显尊，名播天下。凡乘风前来学道修行者，无不在禅宗寺院品茶问禅，以书写禅，悟物、悟道、悟理、悟悦，于茶墨清香中得世间万千气象。

（6）宋代名人墓群

宋代教育的兴起，科举的兴盛，带动了地域望族的出现，成为转型时期的亮丽风景。在北宋中期以后，宁波陆续出现了楼氏、汪氏、史氏、袁氏、舒氏、丰氏、郑氏等重要的新兴士人家族。两宋之际，宁波的科举名录里又有新的成员加入，丰富了区域的文化内涵，扩展了四明社会的人际网络。一般认为，宋代宁波的四大家族为楼氏、史氏、丰氏、郑氏。以丰稷为首的丰氏，是宋代宁波"四大家族"中最重名德、最具气节的家族，其后世子孙中尽忠职守、以死守志者辈出。以史浩为首的史氏，既有非凡的政治才能，又有鲜明的文化才学，积学深厚，文脉绵延，是宁波历史上最为著名的仕宦大族兼书香世家。这些家族既亲身"以儒学师表乡曲"，以经典教育子弟，"学行笃美""传学彬彬"，促成四明儒学蔚然成风；又不遗余力聘请社会名流、文坛硕儒教育乡邑子弟，"努力学问"，"通知国家源流"，践行传道济民、经世治国之志向。同时，甬上文化家族立身高洁，谦恭谨厚，以德义表率四邻，以和敬规劝乡族，举办义庄、义学，行乡饮酒礼等，"薰其民而化之为善"，以此涵养学风蔚然、人文荟萃、风物澄清的城市氛围。与这些家族相关的典型遗产，有以史浩墓为代表的史氏墓、以楼郁墓为代表的楼氏墓，还有郑清之墓、袁韶墓、王应麟墓等。

2. 精神要素

（1）开放包容，胸怀世界

工商皆本、四业同举的经济观念和产业结构使宁波在宋代立于中国经济发展的潮头。宋真宗咸平二年（999），明州市舶司设立，管理明州港进出的海外贸易。明州的市舶司最初设在定海县，不久移到了三江口的州城之内，同时还专门设置了用于海外贸易货物进出的市舶务门。随着对外经济文化交流日盛，那种汇合中西文化的胸襟、融糅儒佛哲理的气魄，形成了宋代宁波独特绚丽的文化景观。崇尚公平、工商皆本的社会机制，使"朱文公之学盛行天下而不行于四明，陆象山之学行于四明而不行于天下"，使主张"人皆尧舜"的心学在月湖得到阐扬。月湖周边寺院林立，天台宗中兴，禅宗鼎盛，弥勒、观音信俗进一步中国化。月湖成为孕育多元思想、培植东亚命运共同体意识的文化场域，折射着"海洋宋韵"开放包容的气象，是东亚诸国向往的文化高地。宁波逐渐建构起与国际城市发展同步的社会文化流通模式与制度创新机制。

（2）崇文重教，立意高远

宋人姚勉说："四明，文物邦也。"据《延祐四明志》统计，北宋时期四明进士共有124人，南宋时进士人数激增至776人。南宋时期，宁波共有状元5个，占宁波历史状元总数的一半，分别是甬上第一状元张孝祥，以及姚颖、傅行简、袁甫、方山京。宋代宁波以"东南邹鲁""文献之邦"盛称于世。"庆历五先生"——杨适、杜醇、楼郁、王致、王说，讲学授徒，开千年学风。"淳熙四先生"——杨简、袁燮、舒璘、沈焕，立派传道，领时代风骚。汪洙的《神童诗》、王应麟的《三字经》作为儿童启蒙读物影响中国700余年，其功

宁波市卷

昭然天下。值得一提的是，自淳熙至宋末元初，为四明文化的高峰期，理学、史学、文学、书学、教育等领域均有杰出人士主盟其间，杨简、吴文英、张即之、黄震等，在各个领域的文化成就均居于全国前列，甚至不乏开创性的贡献，推出了大量文化精品，宁波遂由原来的文化边缘区一跃而成为全国文化的一个中心区，"诗意书香"滋养出美好的人文城市。

（3）融汇创新，锐意进取

宋庆历七年（1047），27岁的王安石从扬州淮南节度判官任上，主动放弃"馆职京城"的机会，远赴鄞县任知县，成为鄞县建县以来最年轻的县官。此后近4年间，他勤政爱民，革故鼎新，修水利、放青苗、严保伍、兴学校等一系列施政举措取得了巨大成功，为宁波社会文化发展奠定了基础，也成为他推动变法的重要参考。又如吴潜，"加惠庠序，笃意教养。立永丰仓，开惠民药局"，在两度任职宁波期间，共主持治理了46条河道，修建了6条堤坝、6处水闸，工程数量和规模历代无人能及。

（4）以民为本，雅俗兼备

历史是由民众推动的。随着江南社会生产力、文化教育的发展，宋代平民把自身塑造成能推动历史发展的一种力量。宁波的士农工商不断吸收、消化、借鉴、融合其他异质文化，创造出辉灿烂的宋代文化。狭义的"宋韵文化"，是品茗、插花、焚香、挂画等"四般雅事"，多是文人的事，但宋版书、宋瓷、园林设计等诸多在宋代达到顶峰的艺术门类，与工匠的创造密切相关。以青瓷、茶叶、丝绸、佛画、石刻为代表的四明民营产业，不仅创造了繁荣的市场，也深刻影响了对外文化交流。

（二）宋韵文化核心文化基因的提取与评价

宁波宋韵文化遗产丰富，其核心文化基因表现于变革图强的社会治理、兼容并包的学术创新、面向海洋的商业贸易、面向东亚的文化交流等层面。从某种意义上说，宁波作为东亚文化之都的地位，主要是宋代确立的，"书藏古今，港通天下"的城市气度是宋代形成的，泽被当今。

1. 生命力评价

钱穆先生曾言："论中国古今社会之变，最要在宋代。"宋韵文化有着深厚的历史积淀和强大的生命力，传承宋韵文化实际上就意味着传承和发扬中国最精华、最优秀的文化遗产。满载历史记忆的浙东运河航道尚存，饱满酣畅，气韵充盈，并且依然航船辐辏、效益显著，这在全国运河水系中并不多见。我国文物界已故老前辈罗哲文先生有诗曰："千古浙东大运河，至今千里泛清波。江南鱼米之乡地，众口同称赖此河。"宁波宋代对外贸易、文化交流繁荣，发挥出宁波拥江揽湖滨海的地理优势，深刻影响并塑造了宁波的商贸传统和海洋文化。"庆历五先生"、四明学派的教育和学术活动开启四明儒学文明的新风，对浙东学术后来的发展有奠基之功。以王安石、吴潜为代表的宋代贤臣，体恤民情，勇于尝试，共同创造了生机勃勃的人文新风，使平民城市骤然崛起。

2. 凝聚力评价

宁波文化的兴盛始于宋代，人口素养得到全面提升。宋代的科举制度与精英化的社会阶层构成，使得出身于平民阶层的士大夫成为在政治、文学、艺术等多个领域的复合主体。士大夫以民为本，积极作为，宋代宁波活跃着数以千计的精英人物。他们的观念、态度、行为方式和价值取向，孕育、形成和发展了渊源有自的宋学文化传统和与时俱进的文化精神。所谓"圣门实学，贵在履践"，以积极昂扬的入世型文化、经世致用的"浙学"思想为重心的核心价值观，为社会广泛认同，带动了社会的全面进步，共同造就了中国历史文化场合中具有高度的宋代文明，也参与构成中华民族爱国精神的脊梁。而对宁波来说，四明士族关怀乡土、关心教育、提振文化的胸怀，体现了四明士族彼此凝聚、互相扶持、前后相续的力量。他们所举办的乡饮酒礼等，不仅凝聚了地方意识，也是具有标志性意义的社会文化活动。

3. 影响力评价

宋韵文化的平民化和世俗化对当代社会有着重要的影响，对于宁波商业文化的兴盛也起着"原始范本"的作用。兴旺的草市交易，广泛的城乡互动，深入的内外协调，商业文化的兴起带动了地域的整体发展。《清明上河图》所描绘的景象不只是开封的，也是宁波的，只是这一"上河"是"潮汐江"三江与运河。宋代造纸术的进步使书籍印刷成本降低，民间开始出现很多私人印书作坊，当时各行各业的百姓都以读书人为最高。宋代宁波发达的航海技术，推动了东亚海域内频繁的人员往来与文化交流，使宁波成为宋代以来东亚经贸文化交流的枢纽地，影响到达东南亚、波斯湾等地。宁波在北宋元丰年间（1078—1085）还成为宋廷与高丽唯一的官方指定口岸。茶道、宁波佛画、瓷器等文化和物品的交流，推动了江南的生活方式在东亚地区的传播。宋代，宁波佛教与日本佛教的交往到达了鼎盛时期。天童禅寺和阿育王寺便成为入宋日僧最先熟悉和最早住过的禅院。据《天童寺志》等记载，两宋期间，来鄞县参禅求法的日僧共计 22 批次，鄞县僧人应邀赴日弘法共计 8 批次，两地佛教交流极为频繁。

4. 发展力评价

宋代宁波在城市发展、书法绘画、科技发明、航海技术等诸多领域，不仅较之前朝有显著发展，而且有很多方面在当时处于世界领先地位。宋人排除万难、自强创新的社会风尚，在全社会积聚起自强不息、奋力创新的精神力量。宁波要深入推进宁波宋韵文化建设，深挖王安石变法、海丝文化、蒙学文化、佛教文化、南宋石刻文化等内涵，谋划推进辨识度高的宋韵文化平台，全面融入新时代文化高地建设，推动文化引领、产业引导、数字赋能、创意赋值，让千年宋韵在宁波活化起来、流动起来、精彩起来。同时，宋韵文化表现为开放包容、胸怀世界，于各种形式的中外交流中传播中华文明。面对国内国际两个大局，中国亟须提升国际传播能力，增强国际社会对中国的认同。可以以宋韵文化为象征系统，重新唤起中国与东亚其他国家、阿拉伯国家以及阿拉伯、非洲东海岸国家的共同文化记忆，深化自古以来业已存在的跨国文化交流。宋韵文化是讲好浙江故事、展现浙江形象的重要窗口，是解读中华文明、增强文化自信的重要载体。

（三）宋韵文化核心文化基因的转化利用

宁波宋韵文化根脉深远、特征明显、价值突出，充分展示了宋代宁波的创造与发展、气质与风尚。要使宋韵在宁波绵延传承，蔚然成风，则应让宁波宋韵文化以一种更明确的定位与方式融入现代生活，推进"港产城文"的深度融合，助力构建以文化力量推动社会全面进步的新格局，踏实走好宁波宋韵文化助力"全域文化繁荣，全民精神富有"的转化利用和实践创新之路。

1. 加强宋韵文化学术研究与资源库建设

加强宋韵文化的基础研究与学术研究，深入阐释宁波宋韵文化的历史渊源、发展脉络、基本走向。重点加强对王安石治鄞、王应麟和《三字经》、两宋名相、海丝文化等具有宁波辨识度的宋韵文化名片研究，阐释宁波"海洋宋韵"特征，准确把握其文化精髓、历史意义和时代价值。建议市县两级社科院或者高教园区相关高校围绕"宋韵文化研究工程"组织系列论坛，出版宋韵文化研究系列著作，如"南宋望族""宋代海洋文化""宋代医药""南宋佛画""吴文英诗词""王应麟蒙学""南宋地方志"等。宋代宁波有数量巨大的进士群体，不少人能够进入中华文化史，要用好这些名人资源，组织出版《宁波宋代名贤文库》。

深入开展宁波宋韵文化遗产资源调查研究工作。以文化价值、濒危程度和可利用可传播度为衡量，以复原重建、线上展览、远程旅游、虚拟现实、数智管理为要求，做好宁波宋韵遗产数字化工作，建立"甬上宋韵遗产保护传承数据库"。在此基础上，推进遗产可塑性和应用性研究，从摄影、绘画、设计、动漫、影视、传媒、文学等方面出发，深化价值研究、内涵阐述、特色归类、亮点提炼，做好宋韵文化再创造素材的积累与共享，开辟"甬上宋韵文化遗产再创作专题数据库"。加快收集宋代宁波籍作者及相关的著作文献，以及乡规民约、家风家训、家谱族约等资料，对现存的善本古籍和普通古籍等实施全彩影像数字化工作，开辟"甬上两宋史料专题资源库"。以此为资源，开展宁波宋韵之"史""道""艺""学""物""礼""俗""景"等研究，出版"甬上宋韵文化系列丛书"，为准确展示甬上宋韵的文明深度、历史厚度和当代价值奠定基础。

2. 推进"两城两带三湖"宋韵文化廊道建设

在全省"宋韵文化传世工程"框架中，优化、整合具有宁波辨识度、助推当代社会发展的甬上宋韵文化元素，高水平打造宁波"宋韵文化传承展示中心"。做好宁波宋韵"两城"（唐宋明州古城、慈溪古县城）、"两带"（大运河、海上丝绸之路）、"三湖"（月湖、慈湖、东钱湖）文化廊道的统筹谋划和整体推进。结合宁波实际，滚动谋划实施一批重大文化设施、文化产业项目，推动优秀传统文化创造性转化、创新性发展，不断厚植宁波历史文化名城的底蕴，为建设新时代文化高地提供有力支撑。

明州（庆元）古城遗址区块，以月湖"十洲"、望京门遗址、和义门瓮城遗址、鼓楼、水则碑、天宁寺遗址、天封塔地宫及塔基、高丽使馆遗址、三江口码头遗址等为重点，以虚实结合的方式打造宁波宋韵地标系统，全面展示深沉厚重的宋韵遗迹，领略带江汇海的港城风姿。加快建设大运河（宁波段）国家文化公园和诗路文化带，绘就"千年古韵、江南丝路、通达江海、运济天下"的文化图景。以慈江、姚江、六塘河、三江口等为主线路，以宋代诗词、书画为考证，以沿线桥梁、渡口、碶闸、堰坝、码头、古镇老街为亮点，开辟"品读诗词话运河"文化体验线路，彰显宁波运河"静则悠远博厚，动则繁荣昌盛"的千年魅力。以上林湖、东钱湖为区块，以上林湖越窑遗址中的后司岙窑址、荷花芯窑址、寺龙口窑址，东钱湖越窑遗址中的郭童岙窑址、上水岙窑址等为重点，以当地青瓷博物馆、青瓷生产基地为基础，打造"踏湖赏瓷品宋韵"研学旅游营地，向市民展现精美的青瓷器物和卓越的制瓷技术，以及以越窑青瓷为代表的宁波创造力。打造文化离不开产业，围绕湖文化，有湖就有景，可以打造"湖景宋韵"文化产业基地，建设一批有标志性的打卡地。天童寺、阿育王寺区块，建设四明佛教文化交流体验（园）区，带领市民领略"茶有真香，无容矫揉"的四明禅茶、"明理悟性，妙悟忘我"的四明禅诗和"晚风清，淡云卷尽轻罗"的四明禅音。

3. 打造富有四明特色的宋韵文旅产品体系

宋韵的重点在于"韵"字，传播转化时，应当侧重精神气质、生活美学的传承，让宋韵与当下生活相结合。尤其是要立足宁波资源特色和区域功能定位，进行深入的文化基因解码，形成联动的宋韵特色文化空间功能框架。如以月湖、东钱湖等为主要展示空间，通过提炼宋韵文化中的画、香、花、诗、酒、茶等元素，再现宁波以史氏家族为代表的宋代士大夫生活场景；以服饰展示、诗词鉴赏、美食体验、艺术表演等活动为内容，打造"最宁波""宋韵甬存"文化品牌。可以开展以宋韵为主题的书法、绘画、摄影等创作活动。建议放开眼界挖掘宋代题材，讲好宋代故事，高质量打造宋韵文化精品工程。

在严格落实文化遗产保护政策，准确认知甬上宋韵文化体系、内涵、精髓的基础上，加大跨部门、跨区域、跨行业合作，开发高质量、多元化的宁波宋韵文化产品。围绕宋韵文化在新时代的创造性转化、创新性发展，面向全社会征集宁波宋韵文化研究传承和品牌塑造的创意案例，推出具有实用价值、审美价值及精神指向价值，展现宋韵精髓的各类文化创意产品，让宋韵文化更好地走进生活、走近大众。

4. 构建有效的宋韵文化立体传播网络

一方面，全方位加快宋韵文化传播。建设融媒体矩阵，推动宋韵文化有表述、有展示、有遗址，可见、可感、可传承，持续扩大宋韵文化的影响力和穿透力。从"海韵""商韵""书韵""文韵""物韵""禅韵""趣韵"等角度出发，拍摄"甬上宋韵"系列宣传片。全面反映宋代宁波城市的自然与人文风貌，展示宋代宁波在政治、文化、思想、制度、科技、艺术等方面的成就，彰显宁波的治世智慧和造物实力，以此为媒，做好对外传播，提升"甬上宋韵"的知名度和影响力。与杭州上城区、绍兴越城区等开展对话交流，唱好建设宋韵文化"双城记"。

另一方面，积极融入国家"一带一路"建设，深入挖掘海丝文化的内涵，切实推进海丝文化的传承发展，活化千年海丝基因。重点打造海商文化艺术节、"三湖海丝文旅节"、海上丝绸之路创意设计大赛和宁波"一带一路"主题音乐会等一系列主题活动，发展中东欧国家投资贸易博览会，举办大型国际会议，提升宁波文博会、国际声乐比赛、中国农民电影节、世界"宁波帮·帮宁波"发展大会等的层次，开展国际性大型"参与型"文化艺术活动，形成一批世界级的展会与活动。搭建宋韵文化走出去阵地平台，借助中国—中东欧国家博览会暨国际消费品博览会等重大展会，承接好文化和旅游部对外文化交流项目和活动。依托"东亚文化之都"城市联盟、中国国际友好城市联合会等平台，推动宋韵文化"走出去"，扩大宁波宋韵文化的国际影响力和辐射力。

5. 构建多元的保护传承与组织保障体系

宋韵文化的保护与传承需要全社会共同参与。一方面，要对宋韵文化资源的线索进行认定、保护、传播、修缮和利用，建立多元化的公众参与制度，鼓励成立群众性组织，拓展公众考古、志愿者行动、义务保护员等公众参与途径；另一方面，要推动宁波宋韵文化形象和价值的传播，在民间形成良好的宋韵文化保护与传承之风，鼓励更多的民营企业家参与文化民生工程的建设。

从政府层面看，可以考虑搭建"六个一"组织保障体系，即"一小组、一智库、一规划、一基金、一节庆、一展会"。"一小组"，即成立宋韵文化建设工作领导小组，小组可设文化、旅游两个专项工作组，分别由宁波市委宣传部、市文化广电旅游局牵头开展工作。"一智库"，即成立宋韵文化建设研究院，由宁波市社科院负责管理运作，为宋韵文化建设提供专业智力支撑。"一规划"，即加快推进《宁波市宋韵文化建设规划》，努力推动宋韵文化建设走在前列、形成示范。"一基金"，即设立宋韵文化旅游发展基金，聚焦宋韵文化和文旅项目建设。"一节庆",即组织策划宁波宋韵文化节,有效地整合各种资源,形成合力。"一展会",即立足宋韵文化,策划举办宁波宋韵文化旅游博览会,致力打造宁波宋韵文旅融合发展平台、文旅精品推广平台、美好生活共享平台。

参考文献

1.胡明曦、詹娅暄、苏勇军:《打造宋韵文化品牌 助力宁波文旅发展》,《宁波日报》2022年5月5日。

2.苏勇军:《宁波宋韵文化创新性发展研究》,《天一文苑》2021年第3辑(总第36辑),中国文史出版社2021年版。

3.张亚红:《宁波宋韵文化遗产的保护传承与利用研究——以不可移动文物为例》,《天一文苑》2022年第3辑(总第40辑),中国文史出版社2022年版。

二十一、浙东抗日根据地

　　浙东抗日根据地旧址，位于梁弄镇。浙东抗日根据地地处浙江东部杭州湾两岸，沪杭甬三角地带，以余姚的梁弄为指挥中心，东濒东海，南抵金华到宁波公路，西达金（华）萧（山）铁线路，北跨黄浦江两畔，包括三北、四明、金萧、淞沪、三东的广大地区，面积 2 万余平方千米，人口 400 余万人。浙东抗日根据地是抗日战争时期全国十九个抗日根据地之一、解放战争时期南方七个游击战争根据地之一，是全国抗击日本法西斯的重要战略支点。在浙东大地上，无数的革命志士为了民族解放的伟大事业抛洒热血，开展着如星火燎原般的革命斗争，为后世留下了诸如中共浙东区委旧址、新四军浙东游击纵队司令部旧址、浙东行政公署旧址等众多红色革命遗址。

　　创建浙东抗日根据地如同在敌人的心脏插上一把尖刀，具有特殊的战略意义。浙东抗日根据地的敌后抗战，直接威胁日伪在沪杭甬的统治，牵制和分散日伪顽军的兵力，消耗和削弱敌人有生力量，发挥了支持、配合华中乃至全国抗战的重要作用。在浙东抗日根据地建立和巩固的过程中，中共浙东区委领导浙东广大军民，与日伪进行了艰苦卓绝的斗争，取得了反"清乡"、反"蚕食"、反"扫荡"斗争的重大胜利和辉煌战绩，部队从 900 余人发展壮大到 1 万余人，为抗日战争的胜利谱写了光辉的篇章。同时，在秀美的浙东大地上也培植出了浙东抗日根据独特的革命精神——追求真理、敢为人先的求实精神，相信群众、依靠群众的民本精神，百折不挠、自强不息的斗争精神，自力更生、艰苦奋斗的创业精神。

浙东行政公署旧址

中共浙东区委旧址

（一）浙东抗日根据地核心文化基因解析

1. 物质要素

浙东抗日根据地旧址位于余姚市梁弄镇，总占地面积9341平方米，总建筑面积10217平方米。共包括7处旧址。

中共浙东区委旧址位于余姚市梁弄镇横坎头村，系木结构的两层清末民居，占地面积800多平方米。由正楼及翼楼等建筑组合而成。

新四军浙东游击纵队司令部旧址位于余姚市梁弄镇晓岭街，为合围封闭式院落，前进为五开间倒座平房，后进为硬山重檐楼房，东西厢房为两开间，重檐硬山楼房。占地面积710平方米，建筑面积960平方米。

浙东敌后各界人民临时代表会议旧址位于梁弄镇学堂弄4号，现存前进、东西厢房、后进及东西偏房等建筑。占地面积1123平方米，建筑面积670平方米。

浙东行政公署及浙东游击纵队教导大队旧址位于余姚市梁弄镇横坎头村，由主楼、东西厢房、东西偏房组合成封闭式院落，均为硬山楼房，西侧楼的墙壁上尚存当年由教导大队战士绘制的反映革命战士战斗生活和志向的7幅漫画。占地面积1017平方米，建筑面积1630平方米。

浙东银行和新浙东报社旧址位于余姚市梁弄镇横坎头村，系清代民居建筑，由主楼及两厢构成院落，均系重檐悬山楼房。大门墙内尚存当年绘制的象征革命政权的大红星一个。占地面积800平方米，建筑面积1340平方米。

新四军浙东游击纵队政治部旧址位于梁弄镇晓岭街，由台门、正楼及东西封闭式院落厢房组合而成。占地面积1854平方米，建筑面积3000平方米。

浙东鲁迅学院旧址位于梁弄镇宣家塔村，三开间，明间为抬梁式梁架结构，次间为抬梁与穿斗相结合的梁架结构。占地面积147平方米，建筑面积147平方米。近年来根据政府有关规划，对红色旧址开展保护性修缮，进一步还原了真实的革命岁月。

除了拥有保存完好、数量众多的红色遗址外，浙东抗日根据地还拥有艰苦朴素的自然条件。军事上，又是上海和杭州的重要屏障。同时，姚江以南的四明山区地形复杂，森林茂密，层峦叠嶂，又是余姚、慈溪、奉化、上虞等7个县的边界，该地敌人力量较薄弱，群众基础好，适合开展游击战争，具有创建敌后根据地的天然优势，成为长期坚持抗战的战略支点。而作为浙东抗日根据地中心的梁弄更是姚南重镇，地处四明山南端，是出入四明山的门户，进可攻，退可守，战略地位十分重要，占据梁弄也就等于控制了整个四明山区。梁弄战争打响后，梁弄当地民众也不惧炮火，纷纷支援前线，最终在艰苦又有优势的自然条件下，在广大军民团结斗争下，梁弄回到了人民的手里。

2. 精神要素

（1）追求真理，敢为人先的求实精神

在抗日战争期间，中国共产党重视统一战线的工作。1941年4月，宁绍战役后，杭州湾以南地区全部沦陷，日军迅速占领余姚在内的各县。为挽救浙东人民于危亡，中共中央迅速调整新四军在华中的战略部署，着手开辟浙东敌后抗日根据地。1943年8月，中共浙东区委、三北游击司令部正式进驻梁弄。自此，梁弄成为浙东抗日根据地指挥中心。此后，在中共浙东区委的领导下，余姚境内的军民开展了多次反"清乡"、反抢粮斗争和三北大破袭行动，迫使日伪军放弃三北地区"清乡""蚕食"计划。

1945年1月，由中国共产党领导的浙东敌后各界临时代表大会在余姚梁弄召开，各界讨论并通过了浙东施政纲领。这一纲领的颁布，表明中国共产党在追求真理、追求马克思主义和建立新三民主义国家的征途中迈出了关键一步。

（2）相信群众，依靠群众的民本精神

在浙东抗日根据地的建设过程中，新四军浙东游击纵队坚持走群众线路，秉持群众观点，一切依靠群众，一切为了群众，高度发扬了以群众为核心的精神。抗战时期的四明山区遍布着日军、汉奸、土匪以及国民党的反动势力，在如此严密的监控与包围下，无数的人民群众主动投身革命，帮助共产党军队传递情报、运输物资，为抗战事业作出了不可磨灭的贡献。

在发展新四军浙东纵队主力武装的同时，浙东抗日根据地各地区都建立了地、县、区三级地方武装，广泛发展民兵组织，建立由主力武装、地方武装和民兵组成的三位一体的武装力量体制，使抗击日伪军的武装斗争成为浙东军民共同抗日的人民战斗。

（3）百折不挠，自强不息的斗争精神

浙东抗日根据地位于四明山区中央地带，四面环山，地势险恶，自然条

件艰苦，交通不便，但是纵使颠沛流离，哪怕前方的路荆棘密布，战士们都高举抗日大旗，前仆后继、自强不息，以粉身碎骨之心，去拼搏、去战斗。超过1700名烈士带着满腔热情和梦想光荣牺牲，付出了宝贵的生命。正是在这样的条件中，根据地广大军民逐渐养成了勇敢坚毅、勤俭质朴的斗争品性，为浙东抗日根据地的建设作出了巨大贡献。

当时的敌后抗日根据地生存环境异常艰苦，不仅需要面对敌军的军事侵袭，更需要解决粮食、药品等必需物资的来源问题。就是在这样艰苦卓绝的条件下，以梁弄为中心的浙东抗日根据地多次领导军民以游击等方式重创日伪势力，同时大力发展生产，为战争的胜利提供了强有力的后勤保障。

（4）自力更生、艰苦奋斗的创业精神

在我军部队进驻四明山区之前，由于当地自然生存环境艰苦又饱受战乱摧残，包括余姚梁弄在内的各县镇都是一穷二白，人民群众生活悲惨。在党和军队的领导下，军民齐心协力，艰苦奋斗，通过游击斗争、农工生产等手段不断巩固和发展根据地，使浙东抗日根据地成为当时全国十九个大规模根据地之一。

浙东抗日根据地一建立，党在注重武装斗争的同时，就利用农民熟悉和愿意接受的合作社形式，重新开展建立了第一批党领导下的合作社，当时有生产合作社、消费合作社等。这些合作社的建立和发展，对打破敌人的经济封锁、沟通地区物资交流、促进生产发展、保障军民生活、支持抗日等都发挥了重要的作用。同时，浙东地区积极建立了后勤保障系统，浙东银行、被服厂、医院、浙东报社、造纸厂、粮站、学校、书店等后勤保障系统迅速筹建起来。还打造了以"培养建设浙东抗日根据地的各项人才"为目标的浙东鲁迅学院，培养了一批优秀的革命基层青年干部，为根据地的经济、文化、教育建设作出了重要的贡献。

3. 语言与符号要素

（1）革命精神

浙东抗日根据地革命精神的形成有着特定的人文环境。这里是河姆渡文化的发源地，是智慧的发源地；这里作为沿海城市，自唐宋以来成为著名的外贸出发地，具有开放的胸怀和视野；这里是浙东文化的渊薮，有着浓厚的爱民情结；这里是明清以来反对外来侵略的阵地，人民有着自强不息的良好品质。

抗战时期的四明山区遍布着日军、汉奸、土匪以及国民党的反动势力，在如此复杂、艰险的环境下，浙东无数人民群众秉承着革命精神，主动投身革命，帮助部队传递情报、运输物资，为抗战事业作出了不可磨灭的贡献。在党和军队的领导下，军民齐心协力，艰苦奋斗，通过游击斗争、农工生产等手段不断巩固和发展根据地，终使浙东抗日根据地成为当时全国十九个大规模根据地之一。而这背后正是有着伟大的革命精神做支撑。在漫长的历史发展过程中，革命精神逐渐成为浙东抗日根据地军民奋起御敌、保家卫国的绝佳象征。

（2）《新浙东报》

作为当时根据地第一手的新闻资料，《新浙东报》记载了大量时事新闻与革命事迹，具有丰富的革命精神与历史价值。第一版刊登新华社重要电讯和中共中央重要指示，报道浙东抗日根据地的政治、军事、经济、文化等方面的要闻；第二、第三版为国际国内新闻；第四版为科学文化版。后增出"新时期"专页，并设不定期的《生产》《浙东妇女》专刊。

《新浙东报》的主要任务是宣传抗日，宣传党的路线、方针和政策，及时传播胜利消息和英勇事迹，激励广大军民。它不但发行到根据地，而且散发到敌占区宁波等地。《新浙东报》就是彼时浙东人民不愿屈服、英勇斗争的怒吼，吹响了根据地文化抗争的战斗号角。

4. 规范要素

（1）武装斗争与经济建设相结合的制度

在浙东抗日根据地的建设与发展过程中，党和军队始终坚持武装斗争与经济建设相结合的战略方针，在开展游击战争等武装斗争的同时利用有限的资源大力发展生产。中共浙东区委成立之后，就把发展农业生产、改善农民生活作为重要任务。同时，实行减租减息和合理负担政策，极大地调动了农民的生产积极性。此外，浙东根据地在不同时期、不同地区，因情况不同，实施不同的财政经济政策。在对抗日军经济封锁、展开经济斗争的同时，很好地保护了人民群众的利益。创办浙东银行、发行抗币、发展工商业等措施，都维护了经济的稳定，为根据地的持续发展提供了可靠支撑。

（2）革命宣传与思想教育相结合的制度

1943年，在中共浙东区委的组织下，《新浙东报》创刊发行，成为中共浙东区委的机关报，同时也是对人民群众进行革命宣传与思想教育的窗口。为了做好报纸的发行工作，中共浙东区委在第二次反顽自卫战结束后，决定成立浙东书局，专门从事书报发行和销售业务，并在梁弄设了书店门市部，直接为读者服务。1945年初，为纪念邹韬奋同志，更名为浙东韬奋书店。书店最繁重的任务是印刷和发行《新浙东报》，为了使浙东根据地军民能及时看到八路军、新四军和全国解放区不断取得胜利的报道，书店工作人员常常越过敌人的封锁线，冒着生命危险把报纸按时送到目的地。这些报道宣传为浙东抗日根据地军民提供了大量的精神食粮，为传播党的方针政策、团结教育人民作出了很大的贡献。

（二）浙东抗日根据地核心文化基因的提取与评价

弘扬红色精神、传承红色基因、厚植红色细胞，是时代赋予我们的重大历史责任。浙东抗日根据地独特的革命精神是在长期的革命实践中形成的，是浙东人民的宝贵精神财富。其诞生于烽火连天的战争年代，根植在蔚为壮观的四明大地，铭刻在千千万万浙东儿女心中，是无数革命先烈和仁人志士用鲜血、汗水凝结而成，弥足珍贵，具有深厚的文化底蕴和丰富的思想内涵。这种革命精神体现的是追求真理、敢为人先的求实精神，相信群众、依靠群众的民本精神，百折不挠、自强不息的斗争精神，自力更生、艰苦奋斗的创业精神。它具有召唤人、鼓舞人，激励人、鞭策人的强大价值功能，始终是激励我们不忘初心、继续前进的宝贵精神财富，始终是激励我们苦干实干、创业创新的强大精神动力。

1. 生命力评价

正是在如此艰苦斗争的革命岁月中，党和军队不畏艰险、顽强拼搏，浙东人民英勇抗战，在当时相对闭塞的四明山区建立起了规模庞大、功能完善的浙东抗日根据地，实现了伟大的革命创造。其中所蕴含的脚踏实地、敢为人先、自强不息的革命精神深刻融入了余姚和浙东人民的血脉，世代相传，成为余姚乃至浙东独特的文化印记。如今，浙东抗日根据地彼时所辖各县区继承红色"四明"精神的同时紧跟时代脚步，不断发展。作为其中心的余姚梁弄依靠着旅游业与灯具产业，逐步走上了致富之路，人民群众的生活水平有了巨大的提升。而在这一系列发展的背后，亦正是当年的革命精神在支撑、激励着梁弄人民。可以说，梁弄如今的发展在根本上离不开人民群众的艰苦奋斗，这是浙东

抗日根据地革命精神强大生命力的最好写照。

2. 凝聚力评价

党和军队坚忍勇敢、自强不息的革命精神，相信群众、依靠群众的优良作风，深深地感动了浙东的人民群众，极大地团结了人心，促进了军民协作，推动了革命发展。从1941年5月至1945年9月底，浙东地区党委领导浙东广大军民，进行了大小战斗643次，攻克大小据点110余个，解放同胞400万人，毙、伤、俘日伪军9000余人，取得了辉煌战绩，为中华民族的抗日战争史增添了光辉的一页。同时，根据地所实行的一系列经济生产政策，凝聚军民，极大地调动了人民群众的生产积极性，改善了人民群众的生活。

浙东革命精神凝聚力的普遍性对群众产生了广泛而持久的影响。它不是一小部分人在外部环境的刺激下产生的情绪反应，而是每个浙东儿女由内向外散发的潜在气场。在装备落后衣食匮乏的情况下，革命先烈仍然能视死如归地面对敌人。革命的最终胜利取决于对革命理想的执着追求和对革命必胜的坚定信心。浙东革命精神不仅体现了浙江共产党和新四军的高尚品质，也体现了中华儿女在浙东地区产生的优秀的文化积淀和涵养。

3. 影响力评价

浙东抗日根据地的烽火岁月虽然已经过去，然而，它重大且深远的影响不可磨灭。浙东抗日根据地旧址与其革命精神作为一种区域性的文化元素，作为全国爱国主义教育基地和宁波市第一批浙江省党史学习教育基地，已在浙江省乃至全国产生较深远的影响。它留下的众多革命遗址，无声地诉说着那段无数革命烈士用鲜血染红的历史。浙东抗日根据地旧址群，不仅反映了根据地当时政治、经济、文化、社会、外事活动的全面兴旺，也成为今天的红色经典景区。近年来，在浙江省人民政府的关心下，在余姚市人民政府的领导下，浙东抗日根据地旧址及其革命精神正努力提升自身的影响力，探索具有红村特色的致富之路，在推动红色旅游业的同时彰显红色文化底蕴。

4. 发展力评价

革命精神的发展意义在于，召唤人、鼓舞人、鞭策人、感动人、激发人，给人以藐视困难、克服困难的精神。在恶劣的环境下，新四军战士高唱嘹亮军歌，梦想着幸福的生活，牢牢地守着浙东抗日根据地的每一寸土地。这是艰苦奋斗、自强不息的精神，这是无数先烈抛头颅、洒热血，前仆后继代代相传而铸就的精神。正是这样丰富的革命精神，与当地自古以来勇敢坚毅、勤俭质朴的优良民风相融合，在漫长的发展岁月中得到了很好的保存与传承。如今，梁弄人民充分依靠丰富的革命资源，大力发展红色旅游与教育。红色资源吸引来的人流，托举起当地人民的富裕生活。可以说，梁弄比较好地弘扬了革命精神，并将其转化为实际的生产力。

（三）浙东抗日根据地核心文化基因的转化利用

1. 转换利用思路

今天，弘扬爱国主义，就要振奋民族精神，增强民族凝聚力，共促国家崛起，实现中华民族伟大复兴中国梦。"四个全面"是实现中华民族伟大复兴的战略布局。当前，要紧密结合宁波改革开放的新形势，弘扬以爱国主义为核心的民族精神，利用好浙东抗日根据地等红色核心文化基因，把学习贯彻"四个全面"引向深入，为尽快实现"两个基本"目标、建设"四好示范区"而努力奋斗。

浙东抗日根据地旧址在长期的革命斗争中磨炼出追求真理、敢为人先的求实精神，相信群众、依靠群众的民本精神，百折不挠、自强不息的斗争精神，自力更生、艰苦奋斗的创业精神。这种精神是红色文化的核心基因。因此，要充分利用浙东抗日根据地核心文化基因中的红色文化元素，坚持发展红色旅游业，传承红色革命精神。完善浙东革命史迹网，全面展现中国共产党领导下的浙东抗日根据地在政治、军事、文化及政权建设等方面的历史印迹。在抗日根据地旧址，可以设置历史文物、文字展板和情景模拟等项目，使民众深入了解浙东地区抗战历史。

2. 文旅产品策划

以伟大的革命精神为核心，通过创新形态、材质、载体、行为、功能、寓意等，策划能够体现核心基因的文创产品、旅游项目、旅游活动等，在寓教于乐中推进新时代中国特色社会主义先进文化建设。打造浙东红村横坎头景区旅游开发建设项目。例如，打造浙东红村核心景区、地方特产风物区、传承展示馆、体验中心等，将旅游景区、旅游度假区、风情小镇作为浙东抗日根据地核心文化基因转化的重点项目，把现有的陈列馆区改造为"传承展示馆"。打造红色文化研学旅游线路，创建"数字红色＋追寻初心"精品线路，通过求实线路、民本线路、斗争线路、民本线路，从不同视角再现当年浙东抗日根据地的革命岁月，全方位展示革命传统与革命精神。同时，可以借助中国机器人峰会的永久落户契机，启动智慧导览系统。通过智慧科技创新形式把红色旅游数字化、年轻化，根据游客需要设计不同线路，可启用机器人引导和讲解，每条线路制定重点推荐项目，利用 VR 技术，使每条线路都可以实现多维交互，构筑战争时期四明山根据地真实历史场景，群众既可以真实地体验战斗场面，也可以感受当时的生活场景。游客可自主选择不同主题线路，完成线路游览后，可在指定打卡区间点击定位图标出现的打卡窗口，点亮党旗，即可生成带有个人照片的打卡海报，既有趣味性又有纪念意义。同时，加强一般项目的转化利用，如：开发明信片、布艺产品等旅游商品和文创产品；利用新媒体平台打造以"红色系列——四明山战斗"为主题的游戏产品、短视频、微信表情包产品；通过创作音乐和美术类作品演绎抗日根据地的红色文化基因。运用多种形式、方法和手段，运用体验经济的理念，让红色旅游生动、活泼起来，寓教于乐，形成红色流行元素。通过资源整合创新开展各类文化活动来更好地展现浙东革命精神，做深做实红色研学游产品。

3. 文化标识具体呈现

浙东抗日根据地的文化标识，应该在浙东抗日根据地旧址群整体发展和传承的背景下形成，深挖红色文化元素，以具有原创性、衍生性和互动性的主题IP进行具体呈现，发挥红色文化的集聚效应。

建立红色文化的IP主题线，从精神产品开发的角度看，可以通过标识设计、吉祥物打造，以及主题动漫、游戏、漫画、短视频、直播等文化创意形态，开启沉浸式体验，让游客产生文化与情感的共鸣。通过网络平台，使当地红色文化IP可以共享的程度和范围不断拓展，从而持续提升浙东抗日根据地红色旅游业的发展价值。从物质产品开发的角度看，可以在各条旅游线路的设计项目中加入布艺用品的制作、专属科技明信片打造、土布军装 3D 试穿体验与军装打造等，形成以具体形象为载体的感情寄托，使游客既可感受又可体验浙东红色文化的魅力。浙东抗日根据地IP文创产品的打造，要将革命精神融入其中，沟通雅俗，其不仅是当地旅游业的新奇点缀，更可以融入游客的日常生活。

参考文献

1.陈峰：《孤悬敌后的浙东革命斗争史诗》，《学习时报》2021年第64期。

2.丁若时：《浙东抗日根据地报刊探析》，《图书馆研究与工作》2022年第5期。

3.吕树本、杨福茂、金普森：《浙东革命根据地（初稿）》，浙江人民出版社1980年版。

4.咏党岩：《浙东抗日根据地旧址》，《宁波通讯》2021年第2期。

5.章均立：《浙东革命根据地货币史》，宁波出版社2002年版。

　　浙江省文化旅游厅对标习近平总书记赋予浙江"努力成为新时代全面展示中国特色社会主义制度优越性的重要窗口"的新目标新定位，深入实施文化基因解码工程，制定《建设文化标识推进文旅融合行动计划（2021—2025年）》。这项工作旨在建成一批在历史发展过程中长期积累形成，在全省广泛分布，具有鲜明辨识度、广泛传播力、深远影响力的浙江文化标识，与文化"金名片"打造相互叠加、相互支撑，形成"国内影响、浙江气派、古今辉映、诗画交融"的文化浙江新格局。"文化基因解码工程"和文化标识建设已先后被列入浙江省"十四五"规划和"共同富裕示范区实施方案"，是浙江省文化和旅游事业发展、产业升级的战略性、基础性、先导性工作，是浙江省执行党和国家重大战略部署、重大任务的工作，也是浙江省高质量打造的新时代文化高地先行先试重大项目。

　　宁波市文化广电旅游局积极推进宁波文化标识建设工作，具体工作由文物保护与考古处负责，宁波市文化旅游研究院组织实施。为切实落实省相关文件精神，宁波制定了《宁波市"浙江文化基因解码工程"发展行动计划（2021—2023）》，成立宁波市"文化基因解码工程"专家团队，制订详细的工作计划。专人负责定期反馈各县（市、区）"一表、一文、一谱、一库"的解码推进情况，编写工作简报，介绍各县（市、区）经验、进展。对县（市、区）调研、数据库填写情况等，整理形成调研报告，梳理"文化基因解码工程"相关讲话、政策，及时组织交流对话。邀请省内专家多次开展专题讲座，辅导基因解码工作以及基因解码报告撰写。至2021年12月，共填报一般元素4294条、重点元素194个、解码报告194份、文化标识任务书14份，全面反映了宁波特色文化。

　　2022年，宁波11个项目入选"首批100项浙江文化标识"培育项目，分别是

"梁祝文化"（海曙）、"千年慈城"（江北）、"海丝东方大港"（北仑）、"'宁波帮'文化"（镇海）、"东钱湖文化带"（鄞州）、"海洋渔文化"（象山）、"古韵前童"（宁海）、"千年越窑秘色瓷"（慈溪）、"弥勒文化"（奉化）、"阳明文化"（余姚）、"浙东抗日根据地"（余姚）。"阳明文化"被列入"文化标识建设创新项目名单"，"海洋渔文化"被列入"文化标识建设创新培育项目名单"；"张人亚党章学堂""《渔光之城》滨海场景演艺秀"入选浙江省文化和旅游厅公布的"首批文化基因解码成果转化利用示范项目"。

为统筹推进基因解码工作，宁波还启动以"解密文化基因，擦亮宁波标识"为主题的一系列项目。如举办"宁波文化基因短视频大赛"，通过网络、地铁广告等方式，广泛动员全市百姓用短视频为"身边的宁波独特文化基因"解码。宁波市文化旅游研究院则以"江南都市，风华中轴——宁波建城1200年解码礼制中轴线文化基因"等为主题，组织拍摄视频，其中包括鼓楼、月湖、天一阁、永丰库等宁波人熟知的文化元素，展现"江南都市、河海之城"宁波的重点、独特文化基因。这些优秀的文化基因解码视频，广泛在凤凰网、宁聚、各大景区、公交车站、地铁、公共文化场所等线上、线下平台推广，在宁聚等网络平台还专门设立《宁波文化基因解码》栏目，扩大了宁波文化基因解码工程影响力。宁波市文化旅游研究院还联合宁波诺丁汉大学、宁聚传媒，申报了宁波市"科技创新2025"重大专项课题"区域文化基因解码与精准传播"。

本次组织编撰的"宁波文化基因解码丛书"，是宁波推进文化基因解码工程的重要成果之一。本项目立足浙江省文化基因工程数据库成果，立足于县（市、区）各文化基因解码工程对宁波全市的文化元素的系统调查梳理与撰写的文化基因解码报告，由宁波市文化旅游研究院组织宁波大学、各县（市、区）文化旅游部门，以及宁波市内外文化学者、专家，合力深化推进。本丛书共4卷，分别为《河海润城：宁波市卷》《三江汇涌：海曙、鄞州、奉化卷》《海国潮起：江北、镇海、北仑卷》《山海锦绣：余姚、慈溪、宁海、象山卷》。其中，毛海莹、高邦旭、林晓莉、王成莉、詹增涛、胡呈、王意涵、陈丝丝等主要负责海曙、鄞州、奉化、宁海、象山5个县（市、区）的传统文化元素及全书的所有革命文化元素；负责宁波文化基因解码工程总体概述，以及藏书文化、海丝文化、慈孝文化等3个重大文化元素，梁祝传说、浙东史学派等11个重点文化元素。刘恒武、陈名扬、鲁弯弯主要负责江北、镇海、北仑、余姚4个县（市、区）的传统文化元素；负责阳明文化1个重大文化元素，河姆渡文化、海防文化等4个重点文化元素。庄丹华、孙鉴主要负责慈溪的传统文化元素，以及全书所有的社会主义先进文化元素；负责商帮文化1个重大文化元素，青瓷文化、甬剧等6个重点文化元素。本丛书图文并茂，是对宁波文化基因解码成果的总结和提炼，是留给后世的一份珍贵档案，也是了解宁波文化的一个重要窗口，为擦亮宁波文化标识提供了较为成熟的基础研究材料。

"文化基因解码工程"是一项范围广、难度大的工作，兼具社会性和科学性，也是一项具有开拓性、创造性的工作。根据浙江省文化和旅游厅的要求，基因解码坚持通俗实用的原则，而尽量回避学术和概念之争。在具体解码路径上，找准四大要素（物质要素、精神要素、语言与符号要素、规范要素），提取一组基因，从四个维度（生命力、凝聚力、影响力、发展力）进行评价，进而提出转化利用的对策。研究文化、梳理文脉，是传承与弘扬、保护与优化优质文化基因的基础工作，这需要深厚的理论素养与长期的实践研究，宁波大学团队专家学者以及各县（市、区）文化干部、专家等在编撰过程中都倾注了大量心血。

解码宁波文化基因，不是毫无边界地扩大文化的概念外延，而是选择区域内最有代表性、最有影响力、最具标识度的文化印记、文化元素和文化成果，深刻总结地域优秀传统文化的生命力、影响力、凝聚力和创造力，形成一张重点文化元素清单。其关键性的衡量标准是唯一性、品牌性，凸显宁波海陆文化交汇的鲜明特点，如庆安会馆等世界文化遗产点，河姆渡遗址、天一阁等全国重点文物保护单位，十里红妆等国家级非遗项目等。本丛书力求从区域文化传承发展的基本脉络中把握文化发展的规律，刻画提炼宁波文化的"性格"，揭示宁波城市的精神。这也是本丛书从 4294 条一般元素、194 个重点元素中遴选 126 个文化基因进行阐述的原因。这一工程研究成果也为宁波市"科技创新 2025"重大专项课题"区域文化基因解码与精准传播"（2021Z017）课题的推进提供了重要支撑。对于这些文化基因的遴选，可能与准确、深刻还有着一定的距离，希望得到热爱宁波文化、关注宁波文化发展的专家的批评与指正。

本丛书的编撰，得到了浙江省文化和旅游厅领导的关心和支持，省文旅厅"文化基因解码工程"领导小组领导和专家多次进行深入指导；也得到了宁波市文化系统各县（市、区）文化部门、各局属单位，以及文化部门老领导、广大专家的大力支持。丛书的出版是各部门紧密配合、通力协作的结果，也是宁波全体文化人集体劳动的结晶，在这里谨向为宁波文化基因解码工程、文化标识建设工程及本书编撰工作付出辛勤劳动的领导、专家、学者、文化干部表示衷心的感谢。尤其是杨劲、韩小寅、陈小锋、陈建祥、宋明耀、郭美星、张如安、贺宇红、徐飞、王军伟等领导和专家精心审读初稿，从打造精品的高度，提出了大量中肯而宝贵的意见和建议。编撰组认真听取意见，并做了仔细修改。

因编写任务重、时间紧，尤其是我们的研究还不够深入，视野和水平有限，书稿还未能做到尽善尽美，难免有不少差错和不足，敬请读者批评指正。

编　者

2023 年 10 月